Norbert Mappes-Niediek
Europas geteilter Himmel

Norbert Mappes-Niediek

Europas geteilter Himmel

Warum der Westen den Osten nicht versteht

Ch. Links Verlag

Die Deutsche Nationalbibliothek verzeichnet diese Publikation
in der Deutschen Nationalbibliografie;
detaillierte bibliografische Angaben sind im Internet
über www.dnb.de abrufbar.

Der Ch. Links Verlag ist eine Marke der Aufbau Verlag GmbH & Co. KG
1. Auflage, Februar 2021
© Aufbau Verlag GmbH & Co. KG
www.christoph-links-verlag.de
Prinzenstraße 85 D, 10969 Berlin, Tel.: (030) 44 02 32-0
Umschlaggestaltung: Hannah Kolling, Kuzin & Kolling –
Büro für Gestaltung, Hamburg, unter Verwendung eines Fotos
von Marko Paričić/unsplash.com: Die neue Fußgängerbrücke
über die Drau in Osijek (Kroatien)
Karten: Peter Palm, Berlin
Satz: Marina Siegemund, Berlin
Druck und Bindung: Druckerei F. Pustet, Regensburg
Gedruckt auf säurefreiem, chlorfrei gebleichtem Papier

ISBN 978-3-96289-112-1

Inhalt

»Den Himmel wenigstens können sie nicht zerteilen«,
sagte Manfred spöttisch.
Den Himmel? Dieses ganze Gewölbe von Hoffnung und
Sehnsucht, von Liebe und Trauer?
»Doch«, sagte sie leise.
»Der Himmel teilt sich zuallererst.«

CHRISTA WOLF, DER GETEILTE HIMMEL

Für immer auf Platz zwei

Vorurteile in und gegen Europas B-Klasse

Das Gras im Garten des Nachbarn ist bekanntlich immer grüner. Auch die Wäsche ist weißer, wie die Frauen von Szombathély wissen. Deshalb bringen sie von Einkaufsfahrten über die nahe Grenze zu Österreich immer einige Packungen Waschmittel mit. Man kriegt dieselbe Marke zwar auch im ungarischen Supermarkt. Da ist sie aber von schlechterer Qualität. Wie überhaupt alles: Tiefkühlpizza, Brühwürfel, Limonade und Keks. Nur die Verpackung ist diesseits und jenseits der Grenze gleich. Beim Inhalt wird man im Osten immer mit B-Ware abgespeist.

Lange war die Erfahrung der Frauen von Szombathély bloßes Alltagswissen oder, wie die Skeptiker es nennen, eine *urban legend,* etwas, das alle für ausgemachte Sache halten, ohne dass jemand die Quelle nennen könnte. Dann aber griff eines Tages der ungarische Regierungschef das Thema auf. Seine Kollegen in den Nachbarländern stimmten ohne zu zögern ein. Der Präsident der EU-Kommission, ein Mann mit hoch entwickeltem Instinkt, roch sofort das explosionsverdächtige Pulver in dem Thema und ordnete eine Untersuchung an. Sie fand auch statt. Die Ergebnisse der mehrjährigen Prüfungen und Diskussionen umfassen alles, was man über das Verhältnis von Ost und West wissen muss.

Ergebnis Nummer eins: Die Frauen von Szombathély hatten recht; und das gar nicht so selten. Die beliebten Butterkekse eines Hannoveraner Unternehmens zum Beispiel waren im Osten in Wirklichkeit mit Palmöl gemacht. Auch gegen den

Vorwurf, sie verkauften sogenannte Mogelpackungen, steckten zum Beispiel in gleich große Chipstüten im einen Land weniger Chips als im anderen, konnten die Hersteller nur schwer argumentieren. Die Aufregung war groß. Eine polnische Zeitung schrieb von »Lebensmittel-Rassismus«, der bulgarische Premierminister sprach von Apartheid. Der Büroleiter des ungarischen Regierungschefs witterte den »größten Skandal der jüngeren Geschichte«. Alle osteuropäischen Länder aktivierten ihre Lebensmittelinstitute, die den Vorwürfen detailliert nachgingen. Wo sie ertappt wurden, redeten die Firmen sich meistens mit den niedrigeren Preisen heraus, die in den ärmeren »Übergangsländern« gezahlt würden. Sie beeilten sich dann aber, ihre Rezepturen und Packungsgrößen zu ändern. Nicht nur die EU, auch die großen Konzerne begriffen schnell, welche Brisanz in den Vorwürfen steckte.

Nur schuldbewusst an die eigene Brust klopfen jedoch wollten die Hersteller nicht. Wo das Qualitätsgefälle nicht bewiesen oder nicht so offensichtlich war, wuschen sie ihre Hände in Unschuld. Zwar gebe es in der Zusammensetzung ihrer Produkte von Land zu Land Unterschiede. Die hätten aber nichts mit der Qualität oder dem Preis zu tun, und schon gar nichts mit Ost oder West. Tatsächlich gehört es zum Grundwissen der Branche, dass sich die Vorlieben von Verbrauchern von Land zu Land und von Region zu Region unterscheiden: In Nordspanien müssen Eidotter dunkel sein, in Südspanien hell. In Böhmen wollen sie saures, in Mähren süßes Brot. »Polnische Konsumenten«, schrieb etwa eine Firma an die EU-Kommission, »haben in Sachen Paprika-Chips völlig andere Geschmackserwartungen als andere EU-Konsumenten.«

Es sei die Kultur, erklärten die Marketing-Experten. Nicht nur bei Lebensmitteln sind die Geschmäcker offenbar verschieden. Spanier wollen Putzmittel mit viel Chlor, Deutsche nicht. In Italien muss das Pulver in der Waschmaschine tüchtig sprudeln und Blasen werfen, sonst denken die Verbraucherinnen: Das wäscht nicht richtig. In Schweden dagegen soll das Waschmittel möglichst nicht auffallen. Dann denkt die Kundin: Es schont die Wäsche.

Die Erklärungen der Hersteller stießen auf wenig Verständnis. In Polen kauften findige Einzelhändler weiter auf eigene Faust Waschmittel von westlich der Grenze und boten sie in kleinen Warschauer Geschäften als »deutsche Haushaltschemie« an, obwohl man die Produkte unter demselben Markennamen auch im Supermarkt um die Ecke bekommen konnte. In einer Umfrage zeigten sich 80 Prozent der Kroaten überzeugt, sie würden von den Konzernen mit minderwertiger Ware abgespeist. Wir bekommen im Zweifel das schlechtere Produkt – Ergebnis Nummer zwei. Die Überzeugung lässt sich nur schwer erschüttern.

Mit dem Hinweis auf die unterschiedlichen »Kulturen« der Verbraucher hatten die Hersteller alles nur schlimmer gemacht. Zwischen Nord- und Südspanien oder auch zwischen Böhmen und Mähren mögen die Unterschiede Geschmackssache sein. Geht es aber um Unterschiede zwischen Ost und West, steht immer von vornherein fest, was besser ist. Tests helfen da nicht.

Wer zu Hause in Osteuropa mehr Chlor im Putzmittel hat als irgendwo im Westen, ist darauf nicht stolz; wer weniger Chlor bekommt als drüben, auch nicht. Wenn ein Puddingpulver in Slowenien drei Mal so viel Zucker enthält wie in Deutschland, macht es dick und greift die Zähne an. Hat aber die Fanta in Italien doppelt so viel Zucker wie in Ungarn, ist die italienische reich an Geschmack und gehaltvoller. Gut ist, was der Westen hat. Er liefert nicht nur die Produkte, er macht auch die Maßstäbe. Der Umstand bringt jeden Ost-West-Vergleich zum gleichen Ergebnis, egal worum es geht: ob um Limonade, Rechtsgrundsätze, Kunst oder Alltagsverhalten. Erkenntnis Nummer drei lautet: Was im Osten anders ist, wird eben dadurch automatisch zur B-Klasse.

So enden östliche Aufholjagden, auch die erfolgreichen, immer in der Falle, Überholen, wie es einst der Sowjetführer

Nikita Chruschtschow wollte, lässt der Westen sich schon per Definition nicht. Wenn damals die Sowjetunion es schaffte, in der Stahlproduktion weltweit zur Nummer eins zu werden, dann nur, um bald darauf zur Kenntnis nehmen zu müssen, dass Stahl jetzt nicht mehr wichtig war. War man besser als der Westen, blieb die Wertschätzung dafür aus, auch im eigenen Land.

Fünfundsiebzig Jahre lang durfte der Osten nach einer verbreiteten Legende zum Beispiel stolz darauf sein, dass das höchste Gebäude der Welt nicht in London oder Paris stand, sondern in Reval, dem heutigen Tallinn an der Ostsee.[1] Aber dass Kirchtürme hoch sein müssen, war eine westliche Idee: Immer ist es der Westen, der gern am Himmel kratzt; im Osten haben die Kirchen normalerweise Kuppeln, die das schützende Firmament repräsentieren. Heute steht in Sankt Petersburg zwar der höchste Wolkenkratzer Europas. Aber als er 2018 eröffnet wurde, stand er weltweit nur auf Platz 12, und in New York interessierte sich für die Höhe von Gebäuden schon niemand mehr. Mit gesellschaftlichem Fortschritt ist es nicht besser. In Russland war höhere Bildung für Frauen früher zugänglich als in den USA. Bloß war das in der traditionellen Sicht, wie sie im Zarenreich vorherrschte, gar kein Vorteil.

Freuen darf man sich im Osten immer nur über Platz zwei. So wurde das rumänische Timișoara nach New York zur zweitgrößten Stadt der Welt mit elektrischer Straßenbeleuchtung. Budapest bekam nach London die zweite U-Bahn Europas. Um stolz darauf zu sein, bedarf es eines westlichen Vorbilds. Platz eins ist per se unerreichbar. Schon als die Zarin Katharina am Hof zu Sankt Petersburg noch vornehmere Manieren einführte als an den westeuropäischen Höfen, ätzte der päpstliche Nuntius über die »übertriebene Etikette«; offenbar wolle man »den edleren Nationen ähneln«. Ist man mal vorn, hat man eben übertrieben. Man kann über das Ziel hinausschießen. Erreichen aber kann man es nicht.

Der ewige Platz zwei, die Benachteiligung, ist in den Selbstbildern und historischen Mythen der osteuropäischen Nationen angelegt. Der Osten reiht sich selbst nach hinten. Schon die Schlachten und Heldentaten der Vorfahren dienen in der Erinnerung vornehmlich dazu, das eigentlich Wichtige, Wertvolle zu schützen: den Westen. Polen, so will es die Legende, hat nach dem Ersten Weltkrieg verhindert, dass die russische Oktoberrevolution sich nach Deutschland und von dort aus über ganz Europa ausbreiten konnte. Nicht um seiner selbst willen also hat es gekämpft und gelitten. Die Polen waren es auch gewesen, die Wien befreiten, als die Stadt von den Türken belagert war – Wien, nicht etwa Warschau. Bei Sisak schlugen die Kroaten die Türken zurück, die zwar fast ganz Kroatien eroberten, von dort aber nicht weiter nach Westen kamen. Später, im Dreißigjährigen Krieg, stellten Kroaten die kaiserlichen Hilfstruppen, und 1848 schlugen sie in Ungarn die Revolution nieder – für den Kaiser in Wien, nicht für sich selbst.

Wir im Osten haben den Westen verteidigt, ihn sogar gerettet: Die Geschichte hat überall im Osten Europas ihre Variante. In der berühmten Schlacht auf dem Amselfeld haben sich die Serben in den Gefechten gegen die Osmanen verbraucht und dafür fünfhundert Jahre Fremdherrschaft kassiert. Das Verhältnis gibt es auch in moderner Version. Ungarn, so will es eine aktuelle Erzählung, hat 1989 mit der Grenzöffnung die DDR zerstört und den Deutschen damit die Wiedervereinigung geschenkt.

Die Moral dieser Geschichten ist immer dieselbe: Nicht um uns selbst war es uns zu tun, sondern um die anderen, die im Westen. Für sie kämpfen wir, für sie sind wir da.

Geschichtsmythologen, wie sie im 21. Jahrhundert wieder Konjunktur bekommen haben, packen die Erzählung von der Opferrolle gern in das Bild einer mittelalterlichen Festung. Wir, die Polen, Serben, Ungarn, Ukrainer, Kroaten, Bulgaren, kämpfen draußen vor den Mauern gegen die wilden Reiterhorden aus der asiatischen Steppe oder gegen die Muselmanen aus dem Orient. In der aktualisierten Fassung treten dann nicht mehr Mongolen oder Türken auf, sondern die Bolschewiken oder, neuerdings, die Kriegsflüchtlinge aus dem Nahen Osten. Die Aufstellung bleibt dieselbe. Die Festung ist der Westen; dort sitzen sie sicher und geschützt. Wir dagegen kämpfen ohne den Schutz der Mauer. Wir *sind* die Mauer.

Unser Kampf, so die osteuropäische Erzählung, wird in der Festung kaum oder gar nicht bemerkt, manchmal sogar arrogant belächelt. Man sieht gar nicht, wie sehr wir uns wehren müssen. Wir kämpfen im toten Winkel. Schlimmer noch: Die drinnen, die im Westen, schütteln den Kopf darüber, wie verbissen wir oft sind. Die Liberalität, die Gelassenheit, die sie sich drinnen gestatten, können wir uns nicht leisten. Wir sind es, die die Moral der Festung hochhalten. Die drinnen dagegen lassen sich gehen. So ist selbst der Stolz auf die eigene Identität, die Sittenstrenge, die Kampfkraft, das Heldentum, ein abgeleiteter Stolz. Was die da drinnen nur predigen, nehmen wir hier draußen als Einzige wirklich ernst.

Es ist das Bild vom dekadenten, moralisch heruntergekommenen Westen, das da im kollektiven Unbewussten ruht. Über Jahrhunderte verkörpert wurde es vom Papst in Rom, der immer nur fromm tat, heimlich aber prasste, herumhurte und in Saus und Braus lebte. Bei entsprechender Gelegenheit lässt sich das Bild jederzeit revitalisieren. Im Kosovokrieg zeichnete die Belgrader Propaganda Serbien als Bollwerk gegen den Islam und gegen den vorgeblichen Primitivismus – beides Kräfte, die nicht in erster Linie Serbien, sondern den Westen bedrohten. Statt den tapferen Serben in ihrem Kampf beizustehen, fiel der Westen ihnen in den Rücken. Als er das Banner der Christenheit hissen sollte, trieb es der amerikanische Präsident mit seiner Praktikantin.

Der Westen schuldet dem Osten Dank, löst seine Schuld aber nie ein: Das Denkmuster bestimmt auch den Blick zurück auf den Kalten Krieg. Das tapfere Polen, das den Westen vor dem Bolschewismus gerettet hatte, wurde Beute der Sowjetunion. Jalta, die Konferenz der alliierten Mächte USA, Sowjetunion und Großbritannien auf der Krim, ist in den neuen nationalen Legenden zur Chiffre für den Verrat des Westens an Ostmitteleuropa geworden. Damals hätten der amerikanische Präsident Roosevelt und der britische Premierminister Churchill die Staaten der Region kampflos dem Einfluss der Sowjetunion und ihres Diktators Stalin überlassen. Noch Anfang der Zweitausenderjahre, als es um die Erweiterung der EU ging, gehörte die »Schuld« die der Westen gutzumachen habe, in jede Politikerrede.

Die Darstellung passt ins Klischee vom geopferten Osten, hält den kritischen Blicken der Historiker aber nicht stand. Nicht erst seit Jalta, sondern schon seit dem Februar 1945 kontrollierte die Rote Armee die Region; sie war es, die die deutschen Truppen aus dem Osten Europas vertrieben hatte. Im Oktober zuvor schon hatte Churchill bei einer Konferenz in Moskau auf einem Zettel festgehalten, welche Mächte in Südosteuropa künftig wie viel Einfluss würden ausüben können: Zu jeweils 90 Prozent sollten Griechenland dem Westen und Bulgarien und Rumänien dem sowjetischen Orbit zufallen, Jugoslawien und Ungarn sollten neutral werden. Die Aufteilung beschrieb die Machtverhältnisse, wie sie damals schon herrschten. Hätte Stalin sich an die Absprachen von Jalta gehalten, wäre der Eiserne Vorhang weniger dicht ausgefallen und auch weiter östlich verlaufen.[2]

Das Bild vom gleichgültigen, selbstgerechten Westen und vom betrogenen, verratenen Osten ist allerdings nicht aus der Luft gegriffen. Geopfert wurden in Jalta zwar nicht ganze Länder, aber doch Millionen Sowjetbürger und Osteuropäer, die gleich nach Kriegsende »repatriiert«, die in ihre Heimatländer überstellt wurden, obwohl sie dort mindestens Lagerhaft, wenn nicht der Tod erwartete. Sie waren nicht wichtig, Kollateralschaden sozusagen. Schwer zu bezweifeln ist auch, dass der Kaiserhof in Wien im 18. Jahrhundert christliche »Wehrbauern« an der Grenze zum Osmanischen Reich ansiedelte, damit sie gegen die »Türken« kämpften, sie dann aber später im Stich ließ. Wer sich über die östliche Opfer-Erzählung wundert, erinnere sich an den Streit um die Qualität von Lebensmitteln: Die Ost-Butterkekse waren tatsächlich mit Palmöl gemacht.

Auch auf die Abwehr von Kriegsflüchtlingen nach 2015 passt das Bild wieder gut. Deutschland und Westeuropa sahen sich von einem schlecht ausgeleuchteten Burggraben aus migrations- und flüchtlingsfeindlichen Staaten umgeben: Ungarn, Bulgarien, Kroatien. Der Cordon machte eigene Brutalität überflüssig und schonte so das westliche Selbstbild von Humanität und Wertorientierung. Prügelten überforderte mazedonische Polizisten auf Flüchtlinge ein, die eigentlich nach Deutschland, Schweden oder Österreich wollten, sah sich der westliche Fernsehzuschauer ein weiteres Mal in der Gewissheit bestätigt, dass der Osteuropäer zur Fremdenfeindlichkeit neigt. Es ist wie mit den Butterkeksen und den Waschmitteln: Tatsachen befördern das vorgefertigte Klischee. Vorschnelle Verallgemeinerungen lassen sich durch genaueres Hinsehen zwar widerlegen. Im Gedächtnis hängen bleibt am Ende nur, was »mal wieder typisch« war.

***

Umgekehrt ist der Blick von Westen nach Osten vor allem eines: flüchtig. Was soll es dort groß zu entdecken geben? Osteuropa stellt man sich kaum oder gar nicht »anders« vor, weder als unheimlich und damit wirklich gefährlich noch als exotisch und damit irgendwie attraktiv. Keine Charakterisierung kommt ohne Adverbien wie »schon« oder »noch« aus. Zwei Jahrzehnte lang war der Westen der Lehrer. Er stellte die Zeugnisse aus und attestierte den Beitrittskandidaten die Reife. Die Prüfungskandidaten waren stets »spät dran« und »hinten nach« oder aber »gut vorangekommen«. Je nach Fortschritt bekamen sie spezifische »Hausaufgaben«. Für das sogenannte

Resteuropa, die sechs verbliebenen Aspiranten auf dem Balkan, gilt das noch immer. Die es nicht einmal zum Kandidaten gebracht haben, sind noch weiter »zurück«. Ein Forscher argumentiert sogar, dass der Begriff Rückständigkeit, englisch »backwardness«, direkt aus dem Ost-West-Verhältnis in Europa hervorgegangen sei: Wenn die einen meinen, sie seien schon so weit fortgeschritten, müssen alle, die sich an ihnen orientieren, sich für rückständig halten.[3]

Spätestens seit die meisten Länder den Weg in die EU angetreten haben, wird der Ost-West-Unterschied nicht als ein örtlicher, sondern als ein zeitlicher verstanden. Das Setting schließt Gleichwertigkeit aus. Was soll man von Schülern lernen können? Die Entwicklung, die dem Osten bevorsteht, haben wir im Westen schließlich schon hinter uns. Sogar die westlichen Ost-Schwärmer denken im Grunde in zeitlichen Kategorien. Für sie hat, als der Westen sich in ihren Augen in Multikulti, Feminismus und Individualismus verirrte, der Osten seine Ursprünglichkeit, seinen »gesunden Menschenverstand«, seine »ethnische Reinheit« bewahrt. Der Westen ist verrückt geworden. Der Osten ist »noch« normal. Ob man es rückständig nennt oder urtümlich: Die Vorstellung hinter den Attributen ist dieselbe.

Fremdheit gebietet immerhin einen gewissen Respekt. Wer dagegen so ist, wie wir gestern noch waren, oder gar so werden will, wie wir heute sind, muss sich von uns auch Tadel, Kritik und Belehrung gefallen lassen. Nur auch noch beschämen sollte man die Belehrten nicht; gerade in Osteuropa macht der Ton die Musik. Dass sie ein Jahrzehnt lang der Form nach über die erklärtermaßen »nicht verhandelbaren« Richtlinien und Verordnungen der EU verhandeln mussten, ließen die Kandidaten sich noch gefallen. Als aber acht Beitrittsländer sich im Streit um den Irakkrieg auf die amerikanische Seite schlugen und damit Deutsche und Franzosen brüskierten und als Präsident Jacques Chirac daraufhin die Bemerkung fallen ließ, die Kandidaten hätten »eine Gelegenheit verpasst zu schweigen«, bestellte Bulgariens Präsident sogar den französischen Botschafter ein.

Kränkung ist ins Ost-West-Verhältnis eingebaut. Dass die Deutschen im Zweiten Weltkrieg im Osten eine »minderwertige Rasse« ausmachten, Polen und Tschechen zu Dienstboten erniedrigten und deren Menschenleben ihnen noch weit weniger wert waren als die der ebenfalls besetzten Franzosen oder Niederländer, war nur der Höhepunkt eines Verhältnisses, das im Prinzip schon vorher bestand und das im vereinten Europa erhalten blieb. »Verwirklichen lässt sich eine deutsche Übermacht, verheimlichen jedoch nicht«, hat der ungarische Essayist und Schriftsteller György Konrád einmal geschrieben. »Wenn sich auf dem Gesicht der Ausdruck der Überlegenheit spiegelt, blitzt auch in den Augen das Licht des Erkennens auf.«[4]

Manchmal bricht im Westen noch heute ein archaisches Osteuropa-Bild durch, von dem man im Alltag nichts ahnt. Als in Bukarest einmal ein vierjähriger Junge von Straßenhunden totgebissen wurde, brachte die rumänische Regierung ein Gesetz zur »Hunde-Euthanasie« auf den Weg. Eine französische Tierschützer-Organisation polemisierte gegen »blutige Massensäuberungen« in Rumänien. In Wien fand eine Demonstration vor der rumänischen Botschaft statt: Brennende Kerzen umstellten die Parole »Shame on Romania!« Eine Website, die vornan ein Bild von einem Dutzend toter Welpen zeigte, brachte es auf Hunderte Postings. Auf einem besonders abstoßenden Video unausgewiesener Herkunft waren Männer zu sehen, die einen kleinen Hund anzündeten und sich an dessen Qualen ergötzten. »Ich wünsche diesem Mob in Rumänien einen grausamen Tod«, schrieb eine Frau aus Bayern. »Wieder eine Nation, die ich nicht leiden kann«, pflichtete ihr eine Irin bei. »Wenn die mich wieder mal auf der Straße anbetteln, dann schreie ich es ihnen ins Gesicht.«

Die Rumänen wehrten sich. 60 000 Straßenhunde gebe es in Bukarest, erklärte die Stadtverwaltung, und das Gesundheitsamt gab bekannt, täglich müssten Dutzende Menschen nach Hundebissen gegen Tollwut geimpft werden, jeder fünfte davon ein Kind. In Rumänien gehörte die ganze Empathie dem Vierjährigen aus dem Lindenpark, unter den westlichen Tierschützern galt sie den Hunden. Das Kind habe sich wohl auf ein eingezäuntes Gelände verirrt, stand auf den Websites zu lesen. Hunde sind süß, Rumänen sind grausam: Die Herabwürdigung wurde spontan verstanden.

***

Bis ins 18. Jahrhundert hatte der Westen »den Osten« gar nicht auf dem Schirm. Polen war Polen, Böhmen war Österreich, das Baltikum war deutsch. Russland war ein fernes, düsteres Waldland und lag nicht im Osten, sondern im Norden. Der Balkan dagegen war »Orient« oder »Türkei«; er begann gleich hinter Wien. Wenn im Bewusstsein der Zeitgenossen eine Scheidelinie über den Kontinent ging, dann die zwischen Abendland und Morgenland, also zwischen Christenheit und islamischer Welt. Eine zweite verlief entlang der Alpen und trennte den barbarischen Norden von der Zivilisation der Mittelmeerländer. Einen europäischen Osten gibt es erst seit der Aufklärung. John Ledyard, ein amerikanischer Abenteurer und Weltreisender, schaffte es bis nach Jakutsk in Sibirien. Auf der Rückreise fühlte er sich erst an der polnisch-preußischen Grenze »wieder in Europa«. Es war offenbar ein verbreiteter Topos: Napoleons General Philippe-Paul de Ségur »verließ Europa ganz«, als er über Preußens Ostgrenze nach Polen vorstieß, und fühlte sich »um zehn Jahrhunderte zurückversetzt«. Nichts deutet darauf hin, dass es dort damals wirklich so einen deutlichen zivilisatorischen Unterschied gegeben hätte. Aber das Klischee vom aufgeklärten Westen und dem rückständigen Osteuropa passte gut in das Fortschrittsdenken, das sich gerade herausbildete, und es wollte bedient sein.[5]

Erst Voltaire und Rousseau, die großen Philosophen der

Aufklärung, interessierten sich für den Osten – auf eine gewisse Art zumindest. Voltaire schmachtete Katharina die Große an und lobte das aufgeklärte Wirken der Zarin. Offenbar, dachte er, war die aus Deutschland stammende Prinzessin die Richtige, um die primitiven Bauern zu vernünftiger Lebensführung anzuleiten. Jean-Jacques Rousseau, der »Grüne« unter den Vordenkern der Zeit, lobte dagegen die Freiheitsliebe und Originalität der Polen. Alle Europäer seien furchtbar angepasst, quasi globalisiert, alle sähen gleich aus und dächten ähnlich. Nur die Polen nicht.

Beide Philosophen vermieden es allerdings, ihre Thesen einem Stresstest auszusetzen; weder war Rousseau je in Polen noch Voltaire je in Russland – trotz dringender Einladungen durch die Zarin. Russland und Polen waren ihre »pet nations«, ihre Schoßhund-Nationen, wie die bulgarisch-amerikanische Historikerin Maria Todorova das nennt, wenn mächtige und einflussreiche Personen aus dem Westen östliche Völker als Projektionsfläche für ihre Ideen nutzen.[6] Der alte Usus unter europäischen Mächten, sich mit dem nächsten Nachbarn zu verfeinden und mit dem übernächsten zu befreunden, hat zwar in Frankreich und in Polen viel völkerfreundschaftliche Schwärmerei und etwas polnische Emigration nach Paris, aber wenig echte Neugier hervorgebracht. Erst in den 1990er Jahren scheiterte ein deutscher Versuch, die Achse Paris–Berlin nach Warschau zu verlängern und zum »Weimarer Dreieck« auszubauen, an profundem französischem Desinteresse.

Der deutsche Aufklärer Johann Gottfried Herder verfügte über deutlich mehr eigene Anschauung als die beiden Denker aus Frankreich. Er stammte aus Ostpreußen, hatte Rousseau gelesen, aber auch fünf Jahre als russischer Untertan in Riga gelebt und dort Letten, Polen und Russen kennengelernt. Seine Beobachtungen prägen die deutsche und nicht nur die deutsche Vorurteilsstruktur gen Osten bis auf den heutigen Tag. »Die Slawen«, befand der preußische Pastor, seien »kein unternehmendes Kriegs- und Abenteurervolk wie die Deutschen«.

Jedenfalls nicht Avantgarde, eher Nachhut: »Vielmehr rückten sie diesen«, den Deutschen, »stille nach und besetzten ihre hergelassenen Plätze und Länder.« Das taten sie beharrlich und erfolgreich, »bis sie endlich den ungeheuren Strich innehatten, der vom Don zur Elbe, von der Ostsee bis zum Adriatischen Meer reicht«.

Herders Charakterisierung ist von 1786. Sie war nicht böse gemeint, aber ist nicht frei von Herablassung. Die Slawen, so Herder, werkelten immer brav und bescheiden vor sich hin und hüpften am Sonntag zu ihren schlichten Melodien. Sie »pflanzten Fruchtbäume und führten nach ihrer Art ein fröhliches, musikalisches Leben«. Dabei seien sie »unterwürfig und gehorsam, des Raubens und Plünderns Feinde«. Durch die lobenden Worte schimmert die Vorstellung, dass dieses gutmütige und kriegsuntüchtige Slawenvolk germanischen, eben »unternehmenden« Schutzes bedurfte. Eines Schutzes, den es aber meistens nicht bekomme, wie Herder seufzend anschließt: »So haben sich mehrere Nationen, am meisten aber die vom deutschen Stamme, an ihnen versündigt.« Das war milde ausgedrückt. Gerade eben waren Preußen und Österreicher dabei, zusammen mit den Russen das friedliche Königreich Polen unter sich aufzuteilen.[7]

Die deutschen Nationalsozialisten schließlich wendeten die völkerpsychologischen Skizzen, wie Herder sie entworfen, aber wohl kaum erfunden hatte, ins Gemeine, Abschätzige, Verächtliche. Überdies taten sie so, als seien ihre bösen Klischees naturwissenschaftlich erforscht und beglaubigt. Im »Günther«, dem weit verbreiteten Standardwerk der nationalsozialistischen Rassenkunde, wird eine ominöse »ostische Rasse« mit den »Eigenschaften des typischen Spießbürgers« beschrieben. »Alles Heldentümliche«, aber auch »Großmut, Leichtsinn, Verschwendung und alles Weitherzige« seien »unostische Eigenschaften«. Mangels »Führereigenschaften« bedürfe der Mensch dort fremder Führung, die er trotz »Nörgelei und Neid« geduldig ertrage – eine Herrenmenschenperspektive, die Tschechen und Polen bald darauf physisch zu spüren bekamen. Russen rechneten die NS-Ideologen zur »ostbaltischen Rasse«, attestierten ihnen »zähe Verbissenheit« und dichteten ihnen eine Nase an, die »für abendländische Anschauungen besonders hässlich« sei. Blonde Haare und blaue Augen, sonst Inbegriff des »Nordischen«, gereichten den Russen nicht zum Vorteil: Ihre Haare seien »aschblond« statt »goldblond«, die Augen mehr grau als blau.[8]

Der kalte Krieg wurde unter politischer, nicht unter nationaler Flagge geführt, aber die Feindbilder beider Seiten boten genug Raum für die Pflege der alten, nationalen Klischees. Deutsche Nationalsozialisten, die eben noch »slawische Untermenschen« verachtet hatten, ließen ihre Abneigung jetzt den Bolschewiken zuteilwerden, ohne das Objekt ihres Hasses groß umschminken zu müssen. Für die Nachkriegsgeneration verschwand die ganze Region in einem ideologischen Nebel. Interesse an Osteuropa hegten von den 1950er Jahren bis etwa 1980 nur noch einige westliche Kommunisten und wenige osteuropäische Emigranten.

Der Osten wurde das ganz andere. Schon mit Andeutungen, dass sich hinter der ideologischen Fassade des Ostblocks eine Art menschliche Normalität verbergen könnte, ließ sich in dieser Zeit erfolgreich provozieren. »Back in the U.S.S.R.« hieß ein Hit der Beatles von 1968: Im Text freut sich ein Russe nach einer Auslandsreise wieder auf zu Hause – nicht auf Gulag und GPU, sondern auf Berge, Balalaika und ukrainische Girls. »You don't know how lucky you are, boy«: Schon dieser harmlose Satz, im Liedtext gesungen vom lyrischen Ich, wurde von Konservativen auf politische Korrektheit abgeklopft und als »prosowjetisch« inkriminiert. Gleichzeitig genossen echte Kommunisten aus anderen Weltgegenden – wie Ché Guevara – hohes Ansehen. Dem deutschsprachigen Publikum trug der Schweizer Schlagersänger Stephan Sulke 1977 die Ballade von einem »Mann aus Russland« vor, der tatsächlich Merkmale menschlichen Verhaltens aufwies: »Der Mann aus Russland konnte lachen, fröhlich sein und Witze machen, war ein Mensch genau wie ich und du.« Noch die Anhänger der Friedensbewegung gegen die Stationierung von Mittelstreckenraketen zu Beginn der Achtzigerjahre ließen sich von ihren Pop-Idolen ohne alle Ironie versichern, dass West- und Ostmenschen untereinander im Prinzip paarungsfähig waren: »We share the same biology«, sang der britische Musiker Sting, »regardless of ideology.«

Im vereinigten Europa ist dergleichen nicht mehr zu hören und schon gar nicht zu lesen. Geringschätzung und demonstrative Fremdelei schimmern aber dicht unter der Oberfläche und treten auch immer wieder hervor. Osteuropäer und Osteuropäerinnen teilen sich, wenn sie in Zeitungen so genannt werden, auf in Pflegekräfte und Putzfrauen sowie in Erntehelfer und Fahrer von schrottreifen Kleinlastern. »Eastern Europeans« lieferten durch ihre pure Existenz das ausschlaggebende Argument für den Brexit – verstärkt durch Reportagen aus Boston in der Grafschaft Lincolnshire, einem Ort, wo viele Polen, Litauer und Letten leben. Dass die Immigranten dort störten, Verbotenes oder Unliebsames trieben, wurde nicht bekannt, nicht einmal behauptet. Wenn in Supermärkten Hinweise auf Polnisch, Rumänisch oder Serbisch zu lesen sind, dann als Drohung an potenzielle Ladendiebe. Die deutsche Presse erfand den »Südosteuropäer«, eine Chiffre für die Roma. In den Niederlanden schuf die rechte »Partei für die Freiheit« eigens eine »Meldestelle Osteuropäer«, um eingesessenen Bürgern Gelegenheit zu geben, sich über Zuwanderer zu beschweren.

***

Durch die Geschichte hindurch war Osteuropa für den Westen mal Schwundstufe des eigenen Selbst, mal Vorzimmer oder Burggraben, mal Nachhut. Wenn man ihm doch eine eigene Identität zubilligte, war es bestenfalls ein verunglückter Gegenentwurf oder ein Spiegel, in den man ungern blickte. Für eine Europäische Union aus gleichberechtigten Nationen ist das keine gute Voraussetzung. Konkurrieren die Nationen gar miteinander, ob als Standorte für die modernsten Investitionen, ob um Macht und um Prestige, kann man leicht erraten, wer auf lange Sicht der Gewinner und wer der Verlierer sein wird. Dass die europäischen Staaten im Ringen um Bedeutung und Vorherrschaft die Plätze wechseln, wie es mit dem Beginn der Neuzeit Spanien, Frankreich und England und im späten 20. Jahrhundert Russland und China getan haben, steht in der EU nicht zu erwarten. Aber das wäre ohnehin eine fragwürdige Vision. In einem besseren Europa könnte jeder Einzelne gleichermaßen zu Hause sein und sich selbst entscheiden dürfen, wie stark und ob überhaupt er oder sie sich mit der eigenen Nation identifiziert. »Verstehen sollt ihr uns, und anerkennen!«, hat der erste postkommunistische Regierungschef Polens, Tadeusz Mazowiecki, von seinen westlichen Freunden gefordert, als er noch ein Dissident war: verstehen, nicht erziehen. Den Versuch ist es wert.

Der Missionar und der Intrigant
Geschichte: Ein missglückter Besuch, sein Grund und seine Folgen

»Ich bin nicht gekommen, um mich verwirren zu lassen«, ließ der Gast aus dem Westen sich vernehmen, »sondern um euch zu bessern.« Die Angesprochenen waren wie vom Donner gerührt. Auf den Schrecken folgte Empörung. »Man kann gar nicht sagen«, schreibt einer, der dabei war, »wie viel Frechheit, Anmaßung und Überheblichkeit« die Fremden an den Tag gelegt hätten. »Hochnäsig« und »kühn« hätten sie dahergeredet. Grußlos seien sie dahergekommen. »Sie dachten gar nicht daran, nur ein kleines bisschen den Kopf zu senken.«

Dass der Gast in dem unglücklichen Treffen, von dem hier die Rede ist, so arrogant herüberkam, ist kein Zufall und auch keine reine Charakterfrage. Sein Auftrag war, in einem wichtigen Zentrum des europäischen Ostens für Ordnung zu sorgen und umfangreiche Reformen durchzusetzen. Für den Auftrag wurde ein Mann gebraucht, auf den man sich verlassen konnte und der sich von Einwänden nicht beirren ließ. Fremdsprachenkenntnisse und interkulturelle Kompetenz waren von Vorteil, aber nicht Bedingung. Wichtiger war, dass der Emissär sein Anliegen in aller Klarheit über die Rampe brachte. Längst nicht jeder war für diesen Job geeignet.

Der, um den es hier geht, brachte jedenfalls die besten Voraussetzungen mit. In seiner bisherigen Karriere hatte er ähnliche Herausforderungen schon bestanden. Seine Biografie versprach maximale Loyalität. Sehr früh schon im selben Betrieb sozialisiert, war er einem mächtigen Älteren aufgefallen, der ihn zu seinem persönlichen Sekretär machte. Als der Chef

Jahre später zum Vorstandsvorsitzenden aufstieg, nahm er seinen Büroleiter mit in die Zentrale. Dort, in der Metropole des Westens, kamen beide in eine fremde und potenziell feindselige Umgebung. An Machthabern und Platzhirschen, an Domänen, Tabus und ungeschriebenen Gesetzen mangelte es am neuen Wirkungsort nicht. Wohin man auch trat war eine Falle aufgestellt. Lokale Details, Erinnerungen, Gerüchte, die er machtpolitisch hätte ausschlachten können, kannte der treue Sekretär nicht; um sich durchzusetzen, musste der Neuling besonders forsch auftreten, große Linien ziehen, strenge Vorgaben verordnen. Mit der Aufgabe, dem Chef unter solchen Bedingungen den Rücken freizuhalten, hätte jeder andere sich noch schwerer getan.

Kurz: Für die schwierige Mission im Osten schien der bewährte enge Weggefährte des Chefs genau der richtige Mann zu sein. Indes, es schien nur so. Seine Stärken: Durchsetzungskraft, Loyalität, Sendungsbewusstsein, wandelten sich in der fremden Umgebung zu Handicaps. Sie sollten sich fatal auswirken. In der östlichen Hauptstadt war der Emissär zunächst auf ein zögerndes Entgegenkommen gestoßen, das er prompt falsch deutete und das er, statt sich geschmeidig und kompromissbereit zu zeigen, als Einladung für ein besonders forsches Auftreten nahm – ein Fehler, dem auch seine Nachfolger in vergleichbarer Mission schockweise zum Opfer fielen. Auch vertat er sich gründlich in der Einschätzung der Machtverhältnisse an seinem Einsatzort. An der Spitze der formalen Hierarchie war er freundlich aufgenommen worden. Ein gutes Zeichen aber war das gerade nicht.

Auch sonst fehlte es nicht an Missverständnissen. Die Kritik, die östliche Fachleute an seinen Plänen und Ideen übten, war mehr formaler als inhaltlicher Art und schien dem Gast aus dem Westen deshalb – vollkommen zu Unrecht, wie sich bald herausstellen sollte – als leicht überwindbar. Mehr noch: Sein ärgster Widersacher war in der Materie, um die gestritten wurde, offensichtlich nicht besonders bewandert. Wo der

Mann aus dem Westen komplizierte Debatten erwartet hatte, stieß er nur auf Machtpoker, Eitelkeiten und undurchsichtige Querelen. Seiner großen Reformidee in ihrer Kühnheit und logischen Stimmigkeit war hier niemand gewachsen, schloss er. Aber es nützte ihm alles nichts. Der Konflikt eskalierte, wurde heftig und endete im Desaster.

Dass die Geschichte des ersten Ost-West-Zusammenpralls nie als Problem von Verhandlungsstrategie, »Message«, Management-Qualitäten und Personalauswahl beschrieben wird, liegt am Timing. Die Begegnung fand im Jahre 1054 unserer Zeitrechnung statt. Erzählt wird sie in historischen und meistens in religions- oder kulturgeschichtlichen Kategorien. Das hat seinen triftigen Grund: Das Treffen ist als ost-westliche Kirchenspaltung in die Schulbücher eingegangen, ein Datum fast so prominent wie die Ermordung Cäsars, die Französische Revolution oder das Ende des Zweiten Weltkriegs. Ob das Treffen wirklich so ein historischer Einschnitt war, bezweifelt die Wissenschaft heute; offenbar war das große »morgenländische Schisma« im Osten schon nach einer Generation erst einmal wieder vergessen. Aber der Charakter der Mission, der Auftritt der westlichen Delegation, die östlichen Reaktionen, der Verlauf der mehrere Monate dauernden Auseinandersetzung, die Haltungen und selbst die Argumente halten noch für heutige Grenzgänger von West nach Ost wie von Ost nach West eine Lehre bereit.

Humbert hieß der Mann aus dem Westen.[9] Er war schon als Kind von den Eltern ins Kloster geschickt und dort gründlich ausgebildet worden. Der tüchtige junge Mönch fiel dem Bischof im nahen Toul auf, der machte ihn tatsächlich zu seinem Sekretär. Als der Bischof Jahre später zum Papst gewählt wurde, nahm er Humbert zusammen mit einer kleinen Truppe jüngerer, engagierter Reformer mit sich in den Palast.

Das Karrieremuster formt Akteure, wie man sie auch heute kennenlernen kann. Nicht verändert haben sich auch die Schattenseiten einer solchen Laufbahn. Die römischen Adelsfamilien betrachteten das Papstamt als ihre Domäne und hatten mit dem neuen »deutschen Papst«, einem Mann aus dem Elsass, wenig Freude. Moyenmoutier in den Vogesen, wo Humbert erzogen worden war, war ein sogenanntes Reformkloster. Anders als in vielen anderen Abteien, vor allem in Italien, wurde hier streng auf Disziplin, Bildung und wirtschaftliche Haushaltsführung geachtet, Tugenden, die allerdings nicht um ihrer selbst willen gepflegt wurden. Hinter der ordnenden Gewalt stand vielmehr eine große Idee.

Humberts Reise nach Konstantinopel ist gründlich dokumentiert.[10] Sein Mentor, der sich jetzt Leo IX. nannte, hatte ihn an den Bosporus geschickt, um die dortige Kirche zur neuen römischen Räson zu bringen. Spannungen zwischen Rom und Konstantinopel, zwischen West und Ost, waren zwar nichts Neues. Die große Reform aber, die Papst Leo jetzt plante, musste besonders schwere Differenzen mit sich bringen. Die Kirche sollte nach der Idee zu einer unabhängigen, geistlichen Macht werden, kontrolliert nicht mehr von den lokalen Fürsten, sondern von einer energischen Zentrale in Rom. Es wurde ein schwieriger, langwieriger Kampf mit vielen Facetten und vielen Akteuren.

Im weiteren Verlauf des Jahrhunderts sollten sich die Ideen Papst Leos und seines Sekretärs endgültig durchsetzen, allerdings nur im Westen des Kontinents. Es war eine Zeitenwende, die den Umbruch vom »realen Sozialismus« zu Demokratie und Marktwirtschaft an welthistorischer Bedeutung noch übertraf – die erste »Gewaltenteilung« nämlich: Weltliche und geistliche Macht gehorchten fortan ihren eigenen Gesetzen. Bis dahin war die Kirche vom Rest der mittelalterlichen Gesellschaft kaum zu unterscheiden. Adelige Familien pokerten in der ganzen Christenheit um einträgliche Bischofssitze und Abteien, und ihre Sprösslinge führten sich, wenn sie eine Position erobert hatten, nicht anders auf als ihre weltlichen Standesgenossen. Ein wichtiges Instrument, diese Praxis abzustellen und die Kirche unabhängig zu machen, war der Zölibat, ein

Thema, dem sich der Reformer Humbert mit aller Leidenschaft widmete. Nur mit der Verpflichtung zur Ehelosigkeit ließen sich die Priester aus dem Machtsystem herauslösen. Solange sie Familie hätten, so der Gedanke, würden geistliche Würdenträger sich trotz noch so frommer Schwüre niemals wirksam daran hindern lassen, ihre Söhne in Ämter und Pfründen zu bugsieren und ihre Töchter strategisch zu verheiraten.

Durchsetzen mussten sich der neue Papst und seine Reformtruppe überall in der Christenheit, in Konstantinopel nicht weniger als in Frankreich oder Deutschland, wo Humbert, die harte rechte Hand des Papstes, nicht weniger als fünf »falsch geweihte« Bischöfe erfolgreich abgesetzt hatte. Nur sollte die disziplinierende Visite am Sitz des damals noch mächtigen oströmischen Kaisers und seines Patriarchen viel schwerer werden als jede andere.

Hier Anhänglichkeit an abstrakte Grundsätze und Treue zur Hierarchie, dort Korruption und totaler Machtkampf um alles und jedes: Das war aus westlicher Sicht das Setting der Begegnung. Entsprechend fielen die Rollen aus, die Gäste und Gastgeber einnahmen. Hier die anmaßenden, besserwisserischen Ideologen aus dem Westen, die alle anderen nötigten, vor ihrer Wahrheit niederzuknien, dort die verbindlichen, höflichen, auf Ausgleich und Kompromiss bedachten, aber auch empfindlichen und intriganten Ostler: ein Gegensatz, dem man auf der Ost-West-Achse auch heute wieder auf Schritt und Tritt begegnen kann.

Der oströmische Kaiser in Konstantinopel empfing die Gesandtschaft aus Rom freundlich. Für ihn war der Papst einfach ein bedeutender Verbündeter gegen die Normannen, die sich gerade in Süditalien festsetzten – nicht mehr als eine Figur auf dem Schachbrett der Macht. Was die Fremden alles im Sinn hatten und was genau sie von ihm wollten, war dem Kaiser, Konstantin IX., entweder nicht verständlich oder nicht wichtig. Weder glaubte der kampferprobte Monarch mit seinen Mitte fünfzig noch an weltweite Reformpläne, noch kümmerte er sich um irgendwelche theologischen Feinheiten. Geistiges überließ Kaiser Konstantin seinem Freund, einem allgemein geachteten Universalgelehrten namens Michael Psellos.

Nicht nur der Kaiser, auch Konstantinopels Spezialisten für Grundsatzfragen zeigten sich gegenüber den Westlern kompromissbereit. Die geistlichen Autoritäten – der gelehrte Kaiserfreund Michael Psellos ebenso wie der Patriarch Petros von Antiochia, dem heutigen Antakya – kritisierten weniger die Inhalte als den Stil Humberts und seiner westlichen Delegation. Psellos etwa rügte vor allem die »Unverschämtheit« der Römer. Dem alten Patriarchen Petros schließlich missfiel, dass Rom offenbar »seinen Willen gegen die übrigen Patriarchen durchsetzen« wolle. Schließlich war auch er, Petros, vom Kaiser in sein Amt eingesetzt worden und fand nach wie vor nichts dabei.

Der Westen trumpft auf, der Osten reagiert widerstrebend; der eine greift an, der andere wehrt sich zaghaft, aber wirkungsvoll: ein eingängiges Bild. Vollständig ist es aber nicht. Dass der Streit eskalierte, lag nämlich nicht nur am apodiktischen Auftreten des Mannes aus Rom. Bei gutem Willen hätten die Ostler den päpstlichen Gesandten noch mit Schweigen und allerlei Scheinkompromissen auflaufen lassen können – Praktiken, über die westliche Emissäre nicht nur im Osten Europas auch im 21. Jahrhundert zu stöhnen pflegen. Für den großen Eklat sorgte vielmehr die Schlüsselfigur auf östlicher Seite, der Patriarch von Konstantinopel, ein Mann namens Michael Kerullarios. Im Vorfeld des Besuchs hatte Michael noch gehofft, die Römer würden seine Sphäre respektieren und sich auf friedliche Koexistenz einlassen. Dass die Gäste ebenso wie er selbst sich auf Gott und die Heilige Schrift beriefen, also nur die einen oder die anderen in der Sache Recht haben konnten, schien für Michael zunächst kein großes Hindernis zu sein. Die »Kirche von Konstantinopel«, meinte der Patriarch, könnte ihre Gebräuche ja, genau wie die römische, einfach für allgemeingültig erachten und so tun, als gälten sie überall auf der Welt.

Mit anderen Worten: Der Westen erhob Anspruch auf die Anerkennung einer allgemeingültigen Wahrheit. Der Osten erhob Anspruch auf seine Besonderheit. Der Westen forderte Unterwerfung, der Osten forderte Respekt. Als Rom klarmachte, dass es (östlich ausgedrückt) den Respekt verweigerte beziehungsweise (in westlichen Begriffen) mit einem Formelkompromiss nicht zufrieden war, ließ Kerullarios keine Brüskierung und keine Schmähung der »Hunde«, »Pestmenschen«, »Gotteslästerer« und »Teufelskinder« aus. Humbert stand ihm nicht nach und schalt seinen Widersacher einen »Esel«, »Drachenschwanz«, »Giftmischer« und, erstaunlich modern anmutend, den »Teig Mohammeds«: einen Wegbereiter des dämonisierten Feindes, des Islam.

Aber neben dem schweren Säbel beherrschte Humbert auch die feine Klinge. Seine Schriften weisen den Mönch aus Lothringen als scharfsinnigen Analytiker von hoher Bildung aus, der obendrein gut schreiben konnte. Michael Kerullarios dagegen war genau der Typ eines geistlichen Würdenträgers, dem der Papst und sein treuer Kabinettschef zu Hause den Kampf angesagt hatten. Das kirchliche Amt war für ihn nicht weniger eine Machtposition als jedes weltliche. Von Theologie hatte der Patriarch keine Ahnung; für derlei Legitimationsideologien hatte er seine Leute. Anfangs hatte der Sohn eines hohen Finanzbeamten aus angesehener Hauptstadtfamilie sich in der Politik versucht und eine Verschwörung gegen den Kaiser angezettelt. Nach deren Scheitern musste er ins Kloster gehen. Was für seinen späteren Widersacher Humbert die lebenslange Bestimmung war, war für Michael eine Strafe. Sein neuer Stand hinderte den nunmehrigen Gottesmann allerdings nicht, weiter um Macht zu kämpfen, in allen politischen Streitfragen mitzumischen und sich sogar zum Kaisermacher aufzuschwingen.

Lässt man die Argumente beider Seiten von damals Revue passieren, jagt ein Déjà-vu-Erlebnis das andere. So listet Kerullarios die zahlreichen Verstöße der Westler gegen göttliche Gebote auf, etwa dass sie sich den Bart rasieren, erstickte

Tiere und obendrein verbotene Arten verzehren, dass sie in der Messe zur Fastenzeit kein Alleluja singen – Formalismen allesamt, wie sie in ihrer wahllosen Häufung selbst den formverliebten byzantinischen Zeit- und Glaubensgenossen schon lächerlich vorkamen. Humbert stört an Michael genau das Gegenteil. Er mokiert sich, dass bei den Griechen in der Beichte nicht »nach den Geboten der Liebe Gottes und des Nächsten geforscht wird«, nicht nach dem eigentlich Wichtigen also, »sondern ob einer Bärenfleisch gegessen hat«.

Hier der Formalismus, stures Insistieren auf Nebensächlichkeiten, dort das Beharren auf dem »Eigentlichen«, das Indie-Tiefe-Gehen, das übergriffige Eindringen und Nachforschen, ob jemand es auch wirklich so meint: Auch solche Gegensätze sorgen über die Zeiten hinweg noch immer für Misshelligkeiten zwischen Ost und West. Wenn es dagegen um die Macht und ihre Insignien geht, verstehen die Widersacher die Sprache des je anderen nur zu gut, heute wie damals – wenn etwa Humbert den Patriarchen in der Anrede zum »Erzbischof« degradiert und wenn umgekehrt Kerullarios den Papst nicht als »Vater«, sondern als »Bruder« anspricht und sich, Gipfel der Hybris, die berühmten roten Schuhe anzieht, ein altes Symbol für Macht und Würde, das der Papst sich vorbehält und das noch den 2013 abgetretenen Benedikt XVI. zur Fashion-Ikone gemacht hat.

Sogar ganze Sätze von damals finden, übersetzt, auch aktuell Verwendung. Wie die Besserwisser aus dem Westen sich erdreisten könnten, dortige Verhältnisse zu beurteilen, »wo sie doch nicht einmal unsere Sprache sprechen!« So kann man es vor allem aus dem heutigen Ungarn heute wieder hören. Humbert, der Mann aus Lothringen, hatte die Leitung der Delegation nach Konstantinopel nicht nur bekommen, weil er so eng mit dem Papst war, sondern auch wegen seiner Griechischkenntnisse. Ob es damit wirklich weit her war, ist umstritten; die östlichen Quellen bezweifeln das. Ein wenig Hochstapelei, zumal im Kreise konkurrierender Getreuer rund um den Papst, würde gut ins Humbert-Bild passen; »Ostexperte« wird man auch heute schnell, vorausgesetzt, man verfügt über die »richtige« moralische Sicht.

∗∗∗

Von tausend Jahre alten Geschichten darf man erwarten, dass sie längst überholt und erledigt sind. Das gilt aber nicht, wenn die Konstellationen sich erhalten haben. Das haben sie; sogar verfestigt und immer wieder verjüngt haben sie sich. Zwar treffen in der Gegenwart längst nicht immer der anmaßende Prediger und der bockige Intrigant aufeinander, wenn in Europa Ost und West einander begegnen. Aber wenn sie es tun, und sie tun es immer wieder, rufen sie auf beiden Seiten vertraute Bilder wach. Selbst dann, wenn Osteuropa ausnahmsweise einmal auftrumpft, wie unter Lenin oder Viktor Orbán, hat es als wichtige Karte die Erinnerung an erlittene Kränkungen auf der Hand.

So heftig wie damals, im Jahr 1054, waren Osten und Westen seit ihrer Christianisierung noch nie zusammengestoßen. In der Folge verschoben sich die Machtverhältnisse in Europa nachhaltig. Humbert kam aus einer Gegend, die zum Kernland erst des christlichen Abendlandes und dann der Europäischen Union werden sollte: dem Gebiet zwischen Rhein und Seine, Köln und Paris. Hier, in Burgund, stand das berühmte Reformkloster Cluny. Von hier, aus dem Elsass, stammte nicht nur der Papst, sondern auch dessen Vetter zweiten Grades, der »römische« Kaiser Heinrich III.

Kaiser, abgeleitet vom römischen Caesar, war der Titel für den Erben des antiken Weltreiches. Nach dem Sinn des Begriffs durfte es nur einen Kaiser geben. Es gab aber deren zwei, einen im Westen und einen im Osten. Der östliche hatte eindeutig den älteren Thron inne, war reicher und kultivierter. Die Rivalität erstreckte sich auch auf das Religiöse. Beiden, dem westlichen wie dem östlichen Kaiser, stand ein christliches Kirchenoberhaupt gegenüber. Unter den fünf »Patriarchaten«, die sich noch auf die Apostel zurückführen lassen, reklamierte das römische einen Führungsanspruch für sich. Die anderen vier, besonders der Patriarch von Konstantinopel, stuften die Position des römischen Papstes zu einem bloß zeremoniellen »Ehrenvorrang« herab.

Es war tatsächlich ein Konflikt zwischen Ost und West, nicht zwischen Nation A und Nation B. Die Menschen in Konstantinopel galten als »die Griechen«, gleich ob sie zu Hause Griechisch oder vielleicht Serbisch, Bulgarisch oder Albanisch sprachen. Dass auch quer durch das abendländische Kernland um Lothringen und Burgund eine Sprachgrenze verlief, spielte ebenso wenig eine Rolle. »Deutsche« und »Franzosen« gab es noch nicht. Humbert mochte in seinem lothringischen Kloster am besten Altfranzösisch gesprochen haben, sein Chef eine Tagesreise weiter östlich mochte im Übergang vom Alt- zum Mittelhochdeutschen groß geworden sein. Für die Konkurrenz im Osten waren sie unterschiedslos »die Franken«. Ihr Ruf am Bosporus war schlecht, sie galten als primitiv. Hundertfünfzig Jahre nach dem Streit zwischen Humbert und Michael belegten die »Franken«, wie berechtigt das Vorurteil war. Vor allem französische Ritter und venezianische Kaufleute plünderten auf einem Kreuzzug, der sie eigentlich zu den heiligen Stätten nach Palästina führen sollte, erst einmal auf brutale Weise Konstantinopel. Am Reichtum und an der Pracht der Stadt hatten sie sich nicht sattsehen können. Jetzt holten sie sich, was sie kriegen konnten, ohne auf Tradition, Würde und Heiligkeit der Schätze zu achten. Die Berichte von der Plünderung Konstantinopels kursieren im orthodoxen Osteuropa bis auf den heutigen Tag und werden regelmäßig hervorgeholt, wenn die Rohheit und moralische Minderwertigkeit des Westens bewiesen werden sollen. Die mehr als 800 Jahre Zeitdifferenz schnurren dann auf einen Augenblick zusammen.

***

Soviel sich sonst auch änderte: Ost und West behielten von da an nicht nur ihre Rollen, sondern auch die Sicht, die sie voneinander pflegten. 400 Jahre nach dem Zusammenprall zwischen Humbert und Michael eroberten die muslimischen Osmanen das seit langem schon geschwächte Konstantinopel und nannten es, auf Griechisch, Istanbul – eis tèn pólin[11], was »in die Stadt« heißt und die Richtung bezeichnet, in die die Bauern der Umgebung ihre Waren trugen. Kaiserstadt war Istanbul nun nicht mehr; zu neuer Blüte kam es als Sitz eines islamischen Sultans. Anders als im Westen aber hat sich in Osteuropa ein Bewusstsein von der Kontinuität der Metropole erhalten: Der Name Carigrad, Kaiserstadt, gilt in den meisten slawischen Sprachen inzwischen zwar als veraltet, ist aber im Slowenischen noch immer üblicher Sprachgebrauch.

Bis dahin hatte die Stadt sich als das »zweite Rom« bezeichnet. Das erste, das in Italien, war im Mittelalter stark heruntergekommen; zwischen den Trümmern der Tempel grasten Schafherden. Aber auch mit Konstantinopel sollte es bald bergabgehen. Lange bevor die Osmanen seine Hauptstadt eroberten, war das Reich der östlichen Christenheit auf ein kleines Gebiet östlich und westlich des Bosporus zusammengeschrumpft. Wirtschaftlich, wissenschaftlich und technologisch zog der Westen, Humberts Heimat, ihm davon. Als dann anno 1453 auch das »zweite Rom« gefallen war, wurde der Titel als Hauptstadt der Christenheit vakant. So nahm sich gut dreißig Tagesreisen nördlich von hier ein Großfürst, von dem kaum jemand je gehört hatte, die Nichte des letzten Kaisers zur Frau und eignete sich mit ihr die Symbole des untergegangenen Reiches an. Der Glanz Konstantinopels aber ließ sich in die kühlen Wälder des Nordens nicht mitnehmen. Dass ein Mönch in dem fernen, finsteren Land für die bescheidene Residenzstadt seines Fürsten den pompösen Titel »drittes Rom« prägte – das alles drang ins Bewusstsein der meisten Menschen im Süden und Westen nicht vor. Doch während sich im Westen der Schwerpunkt weg vom Mittelmeer verschob und im Südosten mit dem Islam eine ganz andere Kraft auf den Plan trat, entwickelte sich im Norden des Ostens allmählich ein weiteres Zentrum. Als Portugiesen, Spanier, Engländer und Holländer fremde Meere erkundeten und ihre Kolonien gründeten, eroberten sich niederdeutsche Kaufleute die Ostsee und erschlossen so das weite Russland für den europäischen Markt. Seither gibt es zweierlei Osten. Zur Hauptstadt einer halben Welt sollte Moskau allerdings erst Jahrhunderte später werden.

Das Europa, das am Ende des Mittelalters entstand, hat sich in seinen Grundzügen erhalten. Die Rollen waren schon vorgeprägt. Der antike Vorläufer des Ost-West-Verhältnisses, wie wir es heute erleben, war das Weltbild der alten Griechen gewesen, die im Ausland überall Barbaren sahen, sogar im weiter westlichen Italien. Für die Römer dann und später für die Byzantiner lebten die Barbaren im Norden. Nach dem Fall Konstantinopels drehte sich das Weltbild noch einmal um 90 Grad. Seither steht es fest.

∗∗∗

»Der Osten« ist im Westen ein Begriff der Alltagssprache. Wer dort lebt oder von dort kommt, wird ihn nicht verwenden. Spricht man trotzdem von Osteuropa oder von Osteuropäern, kann man leicht einen Schatten über die Gesichtszüge seines osteuropäischen Gegenübers huschen sehen. Schon die bloße Verwendung des Sammelbegriffs kränkt; Polen wollen nicht gern mit Russen, Slowaken nicht mit Tschechen und Kroaten nicht mit Serben in einen Topf geworfen werden. Zwanzig, dreißig Jahre nach der Ostöffnung hätten sie bei schlampigen Verallgemeinerungen alle nur auf ihre nationale Identität gepocht, statt sich im Namen ganz Osteuropas gegen das schlechte Image des Ostens zu wehren. Eher hätte man behauptet, die eigene Nation sei nicht so schlecht wie die anderen. Unter nationalen Eiferern gediehen eine Zeitlang sogar ausgefeilte historische Theorien, nach denen das eigene Volk nur durch einen dummen Zufall im falschen Teil des Kontinents gelandet oder zum Beispiel gar nicht »slawisch« sei, sondern mit ganz anderen Völkern höheren Prestiges »stammverwandt«. Erst in jüngster Zeit blüht wieder schüchtern das zarte Pflänzchen einer osteuropäischen Identität.

Nord-, Mittel- und Südamerika erkennt man schon beim ersten Blick auf die Landkarte. Dass im Norden Englisch (und ein bisschen Französisch), in der Mitte und im Süden Spanisch (bzw. Portugiesisch) gesprochen wird, macht die Einteilung nur umso plausibler. Den alten Kontinent Europa in Regionen aufzuteilen ist weitaus komplizierter; wer immer es versucht, stößt auf Widerspruch.

In der wissenschaftlichen Literatur und im Business-Englisch der großen Konzerne, wo man um Sammelbegriffe nicht herumkommt, firmieren als Osteuropa meistens nur Russland, Weißrussland, die Ukraine und die Republik Moldau. Die Systematik ist aber alles andere als klar. Das World Factbook der CIA, maßgeblich für die USA und die NATO, rechnet auch die drei baltischen Staaten dazu. Westlich schließt sich für die Amerikaner »Central Europe« an, bestehend aus Deutschland, Polen, Ungarn, Tschechien, Österreich, der Slowakei, der Schweiz und Slowenien. Südlich folgt »Südosteuropa« mit Kroatien, Serbien, Bosnien-Herzegowina, Rumänien, Montenegro, Mazedonien, Kosovo, Albanien und Bulgarien. Die Vereinten Nationen wiederum unterscheiden in ihren Statistiken in Europa vier Regionen, benannt nach den vier Himmelsrichtungen. Das ganze frühere Jugoslawien gehört danach zu Südeuropa, das Baltikum zusammen mit Skandinavien und den Britischen Inseln zu Nordeuropa. Deutschland und Österreich zählen wie Frankreich zum Westen. Ein Mitteleuropa kennt die UNO nicht. In Deutschland zählen zu den »mittel- und osteuropäischen Ländern«, oder kurz MOEL, üblicherweise Ungarn, Tschechien, die Slowakei und Polen, dazu die drei baltischen und alle südosteuropäischen Staaten. Deutschland selbst gehört nicht dazu, eigenartigerweise auch nicht das eigentliche Osteuropa. Ohne Südosteuropa ist bei allen, die Wert auf sprachliche Korrektheit legen, von »Ostmitteleuropa« die Rede. Genauso wird es in Polen und in Italien gehalten. Ebenso in den Niederlanden; dort werden »Osteuropäer« zuweilen, nur scheinbar politisch korrekt, als »moelanders« bezeichnet. »Moe« ist die Abkürzung für Midden- en Oost-Europa, aber auch das Wort für »müde«. In Frankreich rechnet man zu den »Peco«, den Pays de l'Europe centrale et orientale, den ganzen postkommunistischen Raum in Europa, von Polen bis Russland, von Estland bis Albanien, Bulgarien und zur Republik Moldau. In der kroatischen Systematik schließlich gibt es neben dem Ost- und dem Südosteuropa des CIA-Factbook ein großes »Mitteleuropa«: ein »westliches« mit Deutschland, der Schweiz und Österreich sowie ein »östliches« mit Polen, Tschechien, der Slowakei, Ungarn, Slowenien und Kroatien selbst.

Kurz gesagt: Europa kann man einteilen, wie man will; die Geografie jedenfalls legt einem dabei kaum Hindernisse in den Weg. Meere, Flüsse, Gebirgsketten, was immer die Landkarte zu bieten hat: All das dient mehr oder weniger als Vorwand, sich den Kontinent nach dem eigenen Machtinteresse zurechtzuschneidern. Um etwa sein Polen gegen die stärkeren und aggressiven Nachbarn im Westen und Osten ein wenig widerstandsfähiger zu machen, erfand der Marschall Józef Piłsudski in den 1920er Jahren das »Intermarium«, eine Region, die alle Länder zwischen Ostsee, Adria und Schwarzem Meer umfassen sollte. Neunzig Jahre später belebte die kroatische Staatspräsidentin die Idee neu, als »Trimarium« – zur Freude vor allem von Strategen in Washington, die auf ein Gegengewicht zur deutsch-französischen Achse in der EU hofften.

Mitteleuropa dagegen ist eine deutsche Erfindung. Dem neu entstandenen Deutschen Reich und seiner rasch expandierenden Industrie waren beim Export die Zollschranken im Wege, vor allem die nach Osten. Zu einem politischen Projekt machte dieses Mitteleuropa der visionäre deutsche Politiker Friedrich Naumann, der in seinem Heimatland, wenn überhaupt, heute nur noch als Namensgeber für die politische Stiftung der FDP bekannt ist. Als er 1915, im zweiten Jahr des Ersten Weltkriegs, seine Mitteleuropa-Idee in einem Buch vorstellte, dachte er vor allem an einen Nachbarn: die Habsburgermonarchie. Der Vielvölkerstaat Österreich-Ungarn war im Krieg Deutschlands wichtigster Verbündeter. Die beiden »Mittelmächte« sollten nach Naumanns Wunsch dauerhaft verbündet bleiben und auch den nichtdeutschen Völkern der Habsburgermonarchie eine Perspektive bieten.

An einen »Anschluss« Österreichs an Deutschland, wie später Adolf Hitler, dachte Naumann definitiv nicht, denn er war Realist. Nicht einmal jeder vierte Bürger Österreich-Ungarns sprach Deutsch als Umgangssprache, und Naumann wollte Ungarn, Tschechen, Polen, Kroaten, Rumänen und die vielen anderen Volksgruppen weder ausgrenzen noch »umvolken«. Ausdrücklich pries er die kulturelle Vielfalt der Region, beharrte auf striktem Föderalismus. In seinem Buch entwirft er eine Union, die in ihrer Struktur und ihrem Fokus auf Wirtschaftspolitik stark an die spätere EU erinnert. Gleiche Gesetze sollte es in seinem »Mitteleuropa« geben, vor allem gleiche Wirtschaftsgesetze, und gemeinsame Ausschüsse. Alles würde über zwischenstaatliche Verträge geregelt.

Ähnlich wie die EU mit ihrem deutsch-französischen Kern sollte Naumanns neues Gebilde um eine Achse herum entstehen, die zwischen Berlin und Wien. »Erst muss der Kern da sein«, schrieb Naumann, »ehe weitere Kristallisationen erfolgen können.« Die Union sollte für spätere Beitritte offen sein – nicht nach Westen, für das dauerhaft verfeindete Frankreich ebenso wenig wie das neuerdings verfeindete Italien, wohl aber nach Osten, nach Polen etwa, das es damals als selbständigen Staat gar nicht gab. Auch Warschau und Krakau seien ja einmal Mitglieder der Hanse gewesen, des mittelalterlichen Städtebundes, schrieb Naumann. Halt machen sollte die Ausbreitung jedoch vor Russland. Deshalb: »Mitteleuropa«.[12]

Die Idee wurde nie ernsthaft betrieben. Als Österreich-Ungarn am Ende des Krieges zerfiel, waren die neuen selbständigen Staaten nicht erpicht darauf, sich in dieser oder jener Form wieder unter dem Schirm Österreichs oder gar des Deutschtums zu versammeln. Eine Klammer blieben die starken deutschsprachigen Minderheiten in den Nachfolgestaaten der Donau-Monarchie, eine Klammer aber, die weniger verband als Konflikte hervorrief. Nach dem Zweiten Weltkrieg schließlich, nach der Aufteilung Europas in Ost und West, blieb für eine Mitte erst recht kein Platz. Stalin beschwor schon in seiner Siegesrede am Tag der deutschen Kapitulation den »jahrhundertelangen Kampf der slawischen Völker um ihre Existenz und Unabhängigkeit«.[13] Allenfalls im neutralen Österreich konnte Naumanns Gedanke still und unbemerkt überwintern.

Ausgegraben wurde die Idee erst wieder, als der Ostblock Risse zeigte. Mitteleuropa, schrieb der Schriftsteller Milan Kundera 1983 in einem programmatischen Essay, sei zwar kein Staat, aber »eine Kultur oder ein Schicksal«. Seine imaginären Grenzen müssten in jeder historischen Situation neu gezogen werden. Keinen Zweifel ließ Kundera aber daran, welche Länder mindestens dazugehörten: die Tschechoslowakei, sein eigenes Heimatland also, sowie Polen und Ungarn. Während die kommunistischen Regime dieser Länder politisch eine scharfe Grenze nach Westen zogen, zog Kundera kulturell eine scharfe Grenze nach Osten. Das geografische Europa zwischen Atlantik und Ural, meinte Kundera, bestehe »spirituell« aus zwei Hälften: der einen mit ihrer Bindung an Rom, die katholische Kirche und die lateinische Schrift und der anderen mit der Bindung an Byzanz, die orthodoxe Kirche und die kyrillische Schrift.[14]

Die Tschechoslowakei, Polen und Ungarn gehörten somit zum Westen und dort unglücklicherweise zu dem Teil, der nach 1945 vom Osten »gekidnappt« wurde. Czesław Miłosz, der polnische Literatur-Nobelpreisträger des Jahres 1980, vermied solche Mystifizierungen, zog aber östlich von Polen und seiner Heimat Litauen ebenfalls eine scharfe Grenze. Der Ungar György Konrád schließlich sah die Region als Übergangszone zwischen den Blöcken. Für sie alle war Mitteleuropa die Chiffre für die Hoffnung, aus dem sowjetischen Herrschaftsbereich ausscheren zu können.

Kurz vor und nach dem Fall der Berliner Mauer erfuhr die Mitteleuropa-Idee auch auf der anderen Seite des Eisernen Vorhangs noch einmal eine Renaissance. Wo bisher nur ein grauer, langweiliger »Ostblock« wahrgenommen worden war, entdeckten Bildungsreisende jetzt die Spuren der reichen jüdischen Kultur der Region sowie die prächtigen Opernhäuser, Theater und Hotels bis ins ukrainische Lemberg. Daheimgebliebene lasen die Werke von Joseph Roth oder Karl Emil Franzos, dem Ungarn Sándor Márai oder den urbanen Wiener Kaffeehausliteraten wie Arthur Schnitzler, Karl Kraus, Friedrich Torberg. Die Nostalgie entsprach der liberalen Stimmung. Westeuropa überwand gerade die Enge seiner Nationalstaaten und Nationalkulturen. »Diversität« wurde das Schlagwort des Jahrzehnts. Der Vielvölkerstaat Österreich-Ungarn, der die Region bis zum Ersten Weltkrieg beherrscht hatte, schien für die modernen Einwanderungsländer ein Vorbild für den Umgang mit Vielfalt zu sein.

Auch wirtschaftspolitisch lag der Gedanke an Mitteleuropa im Trend; als nicht näher definierter »Raum« stand es im Unterschied zu einem Staat nicht im Verdacht, etwa Steuern zu erheben. Größe war out, small war beautiful. Kundera, der in Paris lebte, hatte für den Zeitgeist ein feines Gespür und beschrieb den »mitteleuropäischen Traum« als ein »Miniaturmodell« des ganzen Europas und seines kulturellen Reichtums, geschaffen nach dem Prinzip: ein Maximum an Vielfalt auf einem Minimum an Platz. Der Slogan konnte den Westen elektrisieren und Tschechen, Polen und Ungarn zugleich gegen den Osten absetzen. »Wie könnte Mitteleuropa da nicht entsetzt von Russland sein, das sich im Unterschied zu ihm auf genau das gegenteilige Prinzip gründet: ein Minimum an Vielfalt auf einem Maximum an Platz?«

So geistreich und anregend der Mitteleuropa-Gedanke auch ausgeführt worden ist, Teil der politischen Wirklichkeit wurde er auch nach 1990 nicht. In Österreich entdeckten visionäre Konservative die Chance, aus dem verlorenen Habsburg-Imperium wenigstens eine Art österreichisch-ungarischen Commonwealth zu bilden. Als auf ihre Initiative hin 1989 eine blockübergreifende Zentraleuropäische Initiative (CEI) entstand, schlossen sich ihr neben Italien auch die noch kommunistisch regierten Staaten Jugoslawien, Tschechoslowakei und Ungarn an; Mitteleuropa wurde das erste blockübergreifende Projekt. Aber die Allianz hielt nicht lange. Nach dem Fall der Mauer orientierten sich die östlichen Mitgliedsländer der CEI lieber an Bonn und Brüssel als an Wien und Rom. Spätestens als 2000 in Österreich die rechtsradikalen »Freiheitlichen« an die Regierung kamen und fleißig antiöstliche Affekte bedienten, war der Honeymoon vorbei.

Regional überlebte die Mitteleuropa-Idee noch im äußersten Nordosten Italiens, in Triest, das einmal Hafen und Sehnsuchtsort für die Wiener Elite gewesen war und das mit seiner slowenischen Minderheit im dem sonst so homogenen Land ein Kuriosum darstellte. Der Triestiner Schriftsteller Claudio Magris pflegte weiter den Habsburg-Mythos, zog mit einer unabhängigen Liste in den römischen Senat ein und klebte sich dort auf sein Türschild die Identitätsbezeichnung »mitteleuropeo«. In der Lagune von Grado, ganz in der Nähe von Triest, stand noch jahrelang ein Schild mit einer Badenden der Dreißigerjahre und dem Gruß: Benvenuti alla spiaggia di Mitteleuropa – willkommen am Strand Mitteleuropas. Irgendwann wurde die Tafel still abmontiert, und »La Mitteleuropa« diente nur noch als Slogan für eine Kaffeemarke. Die Zentraleuropäische Initiative unterhielt ein Büro in Triest und machte nie mehr von sich reden. 2018 zog sich ausgerechnet Österreich, das dreißig Jahre zuvor die Anregung gegeben hatte, aus ihr zurück.

***

Den Osten gibt es natürlich nicht. Schon geografisch hat er – wie der Westen und anders als der Süden und der Norden – auf der Weltkugel keinen Fixpunkt, keinen Pol; er ist eben einfach eine Richtung. Als solche ist er den Menschen allerdings von jeher wichtig. Vor aller Kultur, vor aller Geschichte, vor allen Vorurteilen verbinden sich mit den Himmelsrichtungen bestimmte Gefühle und Gedanken. Im Osten zum Beispiel geht bekanntlich die Sonne auf, was zu allerlei Folgerungen verleitet. Dong Fang Hong, der Osten ist rot, war die Parole, mit der Mao Tse-tung in den 1960er Jahren die Jugend köderte. Da Sonnenaufgänge jeden Tag stattfinden, klingt die Weisheit immer schon etwas abgedroschen und beeindruckt allenfalls Kinder. Der alte lateinische Spruch Ex oriente lux, aus dem Osten kommt das Licht, war für das Christentum, für die Romantik und dann wieder für die DDR verwendbar. Seit der Aufklärung schon wirkte er aber nicht mehr besonders überzeugend, denn das Licht, die Erleuchtung, kam jetzt ja ziemlich eindeutig aus dem Westen.

Himmelsrichtungen stehen aber nicht nur für den Gang der Sonne, sondern auch für das weit abwechslungsreichere Wetter. Wer im Nordwesten Europas aufwächst, in Meeresnähe, kann ein Lied davon singen. Die Luft ist hier ständig in Bewegung. Der belgische Chansonnier Jacques Brel hat die Assoziationen, die sich mit den vier Pfeilen der Windrose verbinden, auf den Punkt gebracht. Unter dem Nordwind knirscht und knarzt das Land unter der kalten Luft, die scharf über das Wasser geblasen kommt und den Menschen den Atem nimmt. Bei Südwind dagegen blüht das Land auf; das Feld dampft, und alles schallt und jubelt. Kommt das Wetter, wie meistens, von Westen, schlagen Wellen trotzig an Land, ein nasser Wind heult vor Gift und Bosheit. Das Land muss kämpfen. Wenn aber der Landregen sich auf Straßen, Platz und Rasen legt, auf Dächer und die Spitzen der himmelhohen Kirchtürme, die in Flandern die einzigen Erhebungen sind, wenn die Menschen unter den Wolken wie Zwerge erscheinen, wenn die Tage in ödem Gleichmaß dahinstreichen, dann weht ein schlapper Ostwind und klopft das flache Land noch flacher.[15]

Geologisch gibt es nicht einmal ein Europa, nur eine eurasische Platte mit einem westlichen Wurmfortsatz. Ein Osteuropa gibt die Landkarte erst recht nicht her. Entsprechend vage ist »der Osten« als Metapher für kulturelle Räume. Kaum eine Nation zwischen Portugal und Japan, die sich nicht schon einmal als »Brücke zwischen Ost und West« definiert hätte – außer vielleicht Portugal und Japan selbst. »Brücke« wollen von Deutschland über Osteuropa bis nach Iran und Indien alle gern sein – wenn es gerade passt und politische oder wirtschaftliche Vorteile bringt. Für Europa als kulturellen Kosmos ist in der Vorstellung kein Platz. Orient und Okzident, meinte Oswald Spengler, der führende Kulturmythologe der 1920er Jahre, seien »Begriffe von echtem historischem Gehalt«. »Europa« dagegen sei »bloß leerer Schall«.[16]

Die deutsche Alltagssprache unterscheidet zwischen dem Osten und dem Orient. Letzterer ist heute im Großen und Ganzen die muslimische Welt. »Der Osten« dagegen ist meistens alles Nichtmuslimische jenseits der eigenen Landesgrenzen. Im Niederländischen dagegen umfasst das Wort »oosters« sowohl die islamische Welt und den Fernen Osten als auch die christlich-orthodoxen Länder – im Unterschied zu »oostelijk«, das einfach »östlich« bedeutet. Das englische »oriental« wiederum meint allgemein Asien, vor allem aber Ostasien. Der »Orientalismus« allerdings mit seinem Bild von exotischen Haremswelten, der in den 1980er Jahren verpönt wurde, bezieht sich auf einen älteren Begriff vom Orient, der eher dem deutschen ähnelt. Der französische Orient schließlich ist (eigentlich) dreigeteilt in den Nahen, den Proche-Orient, den Mittleren, den Moyen-Orient, und den Fernen, den Extrême-Orient – wobei der »Mittlere«, durch den Einfluss des englischen Middle-East, mit dem »Nahen« oft zusammenfällt. Daneben gibt es auch einen »christlichen Orient« und eine »orientalische Kirche«, die orthodoxe. Die Geografie kann dabei kaum gemeint sein: Deutschland gehört in keinem Sinn des Wortes dazu, Marokko aber schon.

Der französische Philosoph Rémi Brague hat sich bemüht, in das Chaos der Begriffe ein wenig Ordnung zu bringen. Demnach gibt es in der westlichen Vorstellung dreierlei Osten. Der eine ist der ferne – China und Japan. Westlich davon steht ihm gegenüber ein namenloses »größeres Ganzes«, das Europa und die islamische Welt umschließt. Zusammengehalten wird dieses Ganze von der Kultur des alten Griechenlands und dem Glauben an Abraham. Osten Nummer zwei ist alles, was nicht christlich, und Osten Nummer drei alles, was von der Tradition her nicht katholisch oder evangelisch ist, also auch die Welt der orthodoxen Kirchen.[17] Will man aktuelle Gegensätze beschreiben, lässt sich mit der Einteilung nicht mehr viel anfangen; Singapur oder Hongkong kommen westeuropäischen Zeitgenossen eher näher vor als Marrakesch.

Im Deutschen genießt »der Osten« vor dem Süden, Westen und Norden das zweifelhafte Privileg, außer einer Himmelsrichtung zugleich Reisedestinationen, Weltgegenden und Völkerschaften zu bezeichnen. Man kann »in den Osten« reisen, käme aber nicht auf die Idee, sich statt nach Frankreich »nach Westen« zu begeben. »Der Süden« war bis um die Mitte des 20. Jahrhunderts ähnlich wie »der Osten« ein emotional besetzter Begriff; er war warm und rätselhaft schön und reichte vom Brenner bis nach Tahiti. Dann aber, als die Welt kleiner wurde, fiel der Begriff der Differenzierung zum Opfer. Der »südländische Typ«, der in den Täterbeschreibungen der Polizei noch immer auftaucht, verweist auf Nordafrika oder die Türkei. Ansonsten kommen Zuwanderer nie aus dem Süden, sondern aus Spanien, vielleicht auch aus Griechenland. Wohl aber können sie durchaus einfach »aus dem Osten« kommen. Ähnlich wie »Afrikaner« haben »Osteuropäer« oder auch »Südosteuropäer« in westlichen Zeitungsberichten über Polizeiaktionen oft keine besondere Nationalität. Bei kriminellen Netzwerken schließlich unterscheiden wir kleinteilig zwischen einer sizilianischen, kalabresischen, apulischen und, dann auf einmal mit sehr weitreichender Zuständigkeit, einer »Ostmafia«. Nur die »Russenmafia« darf in diesem Großraum eine gewisse Sonderstellung beanspruchen.

Dass es den Osten nicht gibt, heißt noch nicht, dass es keine Ost-West-Gegensätze gäbe. Weniger geografisch, aber doch historisch, politisch, sozial und kulturell ziehen sich in Nord-Süd-Richtung zahlreiche Trennlinien über den Kontinent. Wie die Höhenlinien auf einer Wander- oder wie die Isobaren auf einer Wetterkarte bündeln sie sich an manchen Stellen. Dann erscheinen sie den Menschen diesseits und jenseits wie klare kulturelle Grenzen. Überzeitlich sind die Scheidelinien allesamt nicht, denn welches trennende Merkmal für wichtig gehalten wird und welches nicht, kann sich schnell ändern. So zog der amerikanische Politologe Samuel Huntington in seinem Buch über den »Kampf der Kulturen« ähnlich wie Milan Kundera, aber klarer und krasser eine Grenze zwischen einem orthodoxen und islamischen Gebiet auf der einen und der katholischen und protestantischen Welt auf der anderen Seite. Die angebliche Grenze durchtrennte auch Staaten, namentlich Bosnien-Herzegowina, Rumänien und die Ukraine. Das Buch erschien 1996 unter dem frischen Eindruck des Krieges im früheren Jugoslawien. Dort bezogen sich die verfeindeten Nationen mit Leidenschaft auf alte – und veraltete – Gegensätze, vor allem auf die Konfession. Zwanzig Jahre vorher und zwanzig Jahre später sah Europa ganz anders aus.

Im Bewusstsein der meisten Europäer die markanteste Trennlinie ist, auch ein Menschenalter nach seiner Öffnung, der Eiserne Vorhang. Als Winston Churchill den Begriff 1946

NATO und Warschauer Pakt während des Kalten Krieges

ISLAND

FINNLAND

NORWEGEN

DÄNEMARK

GROSS-
BRITANNIEN

NIEDER-
LANDE

Berlin

BELGIEN
BRD
DDR
POLEN
SOWJETUNION

TSCHECHO-
SLOWAKEI

FRANKREICH
UNGARN
RUMÄNIEN

JUGOSLAWIEN
BULGARIEN

PORTUGAL
ITALIEN

SPANIEN
ALBANIEN
1955–61/68
TÜRKEI

GRIECHENLAND

	NATO – North Atlantic Treaty Organization (gegründet 1949)
	Warschauer Pakt (1955–1991)
	Eiserner Vorhang
	Blockfreie Staaten
	Beistandsvertrag mit der UdSSR (1948/1955)
	Zeitweilige Mitgliedschaft im Warschauer Pakt
	Neutrale Staaten

Keine Ost-West-Grenze in Europa war je so scharf wie der Eiserne Vorhang,
der den Kontinent von 1945 bis 1990 teilte. Tausende Menschen kamen bei
Fluchtversuchen aus einem Warschauer-Pakt-Staat nach Westen ums Leben.

in einer berühmten Rede publik machte, meinte er den neuen sowjetischen Machtbereich nach dem Ende des Krieges.[18] Ganz so einfach, wie wir ihn Erinnerung haben, lässt sich dieser »Vorhang« allerdings auf einer Landkarte nicht nachzeichnen. Mit Albanien und Jugoslawien schieden in den folgenden Jahren zwei Staaten aus dem wirtschaftlichen und militärischen Ostblock, der sich gerade erst formierte, schon wieder aus. Beide Länder blieben kommunistisch. Aber während der eigene Eiserne Vorhang, der Albanien fortan vom Rest des Kontinents trennte, besonders eisern war, baute Jugoslawien schon bald seine Grenzzäune ab und gewährte seinen Bürgern Reisefreiheit.

Teils weit östlich des Eisernen Vorhangs verläuft die Trennlinie, an der entlang Humbert und Michael vor bald tausend Jahren ihren Streit austrugen – die zwischen Ost- und Westkirche. Sie zieht sich von der Ostgrenze der heutigen baltischen Staaten Estland, Lettland und Litauen durch Weißrussland, die Ukraine, Rumänien und Bosnien und mündet an der Grenze zwischen Kroatien und Montenegro ins Mittelmeer. Gezogen allerdings haben die beiden Kleriker die Grenzen nicht; nur verfestigt. Je nachdem, ob sie von einer östlichen oder einer westlichen Diözese aus missioniert worden waren, grosso modo jedenfalls, hatten die Christen in der Messe schon vorher entweder Latein oder aber Griechisch oder eine slawische Sprache verwendet. Noch älter schließlich ist die Grenze zwischen dem Weströmischen und dem Oströmischen Reich, die 395 n. Chr. gezogen wurde, und selbst sie hat ihren Vorläufer in der griechisch-römischen Polarität der Antike.

An Übergängen, Gegensätzen, Unterscheidungen zwischen Ost und West herrscht über diese allgemein bekannten hinaus kein Mangel. Ein britisch-ungarischer Soziologe etwa beschrieb 1965 die später nach ihm benannte Hajnal-Linie. Sie unterscheidet zwei seit Urzeiten überkommene Heiratsmuster: Östlich einer Linie, die quer durch Polen, die Slowakei und Ungarn verläuft, wurde in vorindustrieller Zeit früh

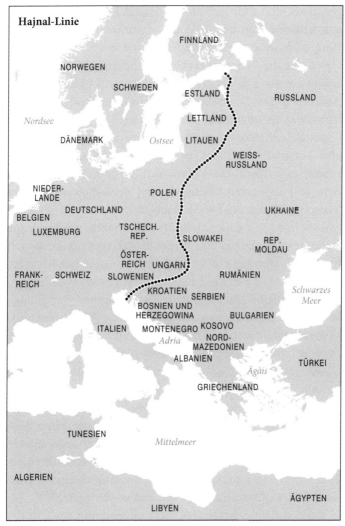

Die Hajnal-Linie, benannt nach dem britisch-ungarischen Forscher John Hajnal, unterscheidet zwei Heiratsmuster: Östlich der Linie heirateten Menschen schon vor dem Industriezeitalter früh, westlich von ihr spät. Damit einher gehen verschiedene Familienstrukturen und ein anderes Erbrecht.

geheiratet, und zwar zu beinahe hundert Prozent; westlich davon heiratete man spät, und ein relevanter Teil der Bevölkerung blieb ledig. Das westliche Muster, im weltweiten Vergleich eher die Ausnahme, schuf eine niedrigere Geburtenrate. Heute hat der alte Unterschied kaum noch eine praktische Bedeutung. Das heißt aber nicht, dass die Scheidelinie nicht irgendwann wieder hervortreten könnte.[19]

Solche »Phantomgrenzen« laden vor allem zur Pflege uralter Vorurteile ein. Einer Forscherin etwa fiel auf, dass Dorfbewohner im Nordwesten Rumäniens ihr gestiegenes Einkommen in Fließwasser-Anschlüsse und neue Badezimmer, im Süden und Osten des Landes dagegen in elektronische Geräte investierten. Auf eine Landkarte eingetragen, zeichnete die Verteilung der Dörfer mit fließendem Wasser exakt die seit hundert Jahren verschwundene Grenze Österreich-Ungarns nach – und damit zugleich die Ost-West-Grenze von Kundera und Huntington. Zwanzig Jahre zuvor dagegen waren noch 85 Prozent der rumänischen Dörfer ohne Wasseranschluss gewesen, und zwar gleichmäßig in allen Landesteilen. Besonders die Internet-Community wusste sofort, woran das lag: Im Süden und Osten hängt man, meinten viele Poster, lieber den ganzen Tag vor dem Fernseher oder dem Computer ab, statt sich gründlich zu waschen. Die Forscherin fand aber einen ganz anderen Grund. Im Nordwesten mit seinen kalten Wintern waren die Häuser traditionell großzügiger und robuster, weshalb es leichter fiel, dort ein Badezimmer einzurichten. Im Süden und Osten dagegen musste man dafür das ganze Haus umbauen. Dafür reichte das Geld nun wieder nicht.[20]

Zwei andere Scheidungen sind offenkundig auch in der Jetztzeit von Bedeutung; die eine noch, die andere wieder. Die eine betrifft die Sprachgruppen. Über weite Strecken parallel zum alten Eisernen Vorhang verläuft die Ostgrenze des germanischen und romanischen Sprachraums. Jenseits sind vor allem slawische Sprachen verbreitet, aber auch so ausgefallene Idiome im Osten Europas wie das Albanische, Estnische, Lettische, Litauische oder das Ungarische. Schon slawische Sprachen werden außerhalb der Region kaum verstanden, und was in ihnen publiziert wird, nimmt die internationale Öffentlichkeit kaum zur Kenntnis. »Slavica non leguntur« heißt es nach einer alten Formel in der Welt der Wissenschaft: Slawisches wird nicht gelesen. Selbst Kundera, der Tscheche, beklagte den »Vorhang aus bizarren und schwer zugänglichen Sprachen«, der Mittel- und Westeuropa trennt.

Der Westen macht sich leichter verständlich, sogar im Osten. Als die einstige Weltsprache Latein mit dem Ende des Mittelalters außer Gebrauch kam, blieb sie in den romanischen Tochtersprachen weiter lebendig und unter Gebildeten auch im germanischen Sprachraum präsent. Im Heiligen Römischen Reich Deutscher Nation, das erst zu Napoleons Zeit unterging, war Latein Amtssprache. In Polen und Ungarn wurden amtliche Dokumente noch das ganze 18. Jahrhundert lang auf Latein verfasst. Vor allem aber mit dem Deutschen blieben auch später in den meisten slawischen Sprachen enge Kontakte und Verbindungen bestehen. Die Kontakte waren von ganz ähnlicher Art wie die zwischen dem Deutschen und dem Französischen. Die moderne polnische, die tschechische, die kroatische Schriftsprache entwickelten sich zwar in enger Beziehung zum Deutschen, aber zugleich in bewusster Konkurrenz zu ihm – ganz so, wie sich rund hundert Jahre vorher das Deutsche am Französischen geschult hatte. Die östlichen Idiome verwenden oft dieselben Begriffe wie das Deutsche, nutzen aber konsequent slawische Wortstämme. So erklärt es sich, dass gerade Zuwanderer aus Osteuropa rasch ins Deutsche hineinfinden. Umgekehrt könnte es ähnlich sein, klängen die slawischen Wörter mit ihren komplizierten Lautsystemen und ungewohnten Akzenten aufs erste Hören nicht so fremd.

Was wie ein Nachteil aussieht und lange einer war, die geringe Sprecherzahl und geringe Ausstrahlung der Muttersprache, kann sich unter veränderten Umständen zu einem Vorteil

Sprachen in Europa

isländisch

Färinger

norwe

schottisch/gälisch

englisch

Nordsee

dän

friesisch

irisch   englisch

Walisisch   englisch

niederländisch

flämisch   deuts

Atlantischer Ozean

luxemburgisch

französisch

italien

baskisch

galicisch

korsisch

portugiesisch   spanisch   katalanisch

sardise

Mittelmeer

arabisch

Drei Sprachfamilien herrschen in Europa vor: die romanische, die germanische und die slaw

...nheitlich aber wie die Bilder in den Köpfen sind die tatsächlichen Verhältnisse nicht.

entwickeln. Gebildete der jungen Generation sind in Englisch oft fitter als ihre westlichen Altersgenossen. Slowenen schneiden bei Englischtests besser ab als Deutsche, und Franzosen, Spanier und Italiener landen weit abgeschlagen noch hinter den schwächsten östlichen EU-Bürgern. Fachliteratur ist meistens nur auf Englisch, fast nie in der Landessprache erhältlich. Schon Grundschulkinder lernen, englische oder deutsche Filme zu verstehen; synchronisierte Fassungen gibt es nicht. Die Untertitel können sie noch nicht oder nicht schnell genug lesen, und wenn sie es dann gelernt haben, entwickeln sie zusätzlich Fertigkeiten im Übersetzen.

***

Ein politisch wieder brisanter Unterschied zwischen Ost und West wird augenfällig, wenn man im Geschichtsatlas die politische Europakarte aus dem 18. Jahrhundert aufschlägt. Der Kontinent ist dort sichtlich dreigeteilt. Im Westen springen die mittelgroßen Farbflächen von Nationalstaaten ins Auge – Frankreichs, Großbritanniens, Spaniens, der Niederlande. In der Mitte, im heutigen Deutschland und im heutigen Italien, erkennt man einen Teppich aus kleinen bunten Flicken. Im Osten schließlich erstrecken sich besonders große Gebilde. Die großen Flächen markieren die Reiche: das habsburgische, das osmanische und das russische.

Blättert man im Atlas vor in die Jetztzeit, ergibt sich ein neues Bild. Nur im Westen sind die Farbflächen im Großen und Ganzen die gleichen geblieben. In der Mitte haben sie sich jetzt vereinheitlicht, und im Osten haben sie sich ausdifferenziert. Dort ist die Karte zwar nicht so bunt und so kleinteilig wie in der Mitte Europas zu Zeiten der vielen winzigen Fürstentümer und freien Reichsstädte, aber doch deutlich bunter und kleinteiliger, als sie es im Westen je war.

Der Vergleich der Landkarten macht eine wichtige Entwicklung sichtbar: Im Westen Europas sind die Grenzen alt. Als in

Europa die Untertanen der Fürsten sich in der Aufklärung all-mählich zu selbstbewussten Nationen zusammenfanden, hatten in Westeuropa die Staaten ihre Umrisse schon gefunden. Ändern mussten sich nur die Machtverhältnisse, nicht die Grenzen. In der Mitte, in Deutschland und in Italien, gab es schon selbstbewusste Bürger, die sich als Deutsche oder Italiener fühlten, als es noch kein Deutschland und kein Italien gab. Der Westen war das Vorbild. Man hatte gesehen, wie es die Franzosen, die Engländer und die Niederländer machten, und wollte nun die vielen kleinen Herrschaften zu einem Staat vereinheitlichen. Es dauerte lange, erwies sich als schwierig und wurde dann, historisch reichlich spät, geschafft.

Im Osten dagegen entwickelte sich die Nation gegen den Staat. Anfangs hatten die Herrscherhäuser dort nur Territorien und die auf ihnen lebenden Bauern zusammengerafft, ohne sich über Verwaltung und Organisation groß Gedanken zu machen. Welche Sprachen die neuen Untertanen sprachen war den Fürsten zunächst gleichgültig, und selbst in welchen Gotteshäusern sie beteten war ihnen die meiste Zeit über immer noch relativ egal. Das habsburgische Reich des 18. Jahrhunderts etwa glich einer modernen Holding: Die interne »Firmenstruktur« eines neu erworbenen, eroberten oder angeheirateten Tochterterritoriums blieb bei der »Fusion« mit dem in Wien ansässigen »Großkonzern«, dem Kaiserreich, erhalten. Ebenso das »Management«, sprich der örtliche Adel mit seinen komplizierten Machtverhältnissen. Die einzelnen »Unternehmensteile« fungierten als autonome Profitcenter: Solange sie Gewinn brachten, ließ man sie in Ruhe. Es kam nur ein neues Dach darüber. Etwas Ähnliches gab es auch in den anderen Imperien. Letten und Esten wurden nach der Eingliederung ihrer Heimatländer ins russische Reich nach wie vor vom deutschen Adel beherrscht; mit dem Zaren kam nur noch eine Instanz on top. In Südosteuropa durften Christen nach der Eroberung ihrer Länder durch die muslimischen Osmanen Christen bleiben; sie behielten ihr Kirchenoberhaupt und

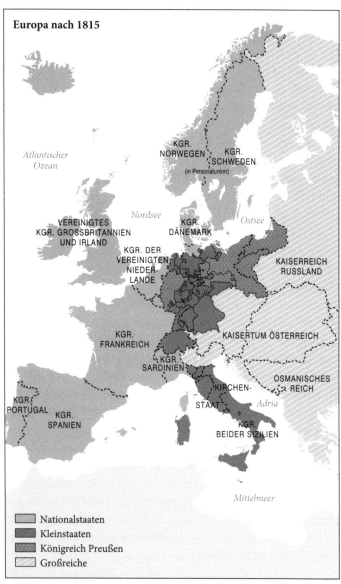

Europa nach 1815

Atlantischer
Ozean

KGR.
NORWEGEN   KGR.
SCHWEDEN
(in Personalunion)

Nordsee

VEREINIGTES
KGR. GROSSBRITANNIEN
UND IRLAND

KGR.
DÄNEMARK

Ostsee

KGR. DER
VEREINIGTEN
NIEDER-
LANDE

KAISERREICH
RUSSLAND

KGR.
FRANKREICH

KAISERTUM ÖSTERREICH

KGR.
SARDINIEN

OSMANISCHES
REICH

KGR.
PORTUGAL

KGR.
SPANIEN

KIRCHEN-
STAAT

Adria

KGR.
BEIDER SIZILIEN

Mittelmeer

Nationalstaaten
Kleinstaaten
Königreich Preußen
Großreiche

Mittelgroße Nationalstaaten im Westen; Kleinstaaten in der Mitte;
Großreiche im Osten des Kontinents: Die Nationen sind noch heute von
den Bedingungen geprägt, unter denen sie sich – meistens in der ersten
Hälfte des 19. Jahrhunderts – entwickelt haben.

54

in Grenzen auch ihre eigene Rechtsordnung. In Rumänien und in einigen entlegenen Teilen des Balkans begnügte sich der Sultan damit, Tribut einzutreiben.

Als die Holdings in Wien, Istanbul und St. Petersburg dann Ambitionen entwickelten, sich den modernen Verwaltungsgewohnheiten der westlichen Staaten anzupassen, fürchtete das Management der Tochterfirmen, sprich: der örtliche Adel, um seine Macht. Im Habsburgerreich mobilisierten ungarische, kroatische, tschechische Adelige ihre Untertanen, indem sie sich »national« gaben, demonstrativ die Landessprache pflegten und die Bauern und deren Bräuche hochhielten. Kleinere, rein bäuerliche Sprachgruppen ohne Adel setzten ihre Hoffnung auf die neue Zentrale, um sich von der Bevormundung durch eine anderssprachige Oberschicht zu befreien. So wollten Esten und Letten nicht den Zaren loswerden, sondern die Baltendeutschen, ihre unmittelbaren Herren. Die Ruthenen wehrten sich gegen die Polen, die sich selbst wiederum von den Russen unterdrückt fühlten. »Binnenkolonialismus« nennen die Historiker das Phänomen. Der ärgste Feind residierte nicht ganz oben, sondern nebenan. Der Groll von Kroaten und Rumänen galt weniger dem Kaiser als vielmehr dessen privilegierten Untertanen, den Ungarn. Im Osmanischen Reich rebellierten die christlichen Völker mit Unterstützung ihrer jeweiligen Nationalkirche gegen die muslimische Zentrale. Die Albaner aber verbündeten sich lieber mit dem Sultan, statt mit den Serben eine gemeinsame Front aufzumachen. Autonomie! lautete ihrer aller Schlachtruf.

Als Franzosen, Briten, Niederländer zu Nationen wurden, waren Grenzen nicht ihr Thema; die Grenzen verstanden sich mehr oder weniger von selbst. Es ging vielmehr um Rechte – Rechte des Individuums vor allem gegenüber den Mächtigen. Die Werte und Ideale, für die sie sich einsetzten, waren ihrer Natur nach nicht auf die eigene Nation beschränkt. Sie galten im Prinzip weltweit. So fanden die Zeitgenossen nichts dabei, dass es eine französische Nationalversammlung war, die 1789 ihre »Erklärung der Menschen- und Bürgerrechte« beschloss. Die Nation war bloß der Referenzrahmen für Rechte, die eigentlich der ganzen Menschheit zustanden. Frankreich stand eben an der Spitze der Menschheitsentwicklung. Franzose oder Engländer zu sein war nicht bloß ein zufälliges Merkmal, wie die Augenfarbe. Es war zugleich ein universelles Bekenntnis. Noch viel mehr gilt das traditionell für die Vereinigten Staaten von Amerika, die sich ohne Ironie God's own country nennen.

In den USA ist die Moral tief ins Nationalgefühl eingebaut und bringt einen Führungsanspruch hervor. Identität und Mission fallen zusammen. Im Bewusstsein der Amerikaner teilt sich die Welt in die »United Nations« mit Sitz in New York und die »United States« mit Sitz in Washington. In Letzteren sammeln sich die Besten aus allen Nationen, in Ersteren sammelt sich der Rest. Dieser spezifische Blick auf die Welt ist nicht nur ein Phänomen der »missionarischen« Phase in der amerikanischen Politik, und er ist mit dem Amtsantritt des ganz und gar nicht missionarischen Donald Trump auch nicht erloschen. Schon der Spruch an der Freiheitsstatue ist eine Einladung an die Völker der Welt: »Gebt mir eure Müden, eure Armen, eure geknechteten Massen, die frei zu atmen begehren, die bemitleidenswerten Abgelehnten eurer gedrängten Küsten«, heißt es dort. »Schickt sie mir, die Heimatlosen, vom Sturme Getriebenen, hoch halte ich mein Licht am goldenen Tor!«

In Osteuropa und in Deutschland, das in dieser Hinsicht zum »Osten« zählt, herrscht für die amerikanische, französische oder britische Gleichsetzung von National- und Menschheitsinteressen kein Verständnis. Man formuliert für sich selbst auch keinen konkurrierenden Anspruch. Man hat keinen. »Deutscher-Sein«, hat es der Soziologe Helmuth Plessner formuliert, »war und ist einfach Ausdruck einer Wirklichkeit.«[21] Der westliche und amerikanische Anspruch wird hier nicht verstanden und stößt entsprechend oft auf Empörung. Man möge vor der eigenen Türe kehren, war zu den Zeiten von

Jimmy Carter, Bill Clinton oder Barack Obama die Antwort auf Menschenrechtsappelle von jenseits des Atlantiks. Die Antwort unterschlägt, dass gerade die Kehrarbeit vor der eigenen Tür in den USA weit gründlicher erfolgt als in Europa. Für die Nationen in Mittel- und Osteuropa gilt ebenso wie für die deutsche, dass sie allein um ihrer selbst willen da sind. Natürlich mögen die Menschen dort Ideale haben; mit ihrer nationalen Zugehörigkeit aber haben diese Ideale nichts zu tun. Schon im Kalten Krieg kamen die Sowjets mit den moralisch empfindsameren Demokraten schlechter zurecht als mit den robusteren Republikanern, und auch Wladimir Putin gab dem geistesverwandten Trump den Vorzug. Stellen schließlich auch die Franzosen moralische Ansprüche auf weltweite Geltung, so stoßen sie wegen der geringeren machtpolitischen Bedeutung Frankreichs östlich seiner Grenzen oft auf Spott, etwa wenn von der »Grande Nation« die Rede ist. Was bilden die sich ein?, lautet dann die Frage, im östlichen Europa ebenso wie in Deutschland. Wieso, bitte, ausgerechnet Frankreich?

Der Streit um den Anspruch ist das Leitmotiv im Verhältnis zwischen Russland und dem Westen, wie es sich seit dem Ende der Blockkonfrontation entwickelt hat. Schon in den 1990er Jahren, zur Zeit des prowestlichen Präsidenten Boris Jelzin, flammte in Moskau immer wieder Empörung auf über die Selbstverständlichkeit, mit der russische Wünsche in Washington und London und zunehmend auch in Paris und Berlin ignoriert wurden.

Es entwickelte sich ein exemplarischer Dialog der Tauben; an seinem Ende standen gründlich ausargumentierte, unvereinbare und unversöhnliche Positionen. Hatte nicht James Baker, der US-Außenminister in der Ära George Bush senior, noch dem sowjetischen Staatspräsidenten Michail Gorbatschow versprochen, eine Osterweiterung der NATO über die Ostgrenze der DDR hinaus werde es nicht geben? Wie konnten die Amerikaner dieses Versprechen einfach vom Tisch wischen? Tatsächlich hatte Baker gegenüber Gorbatschow und seinem Außenminister Eduard Schewardnadse erklärt, die NATO werde »keinen Zentimeter« über die DDR-Ostgrenze ausgedehnt.[22] Und nun doch? Die Polen und die Balten haben es so gewollt, war die Antwort aus dem Westen. Schließlich seien sie ja jetzt souverän. Hätte die NATO in Moskau nicht wenigstens fragen müssen? Nein, hieß es: Die Zeit der Einflusszonen, in der Anführer der Weltmächte über die Köpfe kleinerer Nationen hinweg entscheiden, ist ja vorbei! Müsse Russland sich mit seinen ewig langen, ungesicherten Grenzen da nicht bedroht fühlen? Ach, woher denn!, so der westliche Tenor. Von uns doch nicht! Das atlantische Bündnis gründet sich ja auf die Werte der Vereinten Nationen und wird in Konflikten sogar stellvertretend für sie tätig. Entsprechend ist es für jede neue Nation eine Ehre, unter sein Dach zu schlüpfen. Wie konnten schließlich die westlichen Mächte, angeführt von den USA, ohne Mandat des Sicherheitsrats Serbien bombardieren? Zur Vermeidung einer »humanitären Katastrophe« und eines langwierigen Krieges auf Kosten der Zivilbevölkerung, so die westliche Entgegnung. Beweist der endlose Kleinkrieg um die Ostukraine nicht, was ohne eine NATO-Intervention auch dem Kosovo geblüht hätte?

Den Endpunkt markierte die Annexion der Krim durch Russland; sie war als genaue Antwort auf die Abspaltung des Kosovo von Serbien konzipiert. Erst musste das Parlament der Krim eine Volksabstimmung über die Unabhängigkeit beschließen, was es unter massivem Druck bewaffneter russischer Soldaten auch tat. Dann folgten innerhalb weniger Tage, wieder unter den Augen russischer Streitkräfte, Unabhängigkeitserklärung und Beitritt zur Russischen Föderation. Sechs Jahre vorher hatte Kosovo unter präziser Anleitung und Steuerung durch die USA seine Unabhängigkeit erklärt. Die frühere serbische Provinz war von den Westmächten besetzt und hatte bis dahin unter – auch von Russland unterstützter – UN-Verwaltung gestanden. Weil der Sicherheitsrat das Manöver nicht billigte, blieb die UN-Verwaltung als leere Hülle bestehen. Mit dem Krieg der Jahre 1998 und 1999 hätte Serbien das Recht, das vorwiegend albanisch besiedelte Land zu regieren, verwirkt, argumentierte der Westen, als er zum zweiten Mal den Sicherheitsrat ausschaltete und das Völkerrecht – je nach Sichtweise – beugte beziehungsweise weiterentwickelte. Russland tat es ihm nach, verzichtete aber demonstrativ auf eine inhaltliche Begründung. Was die Amerikaner dürfen, dürfen wir auch: Das war die ganze Logik.

Der Westen hielt eine als richtig angenommene, universelle Wahrheit hoch und maß die ganze Welt daran. Der Osten erhob Anspruch auf seine besonderen Interessen. Der Westen forderte Unterwerfung – nicht unter sich, wie er meinte, sondern unter allgemeine Prinzipien. Der Osten forderte Respekt – für was auch immer. Der eine führt sein Recht auf übergeordnete Grundsätze zurück. Der andere besteht einfach auf Parität. Den Gegensatz trugen schon Humbert von Moyenmoutier und Michael Kerullarios miteinander aus. Heute sind an die Stelle der römischen Kirche im östlichen Empfinden die westlichen Nationen getreten. In Europa ist es Brüssel, das die Rolle des Humbert übernommen hat, und die Mächtigen in den östlichen Beitrittsstaaten geben den Michael. Anspruch trifft auf Trotz, und die Parteien im Streit sind dieselben wie immer schon.

Es liegt allerdings in der Natur des Konflikts, dass beide Seiten ihre Rollen von Zeit zu Zeit vertauschen – dann, wenn der Westen vom Vorbild zum Vormund wird und in dieser Funktion Schiffbruch erleidet. Das Gleichgewicht zwischen universellem Anspruch und eigenem Interesse ist immer labil. Darf ich einschreiten, wenn anderswo Unrecht geschieht? Wann muss ich es? Was ist schlimmer: der Bruch des Völkerrechts oder der Krieg und die Unterdrückung im Kosovo? Wer bevollmächtigt eigentlich eine Nation mit ihrer Armee, anderswo auf der Welt das durchzusetzen, was sie selbst für moralisch geboten hält? Wenn ich mit meiner Macht auf der Welt so segensreich walte: Wie weit geht dann mein Recht, für den

Erhalt dieser meiner Macht zu sorgen? Rechtfertigt es meine Mission, wenn ich meiner Nation gewaltsam die Ölquellen im Nahen und Mittleren Osten sichere? Wenn ich Folterregime stütze? Jede Macht, die ihre Existenz begründen muss, steht vor solchen Fragen. Überzieht sie, geht ihr moralischer Anspruch auf ihre Gegner über – auf die antikolonialen Bewegungen von Völkern, die ihrerseits einfach nur um ihrer selbst willen da sind. Das Problem hatte auch die Sowjetunion, die sich ebenfalls auf einen idealistischen Anspruch berief. Mit Berufung darauf zwang sie die Kommunisten auf der ganzen Welt, sich ihren Sicherheitsinteressen unterzuordnen. Sie war das »Mutterland des Sozialismus« und musste unter allen Umständen verteidigt werden, selbst als sich Stalin mit Hitler verbündete. Die Wende von 1989 befreite Russland vom Begründungszwang und die osteuropäischen Satellitenstaaten vom Gehorsam gegenüber Moskau.

Der Westen dagegen behielt seinen Anspruch, fühlte sich durch den Sieg im Kalten Krieg sogar noch bestätigt und gestärkt. Übereinstimmung mit Russland suchten USA und NATO in der späten Ära Jelzin nicht mehr; sie nahmen schon Resignation als Zustimmung. Mit dem Wechsel von Jelzin zu Wladimir Putin exakt zur Jahrtausendwende wurde aus der Verstörung zunehmend Feindschaft. Was später dann in Ungarn und in anderen osteuropäischen Ländern, selbst im tief antirussischen Polen, »dem Westen« an Empörung entgegenschlug, speiste sich aus demselben Gefühl: Die anderen fühlen sich uns aus unerfindlichen Gründen moralisch überlegen, lösen ihren Anspruch aber erkennbar nicht ein. Mit der Empörung konfrontiert, reagieren vor allem die USA typischerweise mit Chauvinismus: Was hat man nicht getan, um Freiheit und Demokratie durchzusetzen! Um das Ideal des Freihandels zu retten, haben wir ungünstige Handelsverträge abgeschlossen! Bis die undankbare Welt weiß, was sie an uns hat, müssen die Werte einstweilen in ihrer amerikanischen Heimat überwintern. In verpuppter, nationalistischer Form aber können die

Ideale sich nicht entfalten und verkehren sich in ihr Gegenteil. Im Kalten Krieg, in der McCarthy-Ära mit ihrer Verfolgung Andersdenkender und im brutalen Vietnamkrieg wurden die USA der gegnerischen Macht paradoxerweise immer ähnlicher. Jetzt, so war damals und in anderen »isolationistischen« Phasen ihrer Geschichte der Impuls, müssen die USA auf sich selbst achtgeben und die eigenen Interessen in den Vordergrund stellen. Der Bekehrungsdrang verschwindet. Der Dünkel bleibt. In den Vereinigten Staaten des Donald Trump hat sich von der weltumspannenden Mission nur das hypertrophe Selbstbild erhalten. Die Parole »America first« begründet sich selbst.[23]

Als anmaßend werden Fremde aus dem Westen seit jeher gern beschrieben, als unhöflich und unerträglich selbstzufrieden. Geschäftsleute, Unterhändler oder Vertreter internationaler Organisationen, die seit dem Ende der Spaltung Europas von Westen nach Osten gezogen oder beruflich gereist sind, haben solche Vorwürfe in den Augen der Einheimischen reichlich lesen können.

Arroganz ist die häufigste Anklage von Ost an West, aber sie wiegt unter den Vorwürfen des Ostens an den Westen nicht am schwersten. Der gewichtigste Anklagepunkt lautet vielmehr auf Heuchelei. Tatsächlich sprachen Briten, Franzosen oder Niederländer schon mit ihrem Kolonialismus den frommen Bekenntnissen zu Menschenrechten und Humanismus Hohn. Die USA müssen sich in aller Welt vorhalten lassen, sie hätten mit »freedom and democracy« immer nur ihre partikularen Interessen bemäntelt. Dass es den Amerikanern im Nahen und Mittleren Osten immer »nur um Öl« gegangen sei, klingt wie eine Binsenweisheit und wurde in anderer Form schon behauptet, bevor Rockefellers Standard Oil Company in Aserbaidschan nach dem »schwarzen Gold« zu bohren begann. Im 19. Jahrhundert ging es bei dem Vorwurf an die Adresse der Angelsachsen noch nicht um Erdöl, sondern um Baumwolle. »Sie sagen Christus und meinen Kattun«, sagt in Theodor Fontanes Roman »Der Stechlin« ein deutscher Pastor über die Engländer. Noch heute würde er für sein Aperçu in Deutschland, Polen, Ungarn oder Russland viel Applaus bekommen. Aus der Sicht von Briten und Amerikanern allerdings war und ist der Vorwurf nicht fair. Freier Handel, auch der freie Zugang zu Ressourcen wie dem Erdöl, ist im amerikanischen Bewusstsein ein Teil derselben großen Idee wie das System der »Checks and balances«, das Recht auf Glücksstreben oder die Gewaltenteilung.

Für Fontanes deutschen Pastor – und mindestens für den halben europäischen Kontinent – ist die Verquickung von Wirtschaftsinteressen und Menschheitsideen verlogen. So kann man es sehen. Aber Wirtschaftsinteressen ohne Menschheitsideen sind nicht sympathischer. »Deutschland hat jedenfalls immer Kattun gesagt, wenn es Kattun meinte«, pariert der Soziologe Plessner den Vorwurf.[24] Einen Vorteil sieht er in dieser scheinbaren Ehrlichkeit nicht; im Gegenteil. Anders als die westlichen Nationen hatte das »späte« Deutschland keine Idee, mit der es sein Dasein rechtfertigte. Es brauchte keine; seine bloße Existenz war ihm Argument genug. Nachdem sich der neue, große Staat in der Mitte Europas endlich gebildet hatte, erhob er mit den Worten seines Reichskanzlers den gleichen Anspruch auf einen »Platz an der Sonne« wie die Briten, Franzosen, Spanier, Portugiesen und Niederländer. Gemeint war mit dem Platz an der Sonne zunächst die Herrschaft über Kolonien im sonnenverwöhnten Süden. Anders als die älteren Nationen aber kamen die Deutschen nicht mit einer zivilisatorischen Mission nach Afrika, auch mit keiner verlogenen. Sie hatten bloß den Bedarf, die Macht und die Armee. Entsprechend brutal trumpfte ihre Kolonialpolitik auf.

Eine eigene Staatsidee hat sich in Deutschland auch nachträglich nicht entwickelt; wohl aber das Gefühl, dass der Nation da etwas fehlt. Die beiden deutschen Staaten der Nachkriegszeit brauchten dergleichen nicht; sie boten sich als Frontkämpfer der jeweiligen Lager an. Nach dem Ende der Blockkonfrontation stand als Ersatz die europäische Idee bereit. Sie erfuhr dann auch gerade im wiedervereinigten Deutschland entsprechend viel Überhöhung.

Die noch »späteren« Nationen östlich von Deutschland beziehen ihr Selbstbewusstsein erst recht nur – und nach wie vor – aus ihrer bloßen Existenz. Mit großen Staatsideen darf man ihnen nicht kommen. Schon in den Reichen, aus denen sie sich befreit haben, mussten sie ihre Daseinsberechtigung gegen solche großen Staatsideologien verteidigen – gegen die römisch-katholische Reichsidee, verkörpert vom Kaiser in Wien, gegen die weltumspannende Mission des Sultans, gegen das religiös verbrämte Cäsarentum des Zaren, später auch gegen das mitteleuropäisch verbrämte Deutschtum. Zuletzt hatten sie ihre Existenz auch gegen den Sozialismus behaupten müssen. Dessen geistige Väter Karl Marx und Friedrich Engels empfanden die unübersichtlichen »Völkerabfälle« im europäischen Osten als Hindernis für ihre weltumspannenden Gedanken. Gegen die großen Staats- oder Reichsideen setzten die Osteuropäer ihren bloßen Behauptungswillen. Es gibt uns eben; das musste als Argument reichen.

In der größten und mächtigsten Nation in Osteuropa wird die Schraube mit dem Behauptungswillen oft ein Stück weitergedreht, so lange, bis wieder eine Ideologie mit weltweitem Anspruch herauskommt: in Russland. Aus dem Beharren auf der eigenen nationalen Besonderheit, die es gegen universelle Ansprüche zu verteidigen gilt, wird dann die Forderung, auch alle anderen Nationen müssten nach russischem Vorbild nur »sie selbst« sein, damit sich weltweit alles zum Besten richtet. Den Gedanken pflegten schon im 19. Jahrhundert »Slawophile« und »Eurasier« in der Auseinandersetzung mit den »Westlern«, die ihr Land modernisieren und westlichen Standards anpassen wollten.[25] Am wortgewaltigsten vertreten hat ihn Fjodor Dostojewski. Alle großen Nationen, schrieb der große Romancier 1880 an den Kronprinzen und späteren Zaren Alexander, bewiesen ihre Größe in der »Arroganz« ihrer

Selbsteinschätzung. »Ebendarin«, in dieser Arroganz, hätten sie der Welt genützt. Russland, meinte Dostojewski[26], solle sich an ihnen ein Beispiel nehmen und ebenfalls arrogant werden. Jede große Nation habe der Welt etwas gebracht, »und sei es nur ein Lichtstrahl«, denn die Nationen seien »sie selbst« geblieben, »stolz und beständig und auf arrogante Art unabhängig«. Der innere Widerspruch in dieser Denkfigur ließ sich jedoch nicht übertünchen. So rief der russische National-mythologe Alexej Chomjakow dem »brüderlichen Volk« der Serben zu, »Europäertum« sei »geistige Sklaverei«, sie sollten die Franzosen und die Deutschen »nicht nachahmen« und »ausländische Lobpreisungen verwerfen«. Für Lobpreisungen aus Russland galt das offensichtlich nicht.

Nach dem Untergang der Sowjetunion kam der Gedanke an die Weltmission des russischen Nationalismus bald wieder auf, anfangs nur in Extremistenkreisen. Ausgerechnet der Vor-sitzende der Kommunistischen Partei, Gennadi Sjuganow, sah Russland als Träger der Idee, »die höchsten himmlischen Ideale von Gerechtigkeit und Brüderlichkeit auf der Erde Wirklich-keit werden zu lassen«.[27] Offenbar hatte der nationale Messia-nismus zu kommunistischer Zeit hinter den marxistischen Phrasen nur geschlummert. In der Ära Putin dann wurde die Ideologie nach und nach zum Mainstream. Der Publizist Ale-xander Dugin, Jahrgang 1962, hatte schon in den Achtziger-jahren Kontakte zur Neuen Rechten in Frankreich und Ita-lien unterhalten. Als der Ex-KGB-Mann Putin, den der junge Dugin anfangs noch bekämpft hatte, sich 2013 zu »konserva-tiven Werten« bekannte, wurde der Neoeurasier zu einer Art heimlichem Chefideologen von dessen Partei und zum Einflüs-terer des Präsidenten selbst. Nach Vorbildern aus dem 19. Jahr-hundert bastelte Dugin aus dem russischen Nationalismus eine Ideologie mit weltumspannendem Anspruch, die er die »vierte politische Theorie« nannte, die Nummer vier neben Liberalis-mus, Kommunismus und Faschismus. Hauptfeind ist für Du-gin nicht der Kommunismus, mit dem er eher sanft umgeht, sondern der Liberalismus – wegen der Sklaverei, dem Völkermord an den Indianern, Hiroshima und Nagasaki sowie der »Aggression gegen Serbien, den Irak und Afghanistan«.

Das Konzept enthält viele Widersprüche. »Ethnien«, schreibt Dugin geheimnisvoll, seien »unterschiedlich«, aber jede von ihnen sei »in sich selbst universal«. Vehement distanziert sich der Philosoph vom »empörenden und schockierenden« Antisemitismus und Rassismus – ein Bekenntnis, das angesichts vieler Proben von antisemitischem und rassistischem Denken in seiner Anhängerschaft zunächst überrascht. Neben dem völkischen gibt es für Dugin aber auch einen »kulturellen Rassismus«, der hohe und niedrige Kulturen unterscheidet, sowie einen technologischen, einen sozialen, einen zivilisatorischen und einen ökonomischen Rassismus. Rassistisch ist für ihn überhaupt jeder Fortschrittsbegriff, jede »Entwicklungsideologie« – ein Gedanke, der so gut wie alle internationalen Vergleichsmaßstäbe über den Haufen wirft. Die europäischen und amerikanischen Gesellschaften seien von »diesen Arten von Rassismus« tief geprägt und »trotz intensiver Bemühungen unfähig, sie zu beseitigen«. Da sie sich »durchaus bewusst sind, wie abstoßend dieses Phänomen ist«, meint Dugin, »tabuisieren die westlichen Völker tendenziell den Rassismus«. Wer anderer Leute Rassismus ächtet, outet sich damit selbst als Rassist, so das Argument. Nur der Umkehrschluss, dass rassistische Rede antirassistisch sei, steht noch aus.[28]

Was unter Wladimir Putin wieder in Mode kam, ist dabei nicht etwa das russische Empfinden schlechthin. Einige der größten Dichter und Denker des Landes, unter ihnen Puschkin und Turgenjew, haben dem eigenartigen nationalen Sendungsbewusstsein widersprochen und das Heil in übernationalen Ideen gesucht – im Christentum, in der Aufklärung, später im Sozialismus.

Die antiwestlichen Romantiker, »Slawophile« und »Eurasier«, stießen immer auf spöttischen Widerspruch von weniger verträumten Landsleuten. Aber immer wenn die Nation sich als solche bedroht und herausgefordert fühlte, kam die Denkfigur von der antiwestlichen Mission Russlands wieder zum Vorschein.

***

Der Produktionsleiter eines amerikanischen Konzerns oder der Botschafter eines westlichen Landes und ein polnischer Minister können die Erfahrungen, die Humbert und Michael Kerullarios miteinander machen mussten, ohne weiteres nachspielen. Einzigartig ost-westlich sind sie nicht. Humbert und Michael markieren Positionen, die es auch zu anderen Zeiten und anderswo auf der Welt geben könnte. Die einen ersinnen und vertreten weltbewegende Ideen. Die anderen sind skeptisch, widersprechen und wagen vielleicht den Gegenentwurf, auch wenn sie sich dabei hoffnungslos übernehmen. Die einen erobern tatsächlich die Welt, gleich ob mit ihren Armeen oder ihren Ideen, die anderen ducken, wehren oder befreien sich, bis hin zum Gegenangriff. Das Verhältnis lässt sich auch zwischen Japan und Korea oder zwischen »Wessis« und »Ossis« im wiedervereinigten Deutschland beobachten – ein weiterer Hinweis darauf, dass Machtkonstellationen wichtiger sind als tausendjährige Traditionen.

Die einen senden die starken Signale, positive wie negative, die anderen empfangen und verarbeiten sie. Auch im Zeitalter der Globalisierung ist der Westen der wichtigste Sender, der Rest der Welt das Empfangsgebiet geblieben. Es erstreckt sich über Osteuropa, die arabische Welt, Afrika, Lateinamerika, Zentral- und Südasien. Mit der Entkolonialisierung wurde das Verhältnis von Sender und Empfänger immer mehr als erniedrigend empfunden, und eine verbreitete Abwehrreaktion war, es abzustreiten. Kritiker des Eurozentrismus wiesen – mit Recht – auf die bedeutenden Beiträge arabischer Mathematiker und chinesischer Philosophen hin. Sie vergaßen dabei, dass beide nur durch Vermittlung über den Westen Teil der globalisierten Kultur werden konnten. Andere sprachen vom Imperialismus als Mittel der Ausbreitung westlicher Ideen und Werte. Sie übersahen, dass der Westen nicht nur die Sklaverei, sondern auch die Idee des Menschenrechts exportiert hat, die ihr ein Ende setzte.

So reizvoll das Unternehmen auch ist, muss man doch, um das Verhältnis zwischen Ost und West in Europa zu verstehen, nicht in die Tiefen der Geistesgeschichte hinabsteigen. Der Osten ist und war auch nicht der Gegenpol und schon gar nicht der Gegenentwurf zum »Projekt des Westens«, wie es der deutsche Historiker Heinrich August Winkler beschrieben hat. Er ist vielmehr sein Wirkungsfeld. Die Opposition gegen den Westen, die sich hier immer wieder regt, liegt in der Natur dieses Verhältnisses. Modernisierungen kommen und kamen immer von außen – und meistens über den Umweg von oben. Unten dagegen herrscht ein ständiges Schwanken zwischen freudiger Übernahme westlicher Ideen und Rebellion gegen sie. Je arroganter und selbstgewisser der Westen auftritt, je weniger ernst er seine eigenen Ideen nimmt, desto energischer wird die östliche Opposition. Am schlimmsten ist es, wenn der Westen seinen weltumspannenden Anspruch aufgibt und sich nach östlichem Muster selbst in eine »Identität« einigelt. So war es auf dem Höhepunkt der Blockkonfrontation, als amerikanische und westeuropäische Politiker in ihren Sonntagsreden die »Werte der westlichen Welt«, die Demokratie und das »christliche Abendland« beschworen, gleichzeitig aber antikommunistische Diktatoren in Lateinamerika oder das südafrikanische Apartheid-Regime unterstützten.

Auf Dauer vermeidbar ist solche moralische Degeneration nicht, denn auch die Natur des westlichen »Senders« ist ambivalent: Treten, wie in den USA, in Frankreich oder England geschehen, übernationale Ideen als Stifter der nationalen Einheit auf, so sind diese Ideen mit den partikularen Interessen der jeweiligen Nation immer schon vermischt und in reiner Form nicht mehr zu haben. Öffentlich Menschenrechte predigen und zu Hause Sklaven halten: So hielt es schon Thomas Jefferson, der Verfasser der amerikanischen Unabhängigkeitserklärung. Der Widerspruch war dem Apostel der Menschenrechte nur zu bewusst: »So ist die Lage nun einmal: Wir haben den Wolf an den Ohren, und weder dürfen wir ihn festhalten, noch können wir ihn freilassen. Auf der einen Waagschale liegt das Recht, auf der anderen der Selbstschutz.«[29]

***

Ein Apotheker dreht friedlich seine Pillen und mischt Pülverchen zusammen. Es ist aber Krieg. Man steckt ihn in einen Schützengraben. Er benimmt sich so unbekümmert, als sei nichts Besonderes los. Plötzlich – krach! – ein Schrapnell. Krach! – ein zweites. Steinbrocken, Fleischfetzen und Blut spritzen nach allen Seiten. Da springt der Apotheker aus dem Graben und brüllt zu den Deutschen hinüber: »Idioten! Seid ihr wahnsinnig? Hier sind doch Menschen!«

Der Witz, den der serbische Schriftsteller Milo Dor überliefert hat, spielt an der russischen Front im Jahr 1916. Man könnte ihn aber auch im Serbien des Jahres 1999 ansiedeln. Der Apotheker irrte: Die drüben im Westen wissen, was sie tun. Sie kämpfen für ihre Nation, für eine Idee, vielleicht für Europa oder den Fortschritt. Nur wissen die hüben im Osten einfach nicht, wie ihnen geschieht.

In der Erinnerung kommt aller Fortschritt aus dem Westen: die Dampfmaschine und die Demokratie, die Aufklärung und das Auto, der Rationalismus und die Raketen. Aus dem Westen kamen aber auch die schlimmsten Feldzüge der Weltgeschichte. Serbien verlor im Ersten Weltkrieg mehr als die Hälfte seiner erwachsenen Männer, im Zweiten ließen so viele Ukrainer ihr Leben wie Briten, Franzosen und Amerikaner zusammen. Aus Richtung Westen, aus Deutschland, kam die Rassenideologie des Nationalsozialismus, die Vernichtung des »Untermenschentums«, der fabrikmäßige Massenmord. Die

Idee, welche auch immer, kam aus dem Westen. Im Osten waren nur Menschen.

Wenn das Verhältnis sich ändern sollte, müsste Europa sich neu erfinden. Das wird es, wie das nächste Kapitel zeigen wird, kaum tun. Gedeihen kann der vereinte Kontinent trotzdem. Den Respekt, den der Osten für sich fordert, hat er nicht nur verdient. Er stellt vielmehr die unvermeidliche Probe dar auf die Ideen und Ansprüche, die aus dem Westen kommen. Wenn man den Westen einfach nur nach Osten »verschiebt«, bleibt die wichtige Rolle unbesetzt. Hier, im Empfangsgebiet, muss das Gesendete sich bewähren. Es muss beweisen, dass es seinen universellen Anspruch auch wirklich verdient. Die Skepsis und die Ironie, die dem Osten seinen Charme geben, sind für die Praktikabilität, die Menschlichkeit der großen Konzepte das nötige Korrektiv. Hier, im Osten, hat sich zuletzt der neuzeitliche Glaube an die Weisheit des globalen Marktes gebrochen. Erst ihr eigener Osten hat die Europäische Union auf die Widersprüche ihrer Konstruktion gestoßen. Mit seiner Forderung nach Respekt für was auch immer hatte schon der wütende Michael Kerullarios ganz recht.

Nachbarn und Verwandte

Politik: Im Europa der (ganz verschiedenen) Nationen

Allemagne: Zéro points! Wer etwas über Missverständnisse zwischen West- und Osteuropa lernen will, schaut sich am besten den European Song Contest an. Bei dem jährlichen Musikwettbewerb treten Sängerinnen und Sänger jeweils im Namen eines Landes an. Noch in den 1990er Jahren konnten – und wollten – die Zuschauer bei der großen Gala außer über Musik auch etwas über das emotionale Verhältnis der Europäer untereinander erfahren. Das ermöglichte ihnen das Abstimmungsverfahren. In jedem Teilnehmerland durfte eine nationale Jury jeweils zwischen null und zwölf Punkte an Beiträge aus den anderen Teilnehmerländern verteilen.

Schon beim Fußball mischen sich regelmäßig nationale Stereotype in das sportliche Urteil: Weder »tänzeln« die Brasilianer immer, noch bilden die Deutschen in jedem Spiel eine »Panzer-Abwehr«. Und wie erst, wenn es um Musik geht! Immer wenn beim Song Contest eine nationale Fernsehanstalt – stets in französischer Sprache – die Entscheidung ihrer Jury durchgab, ging ein Raunen durch das Publikum in der Festhalle, meistens ein bestätigendes, manchmal ein überraschtes. Wovon hatte die Jury sich wohl leiten lassen? War es der Auftritt, waren es die Vorurteile?

Ein deutscher Beitrag schaffte es erst 1982 auf Platz 1. Frankreich hatte da schon fünf Mal, die Niederlande und Luxemburg hatten je vier Mal den Sieg davongetragen. Die Deutschen standen im Bewusstsein ihrer Nachbarn aus naheliegenden Gründen eher für Marschmusik als für fröhliche Schlager. Natürlich aber sagte die Punkteverteilung nicht nur über dauerhafte nationale Sympathien und Antipathien etwas aus, sondern auch darüber, wie cool ein Land und seine Musik gerade waren. Britische Schlagersternchen siegten erst, als die Beatles ihre weltweiten Erfolge feierten, und Frankreich sackte ab, als Édith Piaf nicht mehr lebte und es um die großen Chansonniers der 1950er Jahre still wurde – obwohl die Genannten an dem Wettbewerb niemals teilnahmen. Die Sängerin Nicole erreichte zum ersten Mal den ersten Platz für Deutschland nicht zufällig mit einem Lied, das an die gleichzeitige Friedensbewegung denken ließ. Zwölf Jahre zuvor hatte die linke Katja Ebstein immerhin den dritten Platz geschafft. Es war das Jahr, als gerade Willy Brandts Ostpolitik die ersten Früchte trug.

Völlig durcheinander kamen die Gesetze des Grand Prix Eurovision de la Chanson, wie der Sängerstreit damals noch hieß, als nach dem Ende des Kommunismus die ersten osteuropäischen Staaten teilnahmen und fast gleichzeitig das Televoting eingeführt wurde. Überall konnten nun, ohne fachmännischen Filter, die Zuschauer selbst entscheiden. Jetzt siegten Estland, Lettland, die Ukraine, Russland. Höhepunkt war der Wettbewerb des Jahres 2007 in Helsinki, als Länder aus dem ehemals kommunistischen Machtbereich vierzehn der ersten sechzehn Plätze einnahmen. Anders als früher waren nationale Sympathien dabei sicher nicht der Grund. Platz 1 errang Marija Šerifović aus Serbien – kein Land, das sich im Rest Europas besonderer Beliebtheit erfreut hätte. Auf Platz 2 und 3 folgten ein ukrainischer Popstar und eine russische Girlband. Dass es auch an der Qualität der Darbietungen nicht gelegen hatte, war offenkundig. Zeitungskommentare im Westen kamen zu dem Schluss, dass »die Osteuropäer« sich gegenseitig die Plätze zuschanzten. »Es gibt da Seilschaften«, befand ein bekannter Deutsch-Rocker. Moldavie: Douze points !

Scheinbar hatte sich ein neues Wesen bemerkbar gemacht: »der Osteuropäer«. Bisher hatte das Phantom nur auf der politischen Bühne einige kurze Auftritte gehabt – den ersten, als zehn osteuropäische Regierungen sich vier Jahre zuvor im Irakkrieg auf die Seite der USA und gegen Deutschland und Frankreich gestellt hatten. Jetzt, beim Song Contest 2007, trat das »neue Europa«[30] von der Bühne herab ins Parkett. Aber zu fassen war es nicht. Es wurde viel beredet, redete selbst aber nicht. Die »Seilschaften« waren pure Phantasie. Nichts wollten die Osteuropäer aller Nationen weniger sein als Osteuropäer; von regionaler Solidarität oder gar Kumpanei war damals noch nichts zu spüren. Der Osteuropäer war das Geschöpf der Westeuropäer. Sie hatten sich für die Europäer schlechthin gehalten und sich für ihre jährlichen Gesangsfestspiele ein Abstimmungsverfahren ausgedacht, das für sie passte. Das »alte Europa« dachte, es hätte sich einfach erweitert. Dabei war es schon verschwunden. Es hatte es nur noch nicht gemerkt.

Wie schon früher, als eine nationale Jury über die Vergabe der Punkte entschied, durften auch später die Anrufer beim Televoting nur über den Beitrag eines Landes urteilen, in dem sie selbst nicht lebten. Soweit nationale und nicht musikalische Motive die Wahl bestimmen, kann man somit nur die Sympathie für ein anderes Land ausdrücken, nicht für das eigene. Nun aber, 2007, bekam die serbische Sängerin jeweils die größtmögliche Zahl von zwölf Punkten ausgerechnet aus den Nachbarländern Kroatien und Bosnien-Herzegowina, zwei früheren Kriegsgegnern, deren Bevölkerung Serbien alles andere als zugetan war. So ein schönes kontinentales Soziogramm hatte der Song Contest geboten! Nun war es komplett durcheinandergeraten. Wie konnte das sein?

Ratlose westliche Beobachter vermuteten, da habe offenbar der regionale Musikgeschmack über die nationalen Ressentiments triumphiert. Aber sie gingen weit in die Irre. Nicht Bosniaken oder Kroaten hatten den serbischen Beitrag so reichlich mit Punkten bedacht. Es waren die serbischen Minderheiten in Bosnien und Kroatien. Wer zu einer solchen Minderheit gehörte, nahm die Chance wahr, für den Kandidaten oder die Kandidatin seines sogenannten Mutterlandes abzustimmen. In Bosnien votierten die Serben, die dort fast ein Drittel der Bevölkerung ausmachen, für Serbien. Die Bosniaken dagegen, rund die Hälfte der Bevölkerung, konnten nach dem Reglement nicht für Bosnien stimmen und mussten somit ihre Sympathie über ganz Europa verteilen. So gab bei der Verteilung der zwölf Punkte Bosniens die serbische Volksgruppe mit ihrem kompakten Stimmverhalten den Ausschlag. Niemand musste da etwas absprechen, niemand musste heimlich mobilisieren oder jemandem Stimmen »zuschanzen«, wie im Westen geargwöhnt wurde. Es verstand sich einfach von selbst. Russen aus Lettland oder Estland stimmen für Russland, rumänische Ungarn votieren für Ungarn. Selbst kleinere Minderheiten setzten sich gegen die Mehrheit in ihrem Lande durch. Es ging um die Identität. Ganz und gar eindeutig war das Ergebnis da, wo sich die Bewohner zweier Länder als Teil eines einzigen Volkes fühlten: Die rumänisch sprechenden Moldauer stimmten für Rumänien und Rumänen wiederum für Moldauer, Türken für turksprachige Aserbaidschaner und umgekehrt.

Das Stimmverhalten der meist jungen Zuschauer beim Song Contest machte einen alten Unterschied zwischen dem Westen und dem Osten Europas auf. Der Unterschied ist nicht unbekannt, und mit dem Kommunismus hat er ausnahmsweise nichts zu tun. Aber in seinen Konsequenzen ist er unverstanden. Das zeigt sich nicht nur in empörten Kommentaren zur Wertung im Liederwettbewerb. Manchmal, besonders in einer so engen Gemeinschaft, wie die Europäische Union eine ist, bringt der Unterschied plötzlich Konflikte hervor, mit denen niemand recht umgehen kann – etwa wenn Politiker mit einer Welle des Nationalismus fertigwerden müssen, die gerade über die Welt und den Kontinent zieht.

Der grundsätzliche Unterschied: Überall im Osten Europas sind Nationalität und Staatsangehörigkeit zweierlei. Wird bei Volkszählungen nach der Nationalität gefragt, ist allen sofort klar, dass es sich nicht um die Frage nach dem Pass handelt.

Für jedes osteuropäische Land gibt es deshalb klare Zahlen, wie viele Bewohner der Mehrheit, dem Staatsvolk, oder einer nationalen oder »ethnischen« Minderheit angehören. Jeder oder fast jeder weiß, »was« er ist. Oft wissen es auch die Behörden. In ungarischen Hotels stehen Touristen schulterzuckend vor Meldezetteln, auf denen sie zu zwei Einträgen angehalten werden, einem für die Staatsangehörigkeit, einem für die Nationalität. Wie um klarzumachen, dass der Begriff mit dem Kommunismus nichts zu tun hat, verzeichnete lange Zeit auch das politisch westliche, geografisch aber östliche Griechenland die Konfessionszugehörigkeit in den Personaldokumenten. Ein richtiger Grieche ist orthodox. In manchen Ländern muss man sich als Mitglied dieser oder jener Gruppe deklarieren, wenn man das Recht in Anspruch nehmen will, bei der Parlamentswahl einen für die Minderheit bestimmten Sitz zu vergeben. Bei allen Staatsbürgern, ob sie zur Mehrheit zählen oder zu einer Minderheit, ist die Eigenschaft Nationalität etwas so Klares, Unzweifelhaftes wie die Augenfarbe, das Geschlecht oder der Familienstand.

Je weiter man in Europa nach Westen kommt, desto schlechter wird die östliche Unterscheidung zwischen Staatsangehörigkeit und Nationalität verstanden. Das Unverständnis schwappt weit hinein in die öffentliche Meinung, wenn sie gerade einmal auf ein Land in der je anderen Hälfte Europas aufmerksam wird. In den Kriegen und Krisen auf dem Balkan etwa war manchen französischen Korrespondenten nur schwer klarzumachen, was ein »ethnischer Konflikt« und was »Separatismus« war. Britischen auch: »Ethnic« sind im Englischen immer nur die Minderheiten, die Mehrheit ist es nicht. Unterschied ein mazedonischer Politiker in Nordmazedonien zwischen den »Mazedoniern« und den »Albanern«, die im Land immerhin ein Viertel der Bevölkerung ausmachen, klang das für Beobachter mit ausgeprägt westlichem Hintergrund wie eine Ausgrenzung: Die »Albaner«, die ja dem Pass nach »Mazedonier« waren, galten diesem Politiker wohl nicht als gleichwertige Landsleute! Traf ein albanischer Politiker im Land dieselbe Unterscheidung, geriet er im fernen Westen in den Geruch des Separatismus: Er rechnete sich offenbar einem Nachbarvolk zu!

Im Lande selbst dagegen war die Rede von »Mazedoniern« und »Albanern« eine schiere Selbstverständlichkeit, weder politisch noch moralisch zu beurteilen. Es gab unter den Menschen Mazedonier und Albaner, so wie es eben auch Männer und Frauen gibt. Dem umgekehrten Missverständnis unterliegen viele Osteuropäer. Selbst den Gebildetsten will oft nicht in den Kopf, dass Österreicher keine Deutschen und Wallonen keine Franzosen sind – und dass sie es nicht nur dem Pass nach, sondern auch dem Gefühl nach nicht sind.

Das Missverständnis sitzt so tief, weil es so alt ist. Historiker erklären den Ost-West-Unterschied damit, dass die modernen Nationen in Europa zwar zu ähnlicher Zeit, nämlich im späten 18. und im frühen 19. Jahrhundert entstanden sind (und einige Nachzügler noch um die Mitte des 20. Jahrhunderts), dass sie sich aber in West und Ost auf unterschiedliche Art herausgebildet haben. Die Entwicklung im Westen, der sich gern für die Regel hält, war dabei in Wirklichkeit die Ausnahme – wenn man es quantitativ betrachtet.

Im Westen war die Nation »das Volk« – das gemeine Volk im Unterschied zum Fürsten, zum Adel, zur Priesterschaft. Das Bürgertum, das sich als »das Volk« verstand, war eine horizontale Schicht wie Adel und Klerus, wenn auch eine viel breitere, eine so breite, dass die anderen, höheren Schichten für den Begriff von der »Nation« vernachlässigbar waren: Die Nation, das waren so gut wie alle. Zwar gab es auch in den Monarchien Westeuropas oft unterschiedliche Sprachen, Konfessionen, Sitten und Gebräuche. Sie spielten aber für die Zugehörigkeit zum »Volk« oder zur »Nation« theoretisch keine und praktisch nur eine unwesentliche Rolle.

Anders im Osten. Hier bildete sich innerhalb der Grenzen der großen Reiche nicht nur die eine Nation. Es bildeten sich vielmehr deren viele. Die Untertanen der Reiche verstanden sich nicht als die eine, große Masse »des Volkes«. Das lag auch nicht nahe. Als ein Volk kann man sich leicht fühlen, wenn man in den prächtigen westlichen Residenzstädten zu festlichen Menschenaufläufen zusammenkommt, wenn man in großen Städten eng zusammenlebt oder auch wenn man Zeitung liest. Im Osten war alles das schwierig. Die allermeisten Menschen waren Bauern, kamen von ihrer Scholle kaum weg, geschweige in andere, oft weit entfernte Landesteile, konnten meistens auch nicht lesen und schreiben und hatten entsprechend keine Chance, sich zu vernetzen oder nur vernetzt zu fühlen.

Besser konnten das die Adeligen und die Priester. In den verschachtelten Imperien standen Fürsten, Herzöge, Grafen ständig eifersüchtig miteinander in Konkurrenz. Auch die Kirche rang um Einfluss. Alle diese mittleren Mächtigen waren überdies darauf bedacht, sich gegen ihre jeweilige Zentralmacht einen möglichst großen Handlungsspielraum zu erhalten – gegen den Kaiser in Wien, den Zaren in Sankt Petersburg und den Sultan in Istanbul. Je mehr Menschen sie beherrschten und je mehr diese zum Wohlstand des Reiches beitrugen, desto größer waren Gewicht und Rückhalt ihrer Fürsten in deren Konkurrenzkämpfen. Da lag es nahe, sich die Zahl und das allmählich wachsende Selbstbewusstsein der Untertanen zunutze zu machen.

Vielerorts im Osten Europas, zum Beispiel in Polen, in Ungarn oder in Slowenien, hegten deshalb gerade Adel oder Klerus sorgsam die ersten zarten Blüten eines Nationsgefühls unter den Bauern. Priester kultivierten die Landessprachen, um zu predigen oder die Bibel zu verbreiten. Ein angenehmer und durchaus gewünschter Nebeneffekt war, dass sie damit auch ihren Einfluss festigten. An der Spitze der »illyrischen« Nationalbewegung in Kroatien stand ein katholischer Bischof. Fürsten hörten auf, an ihren Höfen Deutsch, Russisch oder Französisch zu sprechen, und lernten stattdessen die Sprachen ihrer Untertanen. Wenn in Böhmen die Fürsten Schwarzenberg Tschechisch sprachen, durften sie auf Sympathie bei der tschechischen Nationalbewegung hoffen und stärkten mit ihr im Rücken ihre Stellung am Hof zu Wien. Ein Spross des Hauses brachte es im modernen Tschechien gar zum Außenminister und beinahe zum Präsidenten – und erfüllte, ganz wie seine Vorfahren, die Rolle des Scharniers zwischen Drinnen und Draußen, dem gemeinen Volk im Land und der übergeordneten Herrschaft, die nun nicht mehr in Wien, sondern in Brüssel verortet wurde.

Dass die Nationen im Osten Europas »entstanden«, wie man heute sagt, wäre im 19. Jahrhundert den Zeitgenossen im Westen nicht über die Lippen gekommen. Man konnte schließlich in Echtzeit beobachten, wie sie konstruiert wurden. Gerade die Sprache, die mangels gemeinsamer Staatstradition und historischer Mythen das wichtigste Merkmal der nationalen Zugehörigkeit bildete, musste erst einmal wenn nicht geschaffen, dann doch erheblich aufpoliert werden, damit sie zum modernen Kommunikationsmittel taugte – ähnlich, wie es im 20. Jahrhundert in Irland mit dem Gälischen und in Israel mit dem Hebräischen geschah. Das Tschechische, das Kroatische, erst recht das Slowenische und das Slowakische wurden im 19. Jahrhundert zunächst vorwiegend in dörflicher Umgebung oder in der Unterschicht gesprochen und waren für das öffentliche Leben kaum geeignet. Die Gebildeten – und mancherorts die meisten Stadtbewohner – bedienten sich des Deutschen.

So kam es, dass ausgerechnet die größten Tschechen, Slowenen und Kroaten und auch viele ungarische Adelige in »ihrer« Sprache ganz unsicher waren – was immer wieder Spott herausforderte. »Der Hauptkämpe der tschechischen Nationalität«, ätzte etwa Friedrich Engels, »Professor Palacky, ist selbst nur ein übergeschnappter deutscher Gelehrter, der bis auf den heutigen Tag die tschechische Sprache nicht korrekt und ohne fremden Akzent sprechen kann.«[31] Der heute oft so genannte »größte Ungar aller Zeiten«, István Széchenyi, nach dem in jedem Dorf eine Straße benannt ist, sprach wesentlich besser Deutsch als Ungarisch, was einen nicht wundern muss, da er in Wien geboren und aufgewachsen war. Auch der »Vater des modernen Kroatisch«, Ljudevit Gaj, war deutscher Muttersprachler. Und als France Prešeren, der Nationaldichter Sloweniens, seinem Freund, dem Grafen Auersperg, mitteilte, dass er künftig auf Slowenisch schreiben wolle, lachte der sich erst einmal schief. Wie konnte man glauben, man könne in dem Bauernidiom etwas Gescheites zu Papier bringen?

Dass diese Gelehrten eigentlich Deutsche gewesen wären, wie der Wuppertaler Engels meinte und wie man auch heute noch gelegentlich hören kann, ist allerdings ein typisch deutsches Missverständnis. Wenn man zu Hause Deutsch sprach, musste man deshalb noch nicht Deutscher sein oder sich so fühlen. Damals sprach auch der Adel in Europa meistens Französisch, ohne dass jemand alle Adeligen für Franzosen gehalten hätte. In Osteuropa waren es gerade erst die »Väter« der neuen Nationen, die Sprache und Identität so fest verbanden. Noch in den 1990er Jahren konnte man in Zagreb oder Cluj alten Herrschaften begegnen, die in ihren großbürgerlichen Familien mit der deutschen Sprache groß geworden waren; das aber als bewusste Kroaten oder Magyaren.

***

Heute werden sprachliche Vielfalt oder die Wahrnehmung von Minderheitenrechten als modern und fortschrittlich empfunden. Vor dreihundert Jahren war es umgekehrt: Fortschrittlich war die Vereinheitlichung. Die Herrscher im Westen, wo es mehr Handel, mehr Handwerk und zunehmend sogar schon Maschinen gab, wollten und mussten immer weniger auf die Privilegien und Besitz- und Machtverhältnisse des Adels in ihren Reichen Rücksicht nehmen. Sie wollten Effizienz. Dazu brauchten sie eine eigenständige, nur ihren Regeln verpflichtete Verwaltung sowie den Fleiß und den Erfindungsreichtum der Handwerker und der Händler. Sie holten Handwerker aus den prosperierenden Städten zusammen und ließen sie in Manufakturen arbeiten, den Vorläufern der späteren Fabriken.

Die alten Vorrechte der vielen kleinen Machthaber waren ein Hemmnis für das Gedeihen der Wirtschaft. Der ideale, das heißt effiziente und wirtschaftlich erfolgreiche Staat schon des 17. Jahrhunderts brauchte einen König, vor dessen Gewalt nach Möglichkeit alle mehr oder weniger gleich sein sollten: einen »Sonnenkönig«. Wie die Sonne alle Menschen gleichmäßig bestrahlte, sollte der Monarch als Quelle aller Staatsgewalt seine Macht möglichst gleichmäßig auf alle seine Untertanen ausüben. Über dem König stand allein Gott, und was Gott gerade wollte, verriet er nur dem König selbst. Glaubten hochgestellte Priester, es besser zu wissen, wechselte der König sie aus. Nie waren Monarchen so mächtig wie zur Zeit des Absolutismus. In dem machtvollen Bild vom »Sonnenkönigtum« versteckt sich allerdings ein Begriff von Gleichheit, der den Monarchen noch gefährlich werden sollte.

Schon bald, im idealen Staat des 18. Jahrhunderts, durfte auch ein Sonnenkönig nicht mehr nach eigener Willkür handeln. Er hatte jetzt eine Verwaltung, die ihren logischen, nachvollziehbaren Regeln gehorchen und sich gegen ständige Interventionen durch halbstarke Adelige immunisieren musste. Jedes Mal, wenn sie es schaffte, wurde sie mächtiger und effizienter. Bald begannen die politischen Denker sich zu fragen, warum die Prinzipien der Verwaltung nicht auch an der Staatsspitze gelten sollten. Die Denker setzten sich durch. Hundert Jahre nach dem Sonnenkönig musste sich ein moderner Herrscher gemeinsam mit den einfachen Bürgern einer kontrollierbaren Autorität unterwerfen: »der Vernunft« oder »dem Staat«.

Aus dem Sonnenkönig wurde ein »Mondkönig«. Nicht mehr der Monarch war die Sonne, sondern die Vernunft; deren Licht konnte der König nur reflektieren, nicht hervorbringen. Der Modellmonarch des 17. Jahrhunderts war Ludwig XIV. von

Frankreich gewesen. Der des 18. Jahrhunderts wurde Friedrich II. von Preußen. Der nächste folgerichtige Schritt war die Revolution, wie in Frankreich, oder die Entmachtung des Königs durch eine parlamentarische Demokratie, wie in England. Warum auch sollte ausgerechnet ein König der beste Diener des Staates sein? Das war einfach nicht logisch.

Weiter östlich und südöstlich lief die Schrittfolge ganz anders ab – aus zwei Gründen. Zum einen beobachteten Kaiser, Zar und Sultan mit großer Sorge, was da im Westen vor sich ging. Wenn eine Gesellschaft aus lauter gleichen Untertanen auf die Idee kam, dass sie den Monarchen gar nicht mehr brauchte, ihn am Ende beiseiteschob oder ihm gar den Kopf abschlug, dann war es wohl besser, ein offenbar so gefährliches Ding wie eine »Nation« gar nicht erst entstehen zu lassen. Als ein liberal gesinnter habsburgischer Erzherzog anregte, so etwas wie eine österreichische Nation zu schaffen, fuhr ihm sein Bruder, der Kaiser, scharf in die Parade. Viele Völker waren viel leichter zu beherrschen als eines; das hatte er gelernt. Zum anderen waren die Gesellschaften im Osten noch rein bäuerlich. Da war es logisch, dass dort lokale Fürsten die Macht ausübten – oder, wie im Osmanischen Reich, von der Zentrale ausgeschickte Verwalter, die dann aber vor Ort wie lokale Fürsten handelten, aus eigener Willkür und nach Maßgabe der örtlichen Möglichkeiten Steuern und Abgaben erhoben und sich so ihre Pfründen verschafften. Während im Westen die lokalen Machthaber immer schwächer wurden, wurden sie im Osten immer stärker.

Nicht also weil »es« im Osten so viele Völker »gibt«, gab es hier Vielvölkerstaaten. Es ist umgekehrt: Es bildeten sich so viele Völker heraus, weil es nicht zweckmäßig war, das Volk zu vereinheitlichen. Zwar hätten die Herrscher im Osten sicher gern auch so absolutistisch regiert wie der Sonnenkönig in Paris. Aber das gelang nicht und wäre, wie sie einsehen mussten, auch gefährlich gewesen. So übten sie sich darin, die verschiedenen Machtzentren in ihren Reichen gegeneinander auszutarieren, und machten sich auf diese Weise unentbehrlich. Je mehr Völker, desto besser. Als die habsburgische Herrscherin Maria Theresia in ihren Ländern die allgemeine Schulpflicht einführte, lernten die Kinder lesen, schreiben und rechnen nicht auf Deutsch, sondern in der jeweiligen Landessprache. So schien am besten garantiert, dass sie zwar einerseits die Bibel lesen und ihre Steuern erklären konnten, andererseits aber nicht in die Hauptstadt zogen, sich mit Menschen ihres Standes aus anderen Landesteilen verständigten und womöglich rebellierten. Mit genau dem entgegengesetzten Motiv wurden die Bewohner des revolutionären Frankreich einer radikalen, manchmal brutalen Vereinheitlichung unterzogen: Sie sollten Staatsbürger werden, selbstbewusste Citoyens; sie sollten studieren und mitreden.

***

So weit der Gegensatz zwischen dem vereinheitlichten Westen und dem zerklüfteten Osten in die Geschichte zurückreicht, so aktuell ist er auch. Dass sich für die einen und die anderen die Rede von der »Nation« ganz anders anhört, versorgt den geeinten Kontinent gerade heute mit immer neuen Missverständnissen. Die meisten sind weit wichtiger als die bei einem European Song Contest. Manche von ihnen verschärfen Konflikte oder bringen sie überhaupt erst hervor. Bei manchen geht es sogar um Krieg und Frieden.

Solange Nationen sich nur einmal im Jahr auf der UNO-Vollversammlung treffen, ist nicht wichtig, wie sich jede einzelne von ihnen versteht. Die Europäische Union aber ist die engste Gemeinschaft von Nationen, die es je gab, und wird von ihren Deutern und Vordenkern mal als ein besonders enger Staatenbund und mal als »unfertiger Bundesstaat« definiert. Einig sind sie sich meistens darin, dass es sich um ein Gebilde sui generis handelt,[32] eines von eigener Art also und ohne historisches Vorbild. Das Wort drückt Verlegenheit aus.

Gern würde man Vergleiche anstellen, »ist wie« oder wenigstens »wird einmal wie« sagen, muss sich aber immer auf die Zunge beißen. Obwohl sie keinen richtigen Begriff dafür haben, verbinden die Europäer unwillkürlich doch ihre Vorstellungen mit dem Gebilde. Mangels Vergleichsfällen und klaren Begriffen holen sie sich die Bilder aus ihrer eigenen Vergangenheit.

In Deutschland zum Beispiel ist, wenn es um Europa geht, die Metapher vom »Zusammenwachsen« beliebt; schließlich ist ja auch Deutschland selbst aus dem Zusammenschluss vieler kleinerer Staaten entstanden. Wie dieses Zusammenwachsen vor sich gehen könnte, hat der sozialdemokratische Bundeskanzler Gerhard Schröder einmal ausgesprochen: Die Europäische Kommission wird zur Bundesregierung, das Europaparlament zum Bundestag und der Europäische Rat zum Bundesrat. Keine Rede von sui generis: Europa wird eine Bundesrepublik Europa nach dem Vorbild der Bundesrepublik Deutschland.

So eingängig das in deutschen Ohren klingt: In anderen Ländern herrschen ganz andere Europa-Bilder vor. Für die Deutschen sind es staatliche Institutionen, die die Union zusammenhalten sollen. Für die Franzosen ist es eine Idee. Wie sich die Institutionen zueinander verhalten, ist sekundär. »Europa wird von der Vorstellung leben, die wir uns von ihm machen«, sagte Präsident Emanuel Macron in seiner programmatischen Rede vor der Sorbonne in Paris, und man dürfe sich »nicht von der Gestalt abhalten lassen, die ihm von den historischen Umständen gegeben wird. Denn diese Gestalt vergeht, doch die Idee bleibt.« Auch das ist ein Europa-Bild aus der eigenen nationalen Vergangenheit: Schließlich beruft sich auch Frankreich bis zur fünften Republik auf Ideen und Werte, wenn es seine Existenz begründet. Für die Niederländer wiederum ist die EU eine Art Ausschuss, den sich die Bürger zur Regelung gemeinsamer Angelegenheiten halten, ein weiterer Ausschuss neben dem niederländischen Staat, der von Kaufleuten getragen wurde und der im Bewusstsein der Niederländer einen ganz ähnlichen Charakter hat. Die Briten schließlich dachten, sie seien einer Art Commonwealth beigetreten, einer Gemeinschaft mit dem Zweck, den Reichtum ihrer Mitglieder zu mehren, und waren sicher, dass ihr Beitritt auf ihre Identität keinen Einfluss haben würde. Mit ihrem Austritt stellten sie klar, dass es so blieb. Andere Nationen, Spanier, Schweden, Italiener, pflegen wieder andere Bilder von der Europäischen Union. Das Material dazu holen sich alle aus ihrer eigenen Geschichte. Die Osteuropäer machen es nicht anders.

Als 2004 auf einen Schlag zehn Staaten der EU beitraten, davon acht ex-sozialistische, war in Europa viel die Rede von der »Wiedervereinigung Europas«. In Frankreich war die »réunification de l'Europe« die Rückkehr des Ostens in die westliche Wertegemeinschaft. In Berlin dachte man dabei, passend zur deutschen Europa-Idee, an eine Art Wiedervereinigung Deutschlands auf höherer Ebene. Als die Mauer gefallen war, war gleichzeitig auch der Eiserne Vorhang hochgezogen worden. In Deutschland hatte es danach noch elf Monate bis zur Wiedervereinigung gedauert. In Europa wurden es fast fünfzehn Jahre. Es schien eine Frage der Zeit.

Dass Europa, anders als Deutschland, auch vor dem Fall des Eisernen Vorhangs nie vereinigt war, fiel bei der Analogie unter den Tisch. Besonders häufig wurde das Wort von der »Wiedervereinigung Europas« in Österreich bemüht, einem Land, das erst wenige Jahre zuvor selbst der Union beigetreten war. Hier hatte das »wieder« wieder einen anderen Sinn: Unausgesprochen stellte sich die Assoziation des 1918 untergegangenen Vielvölkerstaats Österreich-Ungarn ein. Erst in ihren späten Tagen und mehr noch im Rückblick hatte sich die Donau-Monarchie als eine Vereinigung von Völkern präsentiert, koordiniert von einer neutralen, schiedsrichterlichen Zentralmacht: dem Kaiser. Wie Deutsche, Franzosen, Briten, Niederländer übertrugen auch die Österreicher die Bilder ihrer Geschichte auf das »wiedervereinigte« Europa.

Dasselbe galt für Ungarn, Tschechen, Slowaken, Slowenen, immerhin vier der acht Beitrittsnationen von 2004, sowie für die Kroaten, die neun Jahre später nachzogen. Alle teilten sie die historischen Erfahrungen und die Muster der Österreicher. Mehr als die Deutschen in der Monarchie, die dem deutschsprachigen Hof und der Hauptstadt Wien näherstanden, hatten Ungarn, Tschechen, Slowaken, Südslawen im Vielvölkerstaat Österreich-Ungarn um Anerkennung und Aufmerksamkeit gekämpft, um Autonomie, Sonderrechte, die Bedeutung ihrer Sprache und um die Verteilung von staatlichen Posten und Ressourcen. Von den vielen Polen, Italienern, Serben, Rumänen im Habsburgerreich hätten die meisten lieber zu einem polnischen, italienischen, serbischen, rumänischen Staat gehört, den es entweder schon gab oder den es bald geben sollte. Vorerst waren sie jedoch mit beteiligt am dauernden Tauziehen mit der Zentralmacht und manchmal auch mit konkurrierenden Nationen.

Als der Kaiser am Ende des Ersten Weltkriegs verschwand, errichteten aus der Konkursmasse seines Reiches nur die Ungarn einen Staat, und die Polen, Italiener und Rumänen aus der Monarchie schlossen sich ihren jeweiligen, in der Nachbarschaft gelegenen Nationalstaaten an. Alle anderen traten in neue Mehr- oder Vielvölkerstaaten ein – neue, kleinere Österreich-Ungarns. Das Muster setzte sich fort.

Um Unabhängigkeit hatten die Völker unter der Kaiserkrone lange Zeit gar nicht gekämpft. Ihre Vertreter waren mit ihrer Stellung als Volksgruppe, als »Partei«, im Prinzip einverstanden. Staat und Nation sind grundsätzlich zweierlei: So sahen es auch die führenden Köpfe der Nationalbewegungen, die um die Mitte des 19. Jahrhunderts unaufhaltsam stärker wurden. Selbst der Tscheche František Palacký, eine Ikone des modernen Nationalismus, meinte mit dem »freien Böhmen«, für das er focht, keinen eigenen Staat. Bei Hofe nahm man es erleichtert zur Kenntnis. »Wenn es Österreich nicht gäbe, müsste man es erfinden«, wird Palacký in Wien gern zitiert.[33]

In Prag kursiert ein anderer Satz des »Vaters der Nation«: »Uns«, die Tschechen, »gab es schon vor Österreich, und es wird uns auch danach noch geben.« Beide Sätze laufen auf die-selbe Schlussfolgerung hinaus: Tschechen sind Tschechen, ob mit oder ohne Staat.

Wie konnte man Nation sein, ohne einen Staat zu haben oder wenigstens zu wollen? Im Westen wurde das nicht ver-standen, am wenigsten in den USA. Für die Amerikaner wa-ren und sind »Völker« die Bevölkerungen von Staaten. Noch als ihre Astronauten 1969 auf dem Mond landeten, beschenk-ten sie alle »Völker der Welt« mit einem kleinen Wimpel in den jeweiligen Landesfarben und einer Widmung. Kurden, Schot-ten oder Letten bekamen keinen, wohl aber der Vatikan: »To the People of the Vatican City« stand darauf; zu besichtigen ist das putzige Souvenir in den Vatikanischen Museen.

Fatalerweise war es ein Amerikaner, der bei der Neuord-nung Europas nach dem Ersten Weltkrieg den Ausschlag gab. Präsident Woodrow Wilson, ein moderner Politikwissen-schaftler von großer Kompetenz und hohen Zielen, hatte eine fünfbändige »Geschichte des amerikanischen Volkes« publi-ziert und dabei, ohne es zu thematisieren, das westeuropäi-sche oder »atlantische« Muster im Kopf, das er von zu Hause kannte: Alle, die dazugehören, mögen zwar verschiedener Her-kunft sein, wohnen aber zusammen und sprechen dieselbe Sprache. Es sei denn, sie sind von schwarzer Hautfarbe: Auf Afro-Amerikaner erstreckte sich das Gleichheitsmuster des Präsidenten nicht.

Wilsons Bild wurde zum Muster für die Aufteilung der alten Reiche in junge Nationalstaaten. Dabei hatte schon der Präsi-dent selbst keine Vorstellung davon, was im Osten Europas eigentlich eine Nation sein sollte. Polen war eine, so viel war ihm klar, denn es war ja wenigstens einmal ein Staat gewe-sen. So forderte er in seinen berühmten »vierzehn Punkten«, einer Rede zu Amerikas Kriegszielen, dessen Wiederherstel-lung. »Alle Territorien mit unumstritten polnischer Bevölkerung« sollten dazugehören. Mit dem Vielvölkerstaat Österreich-Ungarn aber konnte der Stratege nichts anfangen. »Dem Volk von Österreich-Ungarn«, trug Wilson vor Journalisten und Diplomaten in Washington vor, »dessen Platz unter den Nationen wir erhalten und gesichert zu sehen wünschen, soll die freieste Gelegenheit zu autonomer Entwicklung gegeben werden.« Bloß gab es ein »Volk von Österreich-Ungarn« gar nicht. Sogar der Kaiser Franz Joseph hatte von »meinen Völkern« gesprochen. Unter »freiester Gelegenheit zu autonomer Entwicklung« hätte man die Unabhängigkeit verstehen müssen – hätte Wilson nicht gleichzeitig vom »Volk Österreich-Ungarns« gesprochen, das ja »erhalten und gesichert« bleiben sollte.

Dass seine Prinzipien nicht passten, fiel dem amerikanischen Präsidenten gar nicht auf. »Mit dem Mangel an Übereinstimmung zwischen tatsächlichen oder künftigen Staatsgrenzen mit den ethnischen Grenzen verfuhr er so, dass er ihn einfach nicht zur Kenntnis nahm«, schrieb der US-Historiker und Wilson-Kenner Ronald Steel. Dass etwa in Böhmen, dem westlichen Teil der späteren Tschechoslowakei, noch im Jahr 1910 satte 35 Prozent der Bevölkerung als Umgangssprache Deutsch angaben und sich wohl kaum als Tschechen fühlten, war Wilson schlechthin nicht bekannt. Vom italienischen Premierminister Vittorio Emanuele Orlando hatte Wilson sich einreden lassen, dass das fast rein deutschsprachige Südtirol zu Italien gehören müsse. »Dass ich Orlando die Brennergrenze versprochen habe, geschah auf der Grundlage unzureichenden Studiums«, bekannte Wilson später in wohl gesetzten Worten.[34]

Statt sich der Herkulesaufgabe zu stellen, das in Amerika entwickelte Selbstbestimmungsrecht der Völker konkret zu machen, sorgten die europäischen Siegermächte dafür, dass ihre nationalen Kriegsziele erreicht wurden. Die »nationalen Parteien« im russischen, habsburgischen und im osmanischen Reich fanden sich in neuen Konstellationen zusammen –

Tschechoslowakei, Jugoslawien, Sowjetunion. Was übrig blieb, wurde selbständig – wie die drei baltischen Staaten. Polen, Tschechen und Jugoslawen erwiesen dem amerikanischen Präsidenten ihre Dankbarkeit und gaben dem Prager Hauptbahnhof, einem Platz in Warschau, einem Park in Posen und einer Promenade in Sarajevo seinen Namen. Im besiegten Deutschland wurde Wilson endgültig zum »ugly American«, als weltfremder Idealist oder als Heuchler verachtet. Ein Publizist schimpfte über »den spezifischen amerikanischen Ton, der aus spießiger Salbaderei und tabakspuckender, gummikauender Flegelhaftigkeit« zusammengesetzt sei.[35] Gegen jede Moral, aber unbedingt für Tischmanieren: Das war exakt der Grundton der deutschen Rechten in der Zwischenkriegszeit.

Gut lief es zwar nicht. Immerhin ist alles das aber über hundert Jahre her. Staaten, die damals geschaffen oder neu zurechtgeschnitten wurden, haben bis heute Bestand – Ungarn, Polen und Rumänien. Andere hielten immerhin siebzig Jahre und zerfielen dann: die Sowjetunion, Jugoslawien, die Tschechoslowakei. Wieder andere, Estland, Lettland, Litauen, entstanden nach siebzig Jahren zum zweiten Mal. Aber auch wenn die meisten Ergebnisse der »Versailler Friedensordnung« von 1919 heute unumstritten sind: Die alte Unklarheit darüber, was man unter einer Nation verstehen soll, wirkt fort und bietet im »wiedervereinigten Europa« der EU immer neuen Konfliktstoff.

∗∗∗

Die EU-Mitgliedsstaaten sind miteinander kompatibel: Sie haben alle ähnliche Verfassungen, wählen alle vier oder fünf Jahre ein Parlament, verfügen über einander entsprechende Höchstgerichte, und an der Spitze steht ein gewähltes oder gekröntes Staatsoberhaupt. Die entsprechenden Nationen aber passen alles andere als eins zu eins zusammen. Die Emotionen, die Identitäten, die historischen Erfahrungen, die sie zusammenhalten, sind in Ost und West von unterschiedlicher Art. Als die Westeuropäer anfingen, sich als Angehörige einer Nation zu fühlen, hatten sie schon vorher derselben Gesellschaft angehört, gemeinsame Angelegenheiten geregelt oder von ihren Fürsten regeln lassen. Für Osteuropäer galt das nicht. Was die jeweilige Nation in der Zeit ihrer Entstehung zusammenhielt, prägt ihr Selbstverständnis bis auf den heutigen Tag. Mit Versuchen, sich umzudefinieren, sind Nationen selten erfolgreich, auch im Westen. »Re-defining Britishness« nannte der Premierminister Gordon Brown ein Konzept, mit dem Engländer, Schotten, Waliser und Iren, aber auch Pakistanis, Inder, Karibier und Bangladeshis zu Briten werden sollten. Messbare Erfolge erzielte er nicht. In Deutschland machten sich, als die Regierung sich um bessere Integration von Zuwanderern bemühte und das Staatsbürgerschaftsrecht reformierte, rasch und ohne große Diskussion die neuen Begriffe von »Pass«- und »Bio-Deutschen« breit. In Frankreich ist die Unterscheidung zwischen »Stamm-« und -»Papier-Franzosen«, Français de souche und Français de papier, auf die extreme Rechte beschränkt und in öffentlicher Rede verpönt.

Mūsų, Naši, Naši, Noștri: Das sind keine Namen für unbekannte östliche Völkerschaften wie Lemken, Karäer oder Gorani. Mit den Wörtern bezeichnen Nationen vielmehr sich selbst. In westliche Sprachen lassen die Wörter sich schwer übersetzen. Es sind die »Unsrigen«, müsste man im Deutschen sagen, wenn es nicht geschraubt klingen würde, »les nôtres« auf Französisch und »nuestros« auf Spanisch, »de onzen« in altertümlichem Niederländisch. Im Englischen käme man mit einem Wort gar nicht aus: »Our people« müsste es heißen. Gemeint sind mit westlichen »Unsrigen« aber, anders als im Osten, nicht Nationen, sondern Gruppen, die die Nation vertreten: die Fußball-Auswahl, die Armee im Krieg, manchmal vielleicht die eigene nationale Delegation auf einer Konferenz. Hinter dem kleinen sprachlichen Unterschied steckt ein großer gesellschaftlicher: Im Westen Europas stellt man sich die Nation als eine Art erweiterte Nachbarschaft vor. Im Osten dagegen fühlt sich die Nation an wie eine erweiterte Familie.

Bis ins 20. Jahrhundert hinein lebten fast überall in Osteuropa in Städten und Landschaften die Nationen durcheinander. Zwar hatten sie zuweilen gegeneinander gekämpft und einander dabei auch immer wieder vertrieben – anders als in den »Kabinettskriegen« im Westen, wo national indifferente Fürsten multinationale Söldnerheere gegeneinander ins Feld führten. Mit einem Anspruch aber, Siedlungsgebiete zu vereinheitlichen oder gar »ethnisch zu säubern«, waren solche Konflikte zur Zeit der großen Reiche nicht verbunden. Nation sein konnte man auch ohne eigenes Territorium. Auch echte Verwandte müssen schließlich nicht Tür an Tür leben oder gar gemeinsam wirtschaften. Vielleicht treffen sie sich hin und wieder zu Begräbnissen oder Familienfesten. Ansonsten hat jeder seinen Freundeskreis.

Wer sich unter der Nation eine Art Familie vorstellt, hat ein anderes Verhältnis zu ihr als jemand, der dabei an die Nachbarschaft denkt. Für seine Familie kann man nichts. Auch wenn man sich mit ihr bis aufs Blut zerstreitet: Man bleibt doch immer mit ihr verwandt. Angehörige einer Nation des osteuropäischen Typs müssen, gleich wie eine Familie, nicht notwendig durch gemeinsame Überzeugungen, durch Religion oder Weltanschauung miteinander verbunden sein. Dass sie sich selbst nette Eigenschaften zuschreiben, wie Fleiß oder Charme, Treue oder Humor, ist möglich, aber nicht zwingend. Manche Verwandte stehen loyal zur Familie, manche schimpfen über sie. Ob man stolz ist auf seine Familie oder sich für sie schämt, ändert nichts an der Zugehörigkeit zu ihr. Auch von überzeugten Polen kann man, ganz ohne Koketterie, den Satz hören: »Also, ehrlich gesagt, wir sind schon ziemlich schlampig!« Selbst einem Kroaten, der einen tiefen Groll gegen Serben hegt, fällt es nicht schwer zuzugeben, dass »die Serben« gastfreundlicher und offener sind als »wir«. Am Gefühl der

Zugehörigkeit zum eigenen Volk ändern solche Zuschreibungen nichts.

Zur Familie können Menschen gehören, mit denen man sein Leben lang nichts zu tun hat – etwa weil sie zum Beispiel in Australien leben. Angehörige einer Nation im östlichen Sinne können Bürger aller möglichen Staaten sein, von Nachbarstaaten, Großreichen, überseeischen Einwanderungsländern. Wie sagte gleich Palacký? »Uns Tschechen gab es schon vor Österreich, und es wird uns auch danach noch geben.« Als Immigranten in den neuen Einwanderungsländern Westeuropas zeigen Osteuropäer regelmäßig die höchste Integrationsbereitschaft; schon unter den deutschen Gastarbeitern der Sechziger- und Siebzigerjahre wiesen die einzigen Osteuropäer, die Jugoslawen, die höchsten Anteile von Abiturienten oder von Ehen mit Deutschen auf. In keiner europäischen Großstadt gibt es polnische, kroatische, rumänische Viertel, und wo es »nationale« Läden gibt, sind es meistens nicht die Polen, Kroaten, Rumänen, die dort einkaufen. Dass sie im Herkunftsland ihrer Eltern als »Unsrige« wahrgenommen werden, ist Migranten der zweiten Generation nicht immer angenehm. Nicht wenige erleben es als Distanzlosigkeit und Vereinnahmung, wenn ihnen wie selbstverständlich eine Nähe zu den »eigenen Leuten« oder eine Abneigung gegen bestimmte »Andere« unterstellt wird, die sie gar nicht empfinden.

Wenn die Nation eine Familie ist, dann gehören auch die Toten dazu. Daraus folgt, dass die Nation nicht kollektiv an etwas schuld sein kann. Schließlich kann sie sich nicht versammeln und zu gemeinsamer Tat entschließen, wie eine Nachbarschaft das kann. Sie kann es nicht einmal virtuell oder über die Wahlurne. Schließlich sind von denen, die dazugehören, die einen nicht mehr am Leben und die anderen noch gar nicht auf der Welt. Entsprechend kann die so verstandene Nation für das, was ein Staatslenker oder eine Führungsgruppe möglicherweise in ihrem Namen getan hat, nicht verantwortlich gemacht werden. Als Täter fällt sie aus – ein Umstand, der, wie nach zu zeigen ist, außer Missverständnissen auch echte Gegensätze hervorbringt.

Opfer sein kann eine nationale Großfamilie aber sehr wohl. Sie ist es dann, wenn sie von einer anderen, feindlichen, in die Haftung genommen wird – ungerechterweise, versteht sich. Es ist die Wurzel für den »Unschuldskomplex« in osteuropäischen Gesellschaften. »Immer wurden wir bedrängt«, glossiert der Ungar György Dálos das Geschichtsbild seiner Landsleute: von Mongolen, Osmanen, Habsburgern, Sowjets, Serben. Die Nation versteht sich nicht als Akteur. Über die meiste Zeit ihrer Geschichte war sie das ja auch wirklich nicht. Sie bildete keinen Staat und konnte als Nation somit gar nicht handeln. Den damit verbundenen Rückblick auf die Geschichte hat man nach den Kriegen in Bosnien und im Kosovo wahrnehmen können. Dass »die Serben« an etwas schuld sein könnten, kam keinem Serben in den Sinn. Gehandelt hatten ja nicht »die Serben«. Gehandelt hatte Slobodan Milošević. Aus Rache von den anderen verfolgt aber wurden dann tatsächlich »die Serben«. In der Erinnerung an das Kriegsgeschehen ist jedes Volk gleichermaßen unschuldig.

»Nachbarschaftliche« Nationen, die westlichen, verstehen sich anders. Zwar wird man auch in Nachbarschaften in der Regel hineingeboren. Zieht man aber fort, lockert sich die Bindung oder löst sich ganz. Wer mit dem Umzug den Wunsch verbindet, nun in einem anderen Land heimisch zu werden, wird, wenn er etwa nach weiter östlich emigriert, enttäuscht. Die Klagen von zugereisten Amerikanern oder Briten, dass sie in Deutschland immer Fremde geblieben seien, sind Legionen. Weiter westlich, schon in Holland oder Frankreich, lässt sich eine neue Zugehörigkeit leichter erwerben. Die Voraussetzung ist allerdings, dass man sich an die Werte, Sitten und Gebräuche des Landes anpasst, ungeschriebene Regeln beachtet, dem Land Wertschätzung entgegenbringt, dass man dessen Nationalstolz teilt.

Manche östliche Nationen, besonders die mit starken viel-

völkerstaatlichen Traditionen, nehmen Fremde zwar gefühls-
mäßig nicht auf. Dafür lassen aber gerade sie den Fremden,
wenn sie zuziehen, ihre Eigenheiten, Gebräuche und Umgangsformen. Wer fremd ist, darf mehr als ein Verwandter.
Umgekehrt sind Nationen des westlichen Typs für Neulinge im
Prinzip offen, verlangen ihnen aber oft ein hohes Maß an Anpassung ab. Eine Diskussion darüber, ob Zuwanderer eine »Pa-
rallelgesellschaft« bilden dürfen, wäre in Osteuropa schwer
vorstellbar. Klar bilden sie eine! Wenn schon die Alteingeses-
senen im Land verschiedene Sprachen sprechen, verschiedene
Feste feiern, die einen den Sonntag und die anderen den Frei-
tag heiligen, sollten ausgerechnet die Zuwanderer zu radikaler
Anpassung gezwungen werden? Zur Anpassung an wen oder
was? An Volk A oder an Volk B? Wer nicht nach Osten reisen
will, kann das Dilemma der Assimilation schon in der Schweiz,
in Belgien oder in Südtirol besichtigen. Sind die Albaner in Zürich deutschsprachig? Verstärken die Rumänen in Bozen die
italienische Sprachgruppe? Nicht wenige rumänische Roma in
Brüssel sind dazu übergegangen, nach dem Vorbild ihrer Nachbarn eine Dschellaba zu tragen. Schließlich ist ihre Nachbarschaft weder flämisch noch wallonisch, sondern mehrheitlich
arabisch. Die in Deutschland übliche Anforderung, Zuwanderer sollten sich über die Beachtung staatlicher Regeln hinaus
»integrieren«, ist für Menschen vom Balkan und aus dem Nahen Osten schlicht nicht verständlich. Schließlich ist auch die
Gesellschaft in ihren Heimatländern nicht »integriert«.

Anders als die östlichen »Familiennationen« brauchen die
westlichen, »nachbarschaftlichen«, ein reales Gemeinwesen,
um sich als Nation zu fühlen. Zwar sind Nationen sowohl des
westlichen als auch des östlichen Typs nur »vorgestellte Gemeinschaften«, wie Benedict Anderson, ein berühmter amerikanischer Forscher, die Nationen genannt hat: keine echten
Gemeinschaften in dem Sinne, dass ihre Angehörigen einander persönlich kennen würden. Ihre Bindungen sind abstrakt
und anonym.[36] Das gilt für Nationen beiderlei Typs. Weder

sind die meisten Polen oder Rumänen miteinander verwandt, noch leben die meisten Franzosen oder Briten wirklich Tür an Tür. Aber dennoch ist die Art der Bindung jeweils eine andere. Zur Nation im westlichen Sinne gehört auch, dass man ein gemeinsames Parlament wählt und dass die unterlegene Partei nicht einfach ihren eigenen Laden aufmacht, sondern auf die nächste Wahl wartet und sich der Mehrheit bis dahin loyal unterwirft. Außerdem müssen die wirtschaftlichen Gewinner die wirtschaftlichen Verlierer kompensieren – durch ein steuer- oder beitragsfinanziertes Sozialwesen. Östliche Nationen brauchen beides nicht, um als Nation Bestand zu haben. Bürger verschiedener Staaten kennen keine gemeinsame Willensbildung, und das Versprechen, dass Verwandte einander unterstützen, bleibt meistens vage und unsicher – wie in echten Familien auch.

Das osteuropäische Nationalgefühl als archaisches Relikt zu brandmarken wäre verfehlt. Denn nicht nur im übertragenen, nationalen Sinne rangiert im Osten Europas Verwandtschaft vor Nachbarschaft. Dörfer in Polen, Rumänien oder der Ukraine mögen für einen Besucher so aussehen, als wäre in ihnen die Zeit stehen geblieben. In Wirklichkeit leben die Menschen dort oft seit höchstens zwei Generationen, manchmal erst seit einer Generation zusammen. Was Weltkriege, Hungersnöte und organisierter Massenmord in Osteuropa angerichtet haben, kann man sich im historisch viel stabileren Westen nur schwer vorstellen. In Deutschland können viele Familienforscher ihre Vorfahren bis in den Dreißigjährigen Krieg zurückverfolgen. In Osteuropa hat dieser Dreißigjährige Krieg, der alles durcheinanderbrachte, im 20. Jahrhundert stattgefunden, dreihundert Jahre später. Flucht und Vertreibung, »Bevölkerungsverschiebungen«, wie es beschönigend heißt, haben riesige Landstriche ent- und andere bevölkert.[37]

Dass Polen, nachdem es unter deutscher Besatzung jeden fünften Einwohner verloren hatte, nach dem Krieg um 200 Kilometer nach Westen »verschoben« wurde, ist noch einigermaßen bekannt. Kaum jemand aber weiß, dass in Litauens Hauptstadt vor hundert Jahren die Litauer gerade zwei Prozent der Bevölkerung ausmachten; fast die Hälfte waren Polen und 40 Prozent Juden – ein Erbe, das in der Stadt übrigens heute komplett unsichtbar ist. Wenig bekannt ist auch, dass die Metropole der Slowakei deutsch und ungarisch war und nicht einmal einen slowakischen Namen hatte, dass beliebte Städte an der kroatischen Adriaküste wie Pula und Zadar rein italienisch waren. Polen, Tschechen, Serben, Slowenen, Kroaten, Esten, Letten, Russen zogen dahin oder wurden dahin geschafft, wo Deutsche gelebt hatten. Auf hundert Jahre alten Fotos aus diesen Orten ist kein Vorfahr eines einzigen heutigen Einwohners zu sehen. Nach dem Krieg war die große Völkerwanderung noch nicht vorbei. Die großbäuerlichen und die bürgerlichen Familien, die Säulen der Gesellschaft, wurden enteignet und verließen häufig das Land. Wer auf dem Lande Kriegs- und Nachkriegszeit durchgestanden hatte, zog in eines der neu geschaffenen Industriegebiete. Ganze Städte entstanden auf dem Reißbrett, nicht nur in Sibirien, auch in Ungarn und in der DDR. Die heute viel zitierte »Ownership«, die Bindung der lokalen Bevölkerung an die Stadt, war im Sozialismus kein Wert. Bebauungspläne kamen von oben, vielerorts wusste kaum jemand, wie der Bürgermeister hieß.

Nach dem Ende des Kommunismus folgten weitere Wellen der Emigration – nach Deutschland oder Frankreich, aber auch nach Australien oder Kanada. Zu Klassentreffen legen die Teilnehmer zusammengerechnet nicht selten eine halbe Erdumrundung zurück. Selbst im idyllischen Siebenbürgen, wo des Abends die Gänseliesel das Federvieh über die Dorfstraße treibt, sind die scheinbar so bodenständigen Bauern nicht selten Zuwanderer der 1990er Jahre: Sie haben ihre Arbeitsplätze in der Industrie verloren und mussten aufs Land ziehen, um zu überleben. In der Sowjetunion wechselten mehr als 120 Städte den Namen, manche bis zu fünf Mal. Nachbarschaft ist in Osteuropa meistens eine flüchtige Erfahrung. Blut jedenfalls ist

erheblich dicker als die dünne Tinte, mit der das Grundstücks-
kataster geschrieben wurde.

Die Nachbarschaft ist nicht vertraut, sondern fremd: Das
ist für viele, wenn nicht die meisten eine greifbare Erfahrung.
Die Großmutter erzählt vom »fremden Heim«, das ihr und der
Familie nach dem Zweiten Weltkrieg oder den jugoslawischen
Zerfallskriegen zugewiesen wurde. Eben noch hatte es anderen, unbekannten Menschen gehört, Menschen, an die sich
niemand erinnerte und die man nie zu Gesicht bekommen
würde. »Die Glut war noch im Herd«, beginnen viele solcher
Geschichten, oder »die Wäsche hing noch auf der Leine«. Die
Vertriebenen und die Umgesiedelten kamen in eine »proviso-
rische Welt«, eine Welt »wie aus Papier«. So hat die polnische
Schriftstellerin Olga Tokarczuk die fremde Lebensumgebung
ihrer Kindheit beschrieben. Die papierne Welt »kommt von
irgendwo und zerfällt in nichts, es ist zwecklos, die Dächer zu
reparieren oder die Brunnen zu reinigen. Die Häuser bieten
nur vorübergehende Unterkunft, irgendwo auf den Bahnglei-
sen warten schon die Güterzüge. Man besitzt nur das Not-
wendigste, das im Falle eines Falles in einen Koffer passt. Man
pflanzt keine Bäume und düngt nicht den Boden.« Die Litera-
tur-Nobelpreisträgerin von 2019 wurde 1962 im ostbranden-
burgischen Sulechów geboren, einer Kleinstadt, die früher Zül-
lichau geheißen hatte. Die Namen der Toten auf dem Friedhof
konnte sie als Schulmädchen nicht lesen, denn sie waren in
Fraktur geschrieben. Sie dachte, das sei eine Schrift eigens für
Tote gemacht.[38]

In Reinform sind »verwandtschaftliche« und »nachbarschaftliche« Nation weder in West- noch in Osteuropa zu haben. Vor allem für das polnische Selbstverständnis spielt auch
der Staat eine Rolle: Gerade als sich in der altertümlichen
Adelsrepublik ein Nationalgefühl herausbildete, etwa zur gleichen Zeit wie im benachbarten Deutschland, wurde sie auf
drei Nachbarreiche aufgeteilt. Der Wunsch, das Unrecht wie-
dergutzumachen, blieb über mehr als hundert Jahre bestehen.

In der imperialen Umgebung wurde das polnische Selbstverständnis dann aber ins Ethnische »umgebogen«, wie es der Historiker Andrzej Walicki formuliert hat. Es gab keinen Staat mehr, auf den man stolz sein konnte, keine polnische Institution mehr außer der katholischen Kirche. Unter den Tschechen bildete sich eine Identifikation mit dem Staat in der Zwischenkriegszeit heraus, als die neue Tschechoslowakei unter den sämtlich schon autoritär oder diktatorisch regierten Nachbarstaaten »die letzte demokratische Insel Europas« war, wie es der vor den Nazis nach Prag geflüchtete Sozialdemokrat Erich Ollenhauer ausdrückte. Umgekehrt hat auch die gemeinsame Sprache westlicher Nationen manchmal emotionale Folgen, die an so etwas wie Verwandtschaft denken lassen. In der Nachkriegszeit kam der Begriff der Frankophonie auf. Nationale Verwandtschaft im östlichen Sinne ist damit aber nicht gemeint.

***

Eine Nachbarschaft funktioniert nach vereinbarten Regeln, an die sich alle zu halten haben, wenn sie nicht zu Außenseitern werden wollen. Für die Schlichtung eventueller Streitigkeiten und den Ausgleich von Interessengegensätzen zwischen Nachbarn braucht man Institutionen, das Ordnungsamt etwa, manchmal die Polizei oder ein Gericht. Das gilt auch für »vorgestellte Nachbarschaften«, Nationen im westlichen Sinne also. So wie alle tatsächlichen Nachbarn ihren Müll trennen müssen und abends nach zehn keine laute Musik mehr spielen dürfen, so haben die »Nachbarn« im weiteren, nationalen Sinne sich an die Verfassung zu halten. Ohne geschriebene Regeln sind die Bewohner eines Landes keine Nation, sondern bloß eine Ansammlung von Individuen. Franzosen ohne Frankreich gibt es nicht. Das gilt auch für Separatisten: Wenn Schotten und Katalanen sich als Nation bezeichnen, dann berufen sie sich auf ihre Institutionen und ihre Parlamente.

Eine Familie dagegen, eine echte wie auch eine »nationale«, braucht kein Regelgerüst, um sich als Familie zu verstehen. Natürlich kennen auch die allermeisten Familien Regeln, manchmal sogar strenge. Aber die Regeln machen die Familie nicht aus. Selten schreibt sie jemand auf, und sie werden auch nicht förmlich vereinbart. Man wächst in sie hinein, erbt sie, hält sie für selbstverständlich. Bei Streitigkeiten geht es familiär, also formlos und oft ruppig zu, gerade wenn rechte Politiker über linke reden: dass ein führender Politiker seinen Staatspräsidenten als »größten Faulpelz der Nation«, den Außenminister als »bestochene Kanaille« und einen Nationalhelden und Nobelpreisträger als »Hochstapler« bezeichnet, ist politischer Alltag. Ein Ex-Premier kann eine Ministerin als »faules Stück« und »Schlampe« titulieren, damit als rauer, aber herzlicher Mann des Volkes durchgehen und später noch Präsident werden. Wenn ein Journalist in der Slowakei sich vom starken Mann des Landes öffentlich als Idiot beschimpfen lassen muss, dann weil man unter sich ist und sich also keinen Zwang antun muss.[39]

Am Ende entscheiden in einer Familie nicht Institutionen, sondern natürliche Autoritätspersonen, der Vater zum Beispiel oder die Mutter. Sie verdanken ihre Position keiner Inthronisierung, sondern einfach der Generationenfolge. Entscheidend ist, dass eine Familie auch dann Familie ist, wenn sie gar keinen Regeln gehorcht und keine Autoritätspersonen anerkennt. Schwestern sind Schwestern, auch wenn sie bei der Geburt getrennt wurden. Führt der Suchdienst des Roten Kreuzes sie irgendwann im Alter doch noch zusammen, fallen sie einander in die Arme.

Die Bilder von der »Familie« und der »Nachbarschaft« beschreiben noch keine Unterschiede in der politischen Wirklichkeit oder gar im Alltagsleben in beiden Teilen des Kontinents. Selbstverständlich kennen alle osteuropäischen Staaten genauso viele Regeln und Institutionen wie die westeuropäischen, und besonders in der EU gleichen sie einander aufs Haar.

Nachbarschaften im wörtlichen Sinne, Städte etwa, funktionieren überall gut, oft besser als in vielen westlichen Ländern: Der Müll wird abgeholt, Busse fahren pünktlich, der Autoverkehr fließt. In Osteuropa können familiäre Nation und nachbarschaftlicher Staat, obwohl sie eindeutig zwei Paar Schuhe sind, glücklich koexistieren.

Es waren die Rumänen, die zeigten, wie wenig Staatsorganisation und nationale Zugehörigkeit miteinander zu tun haben müssen: Sie wählten 2014 sogar einen »Deutschen« zum Staatspräsidenten. Assimilation war dafür nicht die Voraussetzung: Der Nation der Deutschen anzugehören, wie sie in Rumänien verstanden wird, und gleichzeitig Oberhaupt des Staates Rumänien zu sein, ist in rumänischen Augen kein Widerspruch. Der Gewählte, Klaus Johannis, war zuvor Bürgermeister der Stadt Sibiu gewesen, die früher einmal Hermannstadt geheißen hatte. Laut Volkszählung verstanden sich nur noch 1,6 Prozent der Bürger als Deutsche. Johannis jedoch gab sich keinerlei Mühe, seine deutsche Identität irgendwie zu verstecken oder zu relativieren. Im Gegenteil: Bürgermeister von Sibiu und bald darauf hoch angesehener Politiker wurde er gerade als Kandidat seiner nationalen Minderheit, des Demokratischen Forums der Deutschen. Die Partei stellte zeitweise sogar die Mehrheit im Stadtrat. Weil sie so erfolgreich war, wählten sich bald darauf auch andere ehemals sächsische Städte in Siebenbürgen einen »deutschen« Bürgermeister. Dem Selbstbewusstsein oder gar der nationalen Identität der Rumänen tat das keinen Abbruch. Dafür aber irritierte es die Öffentlichkeit im fernen Deutschland: Zeitungen schrieben den Namen des Präsidenten konsequent auf rumänische Art mit »I« und nicht auf deutsche mit »J«. Wie konnte jemand, der rumänischer Präsident war, im nationalen Sinne zugleich ein Deutscher sein?

Das Geheimnis des verwirrenden Beispiels ist: Eine »fremde« Nationalität steht einer wichtigen Rolle im Gemeinwesen, bis hin zum höchsten Staatsamt, nicht entgegen. Umgekehrt qualifiziert Verwandtschaft, auch vorgestellte, nicht für öffentliche Ämter. Kaum jemand wird in der geheimen Wahl zur Bezirksvertretung einem Trottel die Stimme geben, bloß weil es sich um den Schwager der Nichte zweiten Grades handelt. Ganz gegen das westliche Klischee vom östlichen Nationalismus hatte schon vorher das slowenische Küstenstädtchen Piran einen gebürtigen Ghanaer zum Bürgermeister gewählt. Beliebtester Politiker in Rumänien war noch vor der Ära Johannis der Gesundheits-Staatssekretär Raed Arafat, ein gebürtiger Palästinenser. 2020 wählten die Bürger von Timișoara, der drittgrößten Stadt Rumäniens, einen deutschen Staatsbürger ohne Wurzeln im Land mit überwältigender Mehrheit zum Bürgermeister, und im Bukarester Bezirk 1 mit seinen mehr als 200 000 Einwohnern siegte eine gebürtige Französin. In der Slowakei schließlich gelten Roma, auch wenn man sie nicht hasst oder verachtet, nicht als Slowaken, sondern eben als Roma. Aber ausgerechnet hier, wo manche Lokalpolitiker es mit ihrer Hetze gegen Roma bis in westliche Medien gebracht haben, finden sich nach Kommunalwahlen regelmäßig 30 bis 40 Roma-Bürgermeister, und das nicht nur in Gemeinden mit Roma-Mehrheit. Die beliebte Nachrichtensendung von Nova TV aus Prag wird von einem in Tschechien geborenen Schwarzen moderiert. Vollends für Verwirrung sorgt Tomio Okamura, ein rechtsradikaler tschechischer Politiker und Sohn eines japanischen Vaters. Dass die beiden von einem »Urvater Tschech« abstammen, wie eine beliebte Sage es von den Tschechen behauptet, kann niemand glauben. Es schadet ihnen aber nicht.

Wenn, wie im osteuropäischen Verständnis, Nationalität und Staatsangehörigkeit sauber auseinandergehalten werden, muss das der gesellschaftlichen Integration von »Fremden«, wie die Beispiele zeigen, im Prinzip nicht im Wege stehen. Nicht nur einzelne, auch große Gruppen können gesellschaftlich voll akzeptiert sein – aber eben als Nachbarn, nicht als Verwandte. In jedem Fall sind sie ein Faktor.

Als nach der großen Flüchtlingswelle des Jahres 2015 sich alle osteuropäischen Staaten so hartnäckig gegen die Verteilung der Zuzügler nach Quoten wehrten, war nicht allein Fremdenfeindlichkeit die Ursache. Man fühlt sich selbst nicht als Mehrheit, die eine Minderheit potenziell unterdrücken könnte. Man stellt sich eine große Gruppe »Fremder« automatisch als eine konkurrierende ethnische Gruppe vor, die irgendwann Parteien gründet und für kollektive Rechte streitet. Im Westen käme niemand auf die Idee: Das Ideal der »Integration«, das im Westen einer großen Mehrheit vorschwebt, umschließt die Durchmischung und Teilhabe auf jeder Ebene – in Wohnvierteln, Schulen, Vereinen, Parteien. Ein solches Ideal existiert in Osteuropa nicht einmal für die angestammte Bevölkerung. Umgekehrt meint auch »Ausgrenzung« in Ost und West etwas anderes: Wo, wie im Westen, alle Institutionen dem Anspruch nach für alle da sind, ist Ausgrenzung grausam. Ist die Gesellschaft dagegen national versäult, fällt es einem Albaner einfach nicht ein, sich um die Mitgliedschaft in einem serbischen oder mazedonischen Klub oder nur um eine Stelle in einer Firma zu bewerben, die einem Nicht-Albaner gehört. Schließlich hat er ja seine eigenen Vereine, denen er beitreten kann, und es gibt albanische Unternehmen, bei denen er sich bewerben kann.

***

Dass Nation und Staat, »ethnische« und politische Zugehörigkeit einander nicht decken, ist für die Demokratie nicht unbedingt ein Problem. Es ist aber ein Risikofaktor. Seit den Neunzigerjahren importierten sich Parteien in den meisten osteuropäischen Ländern Politiker aus dem Ausland und erkannten ihnen hohe Funktionen zu – Männer und Frauen, die mit dem Land, das sie zu regieren hatten, nicht viel mehr verband als die Abstammung. Sie stammten aus Emigrantenfamilien, hatten von ihrer virtuellen Urheimat nur eine vage, meistens verklärte Vorstellung. Mit den politischen Verhältnissen, den Geschäftssitten, dem Bildungssystem und damit auch den Weltbildern ihrer neu-alten Landsleute waren sie nicht vertraut. Serbien holte sich einen Regierungschef aus Kalifornien, Slowenien einen aus Argentinien. Beide scheiterten krachend. In Bulgarien regierte als demokratisch gewählter Ministerpräsident zeitweise wieder der frühere König; er hatte sein Land im zarten Alter von neun Jahren verlassen müssen und war als Spanier groß geworden. Die baltischen Staaten hatten zeitweise alle drei ein Staatsoberhaupt, das sein ganzes erwachsenes Leben im Ausland verbracht hatte. Slowenien holte sich eine österreichische Politikerin frisch von jenseits der Grenze, Serben und Kroaten bedienten sich in Frankreich. Ein Kanadier wurde auserkoren, im Haifischbecken der kroatischen Politik den Regierungschef zu geben. Den Akzent sah man ihm nach. Heiterkeit aber erregten seine Vokabelfehler – wie als er »bauwirtschaftlich« sagte, als er »bürgerlich« meinte. Beide Wörter klingen im Kroatischen ähnlich. Das Problem mit den politischen Legionären war nicht allein ihre landeskundliche Unbedarftheit und entsprechend ihre Neigung, vorgefertigte Schemata an unverstandene Situationen anzulegen. Sie hatten vor allem ein zweites Land im Kofferraum, in das sie zurückkehren konnten, wenn ihre Rezepte scheiterten. Um die Folgen ihres Scheiterns mussten sie sich dann nicht mehr scheren.[40]

Verhängnisvoll wird es da, wo die Lücke zwischen Staat und Nation ignoriert wird und sich die nationale »Familie« an die Stelle des Staates setzt. So ist es in mehreren osteuropäischen Staaten in unterschiedlichem Ausmaß geschehen. Erste Anzeichen für die Fehlentwicklung wurden lange Zeit als Überbleibsel des Kommunismus gedeutet, die bald verschwinden würden. Erst als Mitte der Zweitausenderjahre in Russland, Belarus und Aserbaidschan die Regime immer härter wurden, griff im Westen die Ahnung Raum, dass es sich nicht um ein altes, sondern um ein neues Muster handelte: einen »Autoritarismus« als eigenständiges Syndrom neben Demokratie und Totalitarismus[41] – die Institutionen der liberalen Demokratie blieben als Hülle erhalten, aber alle wussten, wer in Wahrheit das Sagen hatte, und für Opposition und freie Presse war kein Platz. Das zu merken hieß noch nicht, dem Phänomen begegnen zu können. Ein klassisches Beispiel dafür, wie es dazu kommen kann, liefert ein viel näheres, für seinen »westlichen« Charakter lange Zeit gepriesenes Land: Kroatien. Wieder stand ein klassisches Ost-West-Missverständnis dabei Pate.

Als 1991 und in den Jahren danach der Vielvölkerstaat Jugoslawien auseinanderfiel, blieben ein weiterer, kleinerer Vielvölkerstaat, Bosnien-Herzegowina, und sechs osteuropäische »Normalstaaten« zurück. »Normal« sind in der Region seit hundert Jahren Staaten mit einem Mehrheitsvolk, das ihnen den Namen gibt, und mehreren Minderheiten, die manchmal auch sehr stark sein können. In solchen Staaten gibt es immer wieder einmal »ethnische« Auseinandersetzungen. Das ist auch westlichen Zeitungslesern bekannt.

In einem der neuen Staaten, in Kroatien, lebten nun zwölf Prozent Serben, Angehörige einer Nation also, die mit den Kroaten seit Jahrzehnten in einer gewissen Spannung lebte und seit Jahren Feindschaft pflegte. Die Anführer beider Nationen, der Serben wie der Kroaten, fanden diese Konstellation unglücklich. Wenn man schon auseinanderfiel, sollten wenigstens klare Verhältnisse herrschen. Der starke Mann in Serbien, Slobodan Milošević, führte Krieg, um die Siedlungsgebiete der Serben aus Kroatien herauszulösen. Der Gründungsvater Kroatiens wiederum, Franjo Tudjman, wollte keine serbische Minderheit im Land.

Die Interessen der beiden deckten sich in einem Punkt: Sie wollten der Herr in ihrem jeweiligen Hause sein. Nach vier Jahren Krieg um das kroatische Territorium musste Milošević einsehen, dass er nicht gewinnen konnte. So wurden in stiller Übereinkunft beider Anführer die meisten Serben 1995 innerhalb weniger Tage aus ihren Siedlungsgebieten in Kroatien vertrieben. Beide Kriegsherren hatten Nationalstaaten erstrebt. Sie waren das ewige Tauziehen zwischen den Volksgruppen, wie es Jugoslawien ausgezeichnet hatte, leid. Mit dem Exodus der Serben hatten sie im Prinzip erreicht, was sie wollten.

Vertreibungen, »ethnische Säuberungen«, wie sie genannt wurden, waren in der internationalen Gemeinschaft eigentlich geächtet. Im Falle der kroatischen Serben aber drückten die Amerikaner, die bei der Neuordnung des jugoslawischen Raumes die Hand führten, beide Augen zu. Ein neuer Staat mit mehr als zwölf Prozent frischen Kriegsgegnern, das konnte nicht gutgehen: Um so zu denken, musste man kein extremer Nationalist sein. Ohne eine starke serbische Minderheit, so dachten auch die Westeuropäer und viele liberale Kroaten, hätte die junge, noch unsichere Demokratie immerhin ein Problem weniger – bei allem Abscheu über die Vertreibung der kroatischen Serben, die viel Leid mit sich brachte und nicht ohne brutale Morde abging. Befreit vom Zwang zu ständiger Abstimmung mit den Serben, einer empfindlichen, verstörten, teils wirklich malträtierten, teils paranoiden Minderheit also, könnte Kroatien sich leichter zu einem normalen europäischen Nationalstaat westlichen Vorbilds entwickeln, dachten sie.

Aber die erhoffte Erleichterung blieb aus. Kroatien schlug im Gegenteil eine autoritäre Entwicklung ein, die das Land in Europa zunehmend in die Isolation führte. Statt die jüngste Geschichte aufzuarbeiten, wurden Kriegsverbrechen vertuscht und die Täter zu Helden verklärt. Nicht rechtsstaatliche Institutionen dominierten den neuen Staat, sondern eine krakenhafte Nationalpartei, die das Land mit einem zähen Günstlingssystem überzog. Zwar kam es nach dem Tod des Gründerpräsidenten zu einem Regierungswechsel, aber auch die neuen Mächtigen schafften es nicht, die Strukturen und Netzwerke aufzubrechen. Ehrliche Richter und Staatsanwälte brachten zwar einige Minister und einen Regierungschef ins Gefängnis. In einem Gerichtsurteil wurde die Nationalpartei sogar zur »kriminellen Vereinigung« erklärt; sie habe die staatlichen Firmen de facto als Geldautomaten genutzt. Aber die Korruption bekamen die tapferen Ermittler nicht in den Griff.

Auch das Verhältnis zu Serbien und den Serben entspannte sich nur kurz, um sich dann rasch wieder zu verschlechtern. Dabei war es anders gedacht. Präsident Tudjman hatte noch vor der großen Vertreibung der kroatischen Serben in Aussicht gestellt, beide Nationen könnten nach Beilegung ihres Zwists eine historische Freundschaft nach dem Vorbild der deutsch-französischen entwickeln: Klare Rechnung, gute Freunde. Was sich stattdessen entwickelte, war ein Serbenhass ohne Serben. Eine autoritäre, chauvinistische Stimmung machte sich breit. Starke Kräfte, oft unterstützt von katholischen Bischöfen, setzten sich sogar dafür ein, das Regime der Ustascha zu rehabilitieren, die im Zweiten Weltkrieg unter dem militärischen Schutz Nazi-Deutschlands Serben, Juden und Roma verfolgten und massenhaft ermordeten. Selbst während des Krieges, in der ersten Hälfte der Neunzigerjahre, war ein solcher Geschichtsrevisionismus noch verpönt gewesen.

Die Entwicklung in Kroatien widersprach allem, was man aus der Geschichte gelernt zu haben glaubte. Wie konnten sich alle über die Auswirkungen der neuen nationalen Homogenität so irren? War nicht gerade in den Vorbildstaaten in Westeuropa die Formel »Ein Volk – ein Staat« die Basis für den Rechtsstaat gewesen? Einen Staat, der sich an der Gleichheit aller vor dem Gesetz orientierte und auf undurchschaubare Absprachen zwischen Machtgruppen verzichten konnte? Hatte Kroatien nun, da die »nationale Frage« endlich gelöst war, nicht die Chance, sich echten Zukunftsfragen zuzuwenden? Und war es nicht überhaupt viel leichter, einen Staat demokratisch zu regieren, in dem ein klares Mehrheitsprinzip herrschte? Wo man nicht ständig auf Sonderrechte oder gar ein Veto aller möglichen Minderheiten Rücksicht nehmen musste? Warum funktionierte das Rezept in Kroatien nicht?

Mangelnder Sinn für Institutionen, den im Westen viele

diagnostizierten, war nicht das Problem. Auch Kroaten und überhaupt Menschen, die sich Nationen des osteuropäischen Typs zugehörig fühlen, haben schließlich Nachbarn, und traditionell oft solche, die sich einer anderen Nation ähnlichen Typs zurechnen. Sie pflegen alltäglichen Umgang mit ihnen, haben ähnliche, gleiche oder auch widerstreitende Interessen. Ihr Sinn für Formen, Respekt und höfliche Distanz ist eher stärker ausgeprägt als im Westen. In Jugoslawien, auch in der Teilrepublik Kroatien, wurden genau wie im Westen Institutionen gebraucht, die nach abstrakten Regeln entschieden, gleich ob diese Regeln demokratisch ausgehandelt oder von der kommunistischen Partei erlassen worden waren. Die Regeln galten im Prinzip für alle, gleich ob Kroate oder Serbe. Einer ganzen Generation war es sogar gleichgültig, wenn nicht gar unbekannt gewesen, welcher Volksgruppe der Nachbar oder die Arbeitskollegin angehörte. Alle waren wenn nicht Staatsbürger, dann doch »Werktätige«. In beiden Begriffen steckt dasselbe Gleichheitsdenken. Nur war eben schon damals das Gemeinwesen das eine; die nationale Zugehörigkeit war etwas anderes, wenn auch über lange Zeit für das alltägliche Leben ganz Unwichtiges.

Als Kroatien zum Nationalstaat wurde, trug das »familiäre« Nationalgefühl über das »nachbarschaftliche« Staatsverständnis den Sieg davon. Die Staatspartei nannte sich »Gemeinschaft«, mit demselben Wort, Zajednica, das in der Landessprache für die Volksgruppen verwendet wird – als gälte es, den Bruch zu markieren. Die Familie beherrschte die Nachbarschaft. Die Nation kaperte den Staat.

In einer Familie spielen, wie gesagt, Institutionen keine Rolle. Man ist »unter sich« und braucht sich um Formalitäten nicht zu scheren. Korruption, früher ein heikles Thema, wurde im neuen, ethnischen Kroatien von vielen nicht mehr als solche empfunden. In der großen Volksfamilie herrschte ja ein freies, scheinbar natürliches Verhältnis von Über- und Unterordnung, von Geben und Nehmen, wie zwischen Eltern und

Kindern, Schwestern, Brüdern, Onkeln und Tanten. An die Spitze gehört, wer sich in der Pyramide der Macht als der Stärkste erwiesen hat. Wer stark ist, darf auch reich sein; wäre er es nicht, würde es als unnatürlich empfunden. Für eine Opposition ist in einer so verstandenen Gesellschaft kein Platz. Entweder man steht loyal zur Regierung, zur Nationalpartei und zum Präsidenten, oder man ist ein Verräter.

Eine »Nationalpartei«, die nicht so heißen muss, gibt es überall, wo die Familie den Staat kapern will oder schon gekapert hat. Die Partei gibt dem Nationalgefühl Farbe. Sie definiert, wer ein »richtiger« Kroate, Serbe, Pole oder Slowake ist und wer nicht. Der Rest ist Verwaltung, die man getrost einer subalternen Regierung überlassen kann – eine Arbeitsteilung, die auch im »realen Sozialismus« galt. Die Ziele der Partei und die Raison der Nation fallen zusammen. So hält die Partei es zum Beispiel nicht für einen Widerspruch, wenn sie auf internationaler Ebene eigene Landsleute aus anderen Parteien noch energischer bekämpft als feindselige Ausländer. Für den ersten Osteuropäer als EU-Ratspräsidenten, einen Polen, stimmten alle EU-Regierungen außer der polnischen.

In der Mehrheit muss die Nationalpartei nicht sein. Aber in ihrem Empfinden steht ihr die Mehrheit von Natur aus zu. Für den Pluralismus ist sie nicht geschaffen. Sobald sie an der Macht ist, zerbröselt als Erstes die Opposition; gegen den umfassenden Anspruch der Nationalpartei hilft kein Rezept, kein Programm, keine Forderung. Was ihr allein das Bein brechen kann, ist die Empörung über den Machtanspruch ihrer mediokren Führungsfiguren und über deren Korruption. Die Empörung, so sie denn ausbricht, eint die Opposition über alle Gegensätze hinweg; so kommen die merkwürdigsten Koalitionen zusammen. Manche Nationalparteien, gerade die ideologischen unter ihnen, sind winzig, wie die polnische Recht und Gerechtigkeit. Das ist nur logisch: Eigentlich sind sie ja nicht Partei, Teil vom Ganzen, sondern das Ganze selbst; ihre Mitglieder sind in diesem Sinne alle Polen schon von Geburt.

Andere Nationalparteien wiederum sind riesig, wie die Kroatische Demokratische Gemeinschaft oder die Serbische Fortschrittspartei, die satte zehn Prozent der Bevölkerung zu ihren Mitgliedern zählt. Dann unterhalten sie umfassende Klientelsysteme und betreiben Personalpolitik bis in die Gemeinden und in private Firmen hinein. Man mag sie nicht, aber man braucht sie. Gewählt werden sie, weil sie einem einen Job oder sonst einen persönlichen Vorteil verschaffen. Kommt die Opposition dran, sind Job und Vorteil weg.

Westeuropa, das bei dem steilen Gefälle an Macht und Reichtum im Osten des Kontinents mehr denn je den Ton angibt, hat aus dem Irrtum über die Zukunft eines national homogenen Kroatiens nichts gelernt. An der Schwelle zu den Zweitausendzwanzigerjahren kamen nicht weit von Kroatien entfernt die Präsidenten Serbiens und des Kosovo auf die Idee, miteinander Gebiete auszutauschen. Albanisch besiedelte Gemeinden im Süden Serbiens sollten dem Kosovo, serbisch besiedelte im Norden des Kosovo Serbien zugeschlagen werden. Der Gedanke stieß im Westen auf Wohlwollen. Das sei doch eine Chance, hieß es von allen Seiten. Der rechte amerikanische, der liberale französische, der grüne österreichische Präsident machte sich dafür stark, und allen voran marschierte die sozialdemokratische EU-Außenbeauftragte. Der Plan schien die Chance auf Frieden zu bieten: Man zerteilt einfach den Zankapfel und gibt jedem ein Stück; dann kehrt endlich Ruhe ein.

Im Westen hätte die Idee des Gebietstauschs bei einem ähnlichen Problem vielleicht etwas für sich gehabt. Im Osten wäre sie ein Geschenk für Diktatoren und Kriminelle geworden. Der serbische Präsident fand ohnehin Gefallen am Autoritarismus, wie er in der Region gerade grassierte. Wie der Mehrheitseigentümer einer Firma, der alle seine Gesellschafter herauskauft, wäre der Präsident im Bewusstsein der Serben allein Herr in seinem Laden gewesen und hätte endgültig schalten und walten können, wie er wollte. Das Serbentum, angeführt von seinem starken Mann mit seiner natürlichen Autorität, hätte den Staat, die Republik Serbien, in den Augen der Öffentlichkeit zum Verschwinden gebracht. Sein albanisches Pendant, der Präsident des Kosovo, durfte sich ähnliche Hoffnungen machen. In einer Republik müssen sich die fragwürdigen Freiheitshelden, Kriegsgewinnler und korrupten Oligarchen seiner Partei wenigstens manchmal vor Gerichten verantworten. In einem staatsförmigen Volksstamm gingen sie dagegen als reiche, starke Albaner durch. Nicht einmal dass die beiden Nationalstaaten sich nach der »Bereinigung« ihrer Grenzen wenigstens vertrügen, dürfte man hoffen. Schon als der Deal nur diskutiert wurde, häuften sich im Gegenteil auf beiden Seiten die Provokationen.

Dass in Serbien nicht nur Serben und im Kosovo nicht nur Albaner leben, ist in beiden Ländern jedem bewusst. Schon die serbische Sprache unterscheidet zwischen »Srbi«, ethnischen Serben, und »Srbijanci«, auf Deutsch etwa »Serbiern«, Landesbewohnern gleich welcher Nationalität. Letztere werden in Festreden von gemäßigten Politikern neutral als »Bürgerinnen und Bürger« angeredet. Nationalisten wenden sich ausdrücklich und ausschließlich an die »serbischen Brüder und Schwestern«. Im Kosovo schließt der Begriff »Kosovaren« auch Nicht-Albaner ein. In Ungarn ist das Wort »Magyare« für ethnische Ungarn reserviert. Wer von »den Ungarn« redet, schließt dagegen auch Minderheiten ein.

***

Die Europäische Union schwelgte in Erweiterungsfreude; noch vier Wochen, dann sollten acht ehemals sozialistische Staaten Mitglied werden. Bei der Eröffnung der Buchmesse in Leipzig durfte eine Ministerin aus Lettland eine Rede halten. So kam es ihr zu, den versammelten deutschen Intellektuellen vorzuführen, dass sich in Europa etwas änderte. Nazismus und Kommunismus, erklärte die spätere EU-Kommissarin Sandra Kal-

niete dem entgeisterten Publikum, seien »gleichermaßen ver
brecherisch« gewesen. Stalin habe Genozid, Völkermord also,
an den sowjetischen Völkern begangen. Es wurde ein Eklat. Sa-
lomon Korn, Vizepräsident des Zentralrats der Juden und geboren im Ghetto von Lublin, verließ empört den Saal. Wo,
wenn nicht hier, wurde ein angemessener Umgang mit der Vergangenheit gepflogen? Einen solchen Ton hatte hier noch niemand vernommen. Wen hatte man sich da nur eingefangen?

Der Ton hat sich gehalten, und die Irritation hält an. Der
Streit um die Einzigartigkeit des Holocaust, der Ermordung
von sechs Millionen Juden durch das nationalsozialistische
Deutschland, geführt von Historikern, Opferverbänden und
Politikern, schien ein für alle Mal entschieden. Musste er in
Osteuropa nun nachgeholt werden, ebenso wie die Entwick-
lung in der Informationstechnologie oder im Straßenbau?
Lag es an der Isolation hinter dem Eisernen Vorhang, dass die
Debatten der letzten Jahrzehnte an der hohen Referentin vor-
beigegangen waren? Zu kommunistischer Zeit waren die Ver-
brechen des Stalinismus tabu. Dafür wurde die wichtige Rolle
der Sowjetunion in der Anti-Hitler-Koalition herausgestellt.
Nach der Wende, so schien es, kam dann der Pendelschlag.
Aber nach fünfzehn Jahren, und von regierungsoffizieller Seite?

Auch noch nach dreißig Jahren unterscheiden sich, wenn es
um den Zweiten Weltkrieg und den Holocaust geht, die offi-
ziöse Erinnerungskultur in Ost und West gewaltig. Die europa-
weite Ächtung von Nazi-Symbolen wurde in Lettland, Litauen,
Polen, Ungarn, der Ukraine und in Moldau demonstrativ ge-
kontert: mit dem Verbot von Hammer und Sichel, des Roten
Sterns, sogar der Hymne der Sowjetunion, Symbolen, die ja
nicht allein unter Stalin in Gebrauch waren, sondern für zwei,
in der Sowjetunion für vier Generationen für den Staat standen, auch über lange Tauwetterphasen hinweg, Phasen, die als
Normalität empfunden wurden. Eine Balance in der Sicht auf
die beiden Totalitarismen hat sich nirgends eingestellt. Die
Geschichtspolitik funktioniert wie eine Wippe: Wo die Ver-

brechen des Stalinismus herausgestellt werden, geraten die des Nationalsozialismus aus dem Blickfeld. Kollaborateure der deutschen Besatzungstruppen wurden manchmal ganz, manchmal halb rehabilitiert. Wenigstens setzen sich überall starke Kräfte dafür ein, sie zu ehren. Wenn sie sich an der Verfolgung von Juden beteiligten, wird das oft unterschlagen.

Tief in den Abgrund geblickt hat die amerikanische Journalistin Silvia Foti. Geboren in Chicago, genoss sie eine amerikanische Schulbildung, angereichert durch Erzählungen ihrer Eltern, die aus einer ganz anderen Welt stammten: aus Litauen. Zu Hause drehten die Geschichten sich oft um Silvias Opa, den Vater ihrer Mutter, der sowohl gegen die Nazis als auch gegen die Kommunisten gekämpft hatte – einen Nationalhelden, der im postsowjetischen Litauen in hohen Ehren stand und dessen Ansehen die Tochter treu pflegte. Die Tochter, Silvias Mutter, starb früh. Noch auf dem Totenbett bat sie Silvia, die Biografie des prominenten Großvaters, die sie angefangen hatte zu schreiben, zu vollenden.

Foti versprach es; vom persönlichen Interesse abgesehen, war der prominente Opa für eine ambitionierte Journalistin ein dankbarer Gegenstand. Sie las in den Briefen des Großvaters und stutzte rasch über den antisemitischen Zungenschlag darin. Die junge Amerikanerin reiste nach Litauen in den Herkunftsort der Familie, wo ihr der Lehrer erzählte, der Großvater habe »viel Kummer mit den Juden« gehabt. Dann fand sie ein Flugblatt des Großvaters. »Kauft nicht bei Juden!« stand darin. Sie fragte beim »Genozid-Zentrum«, das die litauischen Leidensgeschichten des 20. Jahrhunderts aufbereitet. Dort wand man sich. Was ihr Großvater »beim Unterzeichnen solcher Schriftstücke gedacht und gefühlt« habe, sei »psychologisch schwer zu verstehen«, erfuhr sie. Eine Tante erzählte ihr arglos, das Haus ihres Großvaters habe vorher Juden gehört. »Die waren dann weg.« Endgültig ernüchtert, entlarvte sie den verehrten Großvater schließlich als NS-Kollaborateur und Massenmörder.

Fotis Mutter und ihre ganze amerikanische Familie hatten die schreckliche Biografie jahrzehntelang verschwiegen oder verdrängt. Nur so war es möglich, den Helden-Großvater in die allgemeine Geschichtserzählung der neuen Heimat einzupassen und der heranwachsenden Silvia einen Konflikt mit den Einflüssen aus Schule und Uni zu ersparen. Im fernen Litauen dagegen gab es nach 1990 keine allgemeine Geschichtserzählung mehr. Eine neue setzte sich gerade zusammen – aus Familiengeschichten, Parteilegenden oder auch aus sowjetischen Quellen, die nun einfach gegen den Strich gelesen wurden. Als Foti litauische Zeithistoriker mit den Fakten konfrontierten, kehrten sie sie unter den Tisch. Zweck ihres Forschens war, die definitorische Unschuld der litauischen Nation ins Licht der historischen Fakten zu stellen. Ärger noch: Der Großvater, Jonas Noreika, war posthum von der Republik hochdekoriert worden, eine prächtige Gedenktafel erinnerte an den »General Sturm«. Mit neuen Enthüllungen war dem Ruhm Noreikas nicht beizukommen; schließlich wussten seine Verehrer eh immer Bescheid. Erst internationaler Druck erreichte, dass die Gedenktafel dann doch abmontiert wurde.

Betrieben werden Verharmlosung und Verschweigen auch von ansonsten demokratischen, konservativen, manchmal auch von liberalen Parteien. Bis zur Schuldumkehr, zur Verehrung von erwiesenen Verbrechern, reichen sie aber meistens nicht. Ziel der Verschweige- und Reinwaschungsoffensiven ist es wenigstens für die Mehrheit nicht, die Geschichte ins Gegenteil zu verkehren und den Faschismus zu rehabilitieren. Es gilt vielmehr, das Bild der nationalen Familie sauber zu halten. Wenn Schlimmes geschehen ist, dann weil die Besatzer es so wollten; die eigenen Leute haben nur aus taktischen Gründen, aus Naivität, aus Angst, höchstens aus Schwäche kooperiert. Beispielhaft zur Darstellung kommt die Sicht im »Haus des Terrors« in Budapest, einem aufwendigen, beeindruckenden, beklemmenden Museum, das eine durchgehende Leidensgeschichte der Magyaren zeigt. Die Nation muss immer Opfer sein. Aus allen Wirrungen der Geschichte geht sie unbefleckt und strahlend hervor. Die in ihrem Namen handelten, wie der Zwischenkriegsdiktator Miklos Horthy, sind immer schon freigesprochen.

Nicht nur im Zweiten Weltkrieg ist die Nation von aller Schuld frei. Auch in der langen Nachkriegszeit, in der kommunistischen Ära, ist das Volk, sofern es als »große Familie« verstanden wird, immer nur Objekt. Entsprechend wird die Geschichte erzählt. Für die baltischen Nationen war die sowjetische Zeit »Okkupation«; die Unabhängigkeit der zwei Jahrzehnte zwischen den beiden Weltkriegen wurde 1990 lediglich wiederhergestellt. Ein halbes Jahrhundert ist aus der Nationalgeschichte damit ausgeschnitten. In Kroatien kursiert die Legende, zwischen 1945 und 1991 habe dort kein kroatischer, sondern ein serbischer Kommunismus geherrscht. Mit den individuellen Erinnerungen der älteren Generation lassen sich solche Formeln jedoch nur schwer zusammenbringen. Auf eine regimekritische Biografie oder nur eine oppositionelle Haltung kann überall nur eine winzige Minderheit zurückblicken. In Gesellschaften, die wie eine riesige Behörde funktionierten, war jeder ein Beamter und diente auf diese oder jene Weise dem System, reproduzierte manchmal überzeugt, manchmal widerwillig, meistens aber gleichgültig dessen Phrasen. Man handelte zwar nicht »als Volk«, aber die, die sich heute so verstehen, handelten natürlich – als Werktätige, oft auch als Kommunisten.

Die nationalen Parolen der Nachwendezeit boten eine Chance für einen eleganten Umstieg. In Ungarn und Polen kostete es einigen ideologischen Aufwand, wenn man einer ganzen Generation eine zweite Lebensgeschichte verpassen wollte. Hilfreich war die Übertreibung: Je schwärzer die Farbe, mit der das Geschichtsbild gemalt wurde, desto schwerer fiel es einzelnen Zeitzeugen, einen helleren Tupfer darauf anzubringen. Besonders leicht fiel der Absprung aus der eigenen Biografie, wenn man in einem Vielvölkerstaat gelebt hatte: In seiner Eigenschaft als Lette, Este, Kroate, Slowake war man gewissermaßen automatisch dagegen gewesen. »Okkupationsmuseen« in Tallinn, Riga und Vilnius stellen die Verbrechen der 45-jährigen sowjetischen »Besatzungszeit« heraus und relativieren die Kollaboration baltischer Nationalisten mit Wehrmacht und SS. In Kroatien stellt die Nationalpartei der Erzählung vom siegreichen Partisanenkampf und der glücklichen Tito-Ära die vom »Kreuzweg« der Kroaten entgegen: Als Kroate soll man sich als Nachfahre eines der Zehntausende fühlen, die nach dem Ende des Zweiten Weltkriegs als Kämpfer und Sympathisanten des Ustascha-Regimes von der Partisanenarmee niedergemetzelt wurden. Ein sozialdemokratischer Premierminister versuchte, die Erinnerung an die einstigen Todfeinde zusammenzuführen, und berief sich auf seine beiden Großväter, den einen bei der Ustascha und den anderen bei den Partisanen. Der Versuch scheiterte kläglich. Eine Versöhnung zwischen beiden Erzählungen war nicht erwünscht, wie der Politiker lernen musste. Schließlich war nur die nationalistische Ustascha exklusiv kroatisch gewesen. Die Partisanen dagegen waren mit anderen Nationen vermischt. Als Identitätslieferanten scheiden sie deshalb aus.

Das größte Entsetzen löste Sandra Kalniete bei ihrer Leipziger Festansprache mit ihrer Rede vom Genozid an den Letten aus. Der Begriff Genozid oder Völkermord fand nach der Shoah, der systematischen und gezielten Vernichtung der europäischen Juden, Eingang ins Völkerrecht. Merkmal des Tatbestands ist die Absicht, eine Volksgruppe ganz oder teilweise zu vernichten. Opfer von Völkermorden waren im 20. Jahrhundert nach allgemeiner Auffassung die Herero und die Nama in Deutsch-Südwestafrika, die Armenier in der Türkei, im Zweiten Weltkrieg die Serben in Kroatien, die Roma und Sinti in Deutschland und halb Europa, später die Hutu in Burundi und die Tutsi in Ruanda, die bosnischen Muslime in Srebrenica und die Jesiden im Irak. Versuche, auch den Stalin-Terror, die teils absichtlich herbeigeführte Hungersnot in der Ukraine, den sogenannten Holodomor, die »ethnischen Säuberungen« in Kroatien und Bosnien oder gar die Praxis, Esten, Letten und Litauer zu Sowjetbürgern herabzustufen und dort gezielt Russen anzusiedeln, als Genozid einzustufen, finden bei internationalen Strafrechtlern keinen Widerhall.

Für Nationalisten in Osteuropa ist die Rede vom Genozid aber wichtig: Eine Nation, die Opfer eines Völkermords war, setzt ihre Überlebenden nach eigenem Verständnis dauerhaft ins Recht. So unschuldig, wie sie es ihrem eigenen Selbstverständnis nach prinzipiell schon immer war, ist sie als Opfer eines Völkermords auch in den Augen der ganzen Welt. Aus einer umfassenden weltgeschichtlichen Erzählung, die Völkern und Nationen an Kriegen und Verbrechen ein bestimmtes Quantum an Schuld zumisst, hofft das Genozid-Opfer herauszufallen; schließlich gesteht ihm das Völkerrecht eine Sonderstellung zu. Das erspart ihm die Auseinandersetzung mit der eigenen Rolle. Eine Nation, die sich als »große Familie« versteht, kann eine solche Auseinandersetzung gar nicht leisten.

***

Beansprucht eine solche nationale »Familie« die exklusive Verfügung über einen Staat, geht es Minderheiten schlecht. Das mussten zuerst die Juden erfahren, die bis zum Holocaust in vielen der neuen osteuropäischen Staaten einen ansehnlichen Teil der Bevölkerung ausmachten. Um sich als »verwandt« fühlen zu können, mussten die jungen Nationen sich erst einmal gegen die Juden absetzen.

Schon in vornationaler Zeit, in den großen Reichen, waren die Juden als Nichtchristen Pressionen ausgesetzt gewesen. Nur im Osmanischen Reich waren sie zwar nicht gleichberechtigt, aber doch, ähnlich wie die orthodoxen Christen, toleriert. Das zaristische Russland hatte sie mit schikanösen Sondersteuern belegt und in der Regierungszeit Alexanders III. auch in Pogromen verfolgt. In Österreich litten sie lange unter den schwer katholischen Habsburgern; die junge Herrscherin Maria Theresia ließ aus Prag, wo so viele lebten wie in keiner anderen europäischen Stadt, alle Juden vertreiben. Bei alledem sollte niemand auf die Idee kommen, mit der langen Geschichte der Judenverfolgung im Osten Europas den Holocaust zu relativieren. An jedem einzelnen Tag des Jahres 1941 erschossen die Deutschen mehr Juden, als in der ganzen Geschichte des Zarenreichs bei Pogromen getötet worden sind, hat der Historiker Timothy Snyder vorgerechnet.[42]

Kaum waren in der Donau-Monarchie endlich alle rechtlichen Beschränkungen für Juden aufgehoben, drohte schon Unbill von einer anderen Seite: von den jungen Nationalbewegungen. Deren Selbstverständnis war mit dem hergebrachten jüdischen, dem zufolge alle Juden auf der Welt von den Erzvätern Abraham, Isaak und Jakob abstammten, nicht vereinbar. Das beeinträchtigte ihre Assimilation, zumal dann, wenn die jungen Nationalisten das Narrativ ernster nahmen als die Juden selbst. Im Bestreben der Nationalisten, sich autonome Gebiete zu sichern, wurden die Juden als Störfaktor empfunden.

In der Donau-Monarchie wurde bei der Volkszählung nicht nach der »Nationalität«, sondern bloß nach der »Umgangssprache« gefragt. Die Befragten deuteten die Frage aber flugs um: Wer »Tschechisch« ankreuzte, galt als Tscheche, wer »Ruthenisch« wählte, als Ruthene. Die Juden passten mangels eigener Sprache in diese Klassifizierung nicht hinein. Eine Volksgruppe unter vielen, wenn auch die größte, war die deutsche. Ihre Sprache teilten sie mit vielen Juden; allein im österreichischen Teil der Monarchie war in sieben Städten[43] mehr als die Hälfte jüdisch. Wenn nun, wie in Galizien und der Bukowina im äußersten Osten des Reiches, auch unter den Deutschsprachigen die Mehrheit jüdisch war, konnten die Deutschnationalen über die deutschen Schulen keine Macht ausüben. Ob Juden Deutsche waren oder nicht, war für die deutsche Nationalbewegung ein Streitpunkt: Ja sagten die Nationalliberalen, nein sagten die sogenannten Alldeutschen.

Ein eigenes Territorium wollten die Juden mehrheitlich nicht; erst in der Sowjetunion bekamen sie, eher symbolisch, in Russlands fernem Osten ein »autonomes Gebiet« zugeteilt. In manchen Gebieten der Donau-Monarchie machten sie zehn bis zwölf Prozent der Bevölkerung aus, und in sieben Städten des Reiches bildeten sie sogar die Mehrheit. Mit den konkurrierenden Völkern, wie Polen und Ukrainern in Galizien, waren sie nicht kompatibel. Die Nationalisten fühlten sich durch die Juden an eine Ordnung gebunden oder erinnert, die sie gerade uberwinden wollten. Antisemitismus spielte, wie in Deutschland, auch bei allen Nationsbildungen zwischen Rumänien und dem Baltikum eine Rolle. Nur im einstigen Osmanischen Reich, bei Bulgaren und Albanern, war es nicht so.

Als viele »Familiennationen« des europäischen Ostens nach dem Ersten Weltkrieg ihre Staaten bekamen, hatten nationale Minderheiten immerhin die Chance, sich einige Autonomierechte zu sichern, das Recht auf Schulunterricht in ihrer Sprache zum Beispiel und auf Mitsprache in Angelegenheiten, die sie direkt betrafen. Unterstützung gab es dafür spät, aber doch von den Westmächten. Langsam schwante manchen Demokraten, dass sie bei der Aufteilung der Vorkriegsmächte keine Gleichheit aller Staatsbürger vor dem Gesetz befördert hatten, sondern nur den Triumph einer Volksgruppe über eine andere. Meistens blieben die Rechte, eingefordert etwa von den deutschsprachigen Minderheiten in der Tschechoslowakei, Rumänien, Jugoslawien, bloß Papier, immer blieben sie umstritten.

Vor allem Juden waren wiederum widersprüchlichen Anforderungen ausgesetzt. In Rumänien etwa verlangte die Nationalbewegung von ihnen, den Werten des Rumänentums zu huldigen und sich vorbehaltlos anzupassen. Als viele es dann auch taten, blieben sie dennoch »die Juden« und wurden bald auch wieder verfolgt. Erst die Westmächte konnten durchsetzen, dass Rumänien Juden wenigstens die Staatsbürgerschaft ihres Heimatlandes zugestand.

Obwohl sie um ihre Existenz und ihre Legitimierung heute nicht mehr fürchten müssen, tun sich Minderheiten in den meisten osteuropäischen Nationen auch heute nicht immer leicht. Das gilt sogar für die modernsten Nationen unter ihnen; die Esten zum Beispiel. Die stolze, wunderschöne Hauptstadt Tallinn, Magnet für Touristen aus der ganzen Welt, hat ein hippes Nationalmuseum, das europäischen Standards Genüge tut. Alle westlichen Werte, so scheint es, sind hier voll und ganz angekommen. So pflegen die Kuratoren ein angenehm postheroisches, ironisch-unterhaltsames Verhältnis zu ihrer Nationalgeschichte und würden über die schnurrbärtigen Helden, die in vergleichbaren Museen weiter südlich, schon im lettischen Riga, würdig von Marmorsockeln oder vergilbten Ansichtskarten herabblicken, nur milde lächeln. Aber dass jeder vierte Este ein Russe ist, erfährt man im modernen Tallinn nicht. Nur auf einer einzigen Schautafel werden die russischen Mitbürger überhaupt erwähnt – neben vielen anderen, winzigen oder kuriosen Minderheiten, den Warägern etwa, ominösen Nachkommen der Normannen aus dem Mittelalter. Im rein russisch besiedelten Narwa im Osten des kleinen Landes sind alle Inschriften estnisch. »Raamatupood« steht auf Estnisch über der Buchhandlung, die allerdings nur russische Bücher führt. Zu Hause lesen darf jeder, wie er will. Nur das Corporate Design muss estnisch sein.

***

Entstanden sind die »Gefühlsnationen« des europäischen Ostens in der Zeit der Großreiche. Ihren Platz mussten sie finden in dem Widerstreit, der diese Reiche prägte: dem zwischen Zentralismus und Autonomie. Esten und Letten zum Beispiel wehrten sich einerseits gegen die russische Zentralmacht, andererseits gegen die Assimilation durch die Baltendeutschen, die ebenfalls ihre Eigenständigkeit behaupten wollten. Mal kam der stärkere Druck von oben, mal von der Seite, und entsprechend verbündeten sie sich mal mit diesen, mal mit jener. Auch die Litauer hatten sich als Nation gegen den Zaren zu behaupten, vor allem aber gegen die kulturell dominanten Polen. Diese wiederum waren gleich in drei Reichen eine Minderheit: in Russland, in Österreich-Ungarn und in Preußen, später dann, unter erhöhtem Druck, in dessen Nachfolgestaat, dem Deutschen Reich.

In der Donau-Monarchie gab es überhaupt kein eigentliches Staatsvolk; die Deutschen machten nicht einmal ein Viertel der Bevölkerung aus. Tschechen stritten mit dem Kaiser in Wien, aber zugleich auch mit den Deutschböhmen in Prag und im Sudetenland. Slowenen entwickelten ihr nationales Bewusstsein, als die viel größeren, reicheren und international geachteten Nationen der Italiener und Deutschen sie vereinnahmen wollten, und verbündeten sich darum gern mit dem über den Völkern stehenden Kaiser. Slowaken, Kroaten, Serben und Rumänen verteidigten ihre Identität gegen die Ungarn und gegen den Kaiser in Wien, Bulgaren gegen den Sultan und die Türken, Albaner anfangs für den Sultan und gegen die landhungrigen Nachbarvölker.

Früh stellte sich für diese Art des Zusammenlebens auch eine passende Philosophie ein. Johann Gottfried Herder, der ostpreußische Pastor in Riga, fand Gefallen an den bäuerlichen Kulturen im Osten, den Sprachen und Dialekten, den Bräuchen, Märchen und Volksliedern. Er stellte sich für die vielfältigen Gemeinschaften eine wichtige Rolle vor. Zwar galten Vernunft und Moral für den Aufklärer Herder weltweit. Aber sie existierten nicht abstrakt und für sich, sondern nur in einer jeweils bestimmten Ausformung. So, wie es auch nicht den »abstrakten Menschen« gab, sondern nur konkrete Personen, so setzte sich für Herder die Menschheit aus vielen konkreten Gemeinschaften zusammen. Keine besondere Lebensform war besser als die andere, jede »Nation« war auf ihre eigene Art glücklich und zufrieden. Einen Staat mussten diese Gemeinschaften nicht bilden, im Gegenteil: Besser, es gab eine milde und weise Herrschaft, die über das Allgemeine wachte, das, was alle anging. Das sagte Herder nicht ausdrücklich. Man darf es aber erschließen, weil der Philosoph sich über angemessene Staatsformen gar nicht ausließ.

Der Westen reagierte auf das eigentümliche Selbstverständnis der osteuropäischen Nationen nach 45 Jahren Blockkonfrontation überrascht und verständnislos. »Die Stämme sind zurückgekehrt«, urteilte mit Blick auf das östliche Europa schon 1992 der amerikanische Sozialphilosoph Michael Walzer.[44] Tribalismus, Stammesdenken also sei es, was da im Osten herrsche. Der Vorwurf aber geht an den Tatsachen vorbei. Auch im Osten des Kontinents gab es vielmehr seit langem entwickelte Staaten. Österreich-Ungarn, Preußen, Russland und das Osmanische Reich waren von einer starken Beamtenschaft geprägt. Nach dem Ende der Reiche haben die rechtsstaatlichen Traditionen sich erhalten; von ihren Bürgern werden sie geschätzt und verteidigt. Nur haben diese Traditionen mit der Nation, wie sie im Osten verstanden wird, nichts zu tun. An einem staatlichen, rechtlichen Gerüst kann man auch dann festhalten, wenn man sich nicht nur als Bürger, sondern auch als Angehöriger einer ethnischen »Familie« versteht.

In dieser oder jener Form ging der Kampf der kleinen Nationen in den großen Reichen immer so weiter. In der kurzen, unglücklichen Zwischenkriegszeit bildeten sie eine Art »Hassgemeinschaft«, wie ein Historiker befand,[45] nationalistisch »bis zum Wahnsinn«, so der polnische Literatur-Nobelpreisträger Czesław Miłosz, »bereit, sich für einen Fetzen Land gegenseitig zu massakrieren«.[46] Im Windschatten der faschistischen und autoritären Bewegungen, die in Deutschland, Italien, Spanien und Österreich an die Macht kamen und fast überall sonst im Westen ihr Echo hatten, kaperte überall im Osten, am wenigsten in der Tschechoslowakei, die Nation zum ersten Mal den Staat. Im Zweiten Weltkrieg wurden die Nationen Osteuropas Opfer oder Vasallen Nazi-Deutschlands – oder beides. Die Siegermächte des Krieges zogen oder schoben sie auf der Konferenz von Jalta in den Orbit eines neuen Imperiums, der Sowjetunion – Balten, Ukrainer, Ruthenen in den engeren Kreis, die anderen in den weiteren des Warschauer Pakts und des Rates für gegenseitige Wirtschaftshilfe. Nur die Nationen in Jugoslawien blieben außen vor. Sie fochten denselben Widerspruch zwischen Zentralismus und Autonomie, den sie früher mit den Höfen in Wien und Istanbul ausgetragen hatten, nun untereinander aus.

Die 45-jährige kommunistische Phase änderte an dem Grundverhältnis nichts, im Gegenteil: Sie verschärfte den Gegensatz noch. Wieder gab es eine Zentralmacht, gegen die man sich zu behaupten hatte. Gegen das objektive Konkurrenzverhältnis zwischen den sozialistischen Volkswirtschaften, die allesamt auch untereinander viel geschlossener und damit viel nationaler waren als die westlichen, kamen Phrasen vom »proletarischen Internationalismus« bei weitem nicht an. Der Gegensatz zwischen der eigenen Nation und der Zentralmacht war in der Verteilungsgemeinschaft für jedermann unmittelbar zu spüren: Was der eine mehr hatte, hatte der andere weniger. Exporte belebten nicht die Wirtschaft, sondern schmälerten die Versorgungslage im eigenen Land. In sozialistische »Bruderstaaten« wurde gern B-Ware geschickt, die am Bestimmungsort entsprechend indigniert empfangen wurde. Nur für die Sowjetunion war das Beste gerade gut genug. Die brüderlichen Beziehungen verbesserte das nicht.

Zwar waren es im neuen System tatsächlich Staaten, die miteinander konkurrierten, nicht ethnische Gemeinschaften. Aber die kommunistischen Parteien hielten an den ethnischen Kategorien fest, die auch ihre Vordenker angewendet hatten – Stalin etwa, der vor dem Ersten Weltkrieg einen Aufsatz zu »Marxismus und nationaler Frage« geschrieben hatte, oder der Austromarxist Otto Bauer. Dass die verstorbenen »Klassiker« Karl Marx und Friedrich Engels nur die klassischen Staatsnationen gelten ließen und für die »Völkertrümmer« im Osten nur Verachtung und bestenfalls den Rat auf Lager hatten, sich schleunigst zu assimilieren, wurde in Rekordzeit verdrängt. Nach wie vor wurden säuberlich Minderheiten gezählt. In der Sowjetunion und in Jugoslawien konstruierte man sogar weitere Nationen – wie die Moldawier und die Mazedonier.

Die nachhaltige Neigung zum Nationalen war zunächst ein Zugeständnis an die Tatsache, dass der Sozialismus gegen die Erwartung von Marx und Engels nicht im hoch entwickelten Westen, sondern im ethnisch zerklüfteten Osten an die Macht kam. Bald erwiesen sich die Minderheiten aber als nützlich. Immer wieder schürten kommunistische Parteiführer in den Ostblockstaaten nationale Ressentiments in der eigenen Bevölkerung. Das war ein billiges Mittel, sich bei der unzufriedenen Mehrheit anzubiedern und Versorgungsprobleme vergessen zu machen. Am meisten litten unter dem Mechanismus abermals die Juden. Stalin hatte kurz vor seinem Tod Juden verfolgt, die angeblich eine »Ärzteverschwörung« gegen seine Person angezettelt hatten. In der Tschechoslowakei traf es den KP-Generalsekretär Rudolf Slánský.

Aus Polen wurden auch nach dem Zweiten Weltkrieg – und nach der Shoah – Juden sogar noch vertrieben. Sich gegen die Sowjetunion aufzulehnen war gefährlich; so mussten eben die Juden daran glauben. »Nationalbolschewiken« wie der langjährige Parteichef Władysław Gomułka konnten dabei im Volke auf Sympathie hoffen. Der Antisemitismus ist in Polen heute noch immer ein heikles Thema, das die Debatten zwischen Rechten und Liberalen enorm anheizt. Während der Besatzung im Zweiten Weltkrieg habe es in Polen »buchstäblich keine einzige Person« gegeben, »die nicht einmal die folgende Aussage gehört hätte: ›Ein Gutes wenigstens tut Hitler für die Polen: Er befreit sie von den Juden‹«, hat der Schriftsteller Józef Mackiewicz erzählt, ein überzeugter Antikommunist, der eigentlich ins nationale Lager gehörte; damit, dass er die stillschweigende Übereinkunft der Polen ausplauderte, tat er gerade den Nationalisten weh.[47] Der Dissident Jacek Kuroń kritisierte die bizarre »Opferkonkurrenz«: Seine Landsleute hätten sich so sehr mit ihrer Opferrolle identifiziert, dass niemand anderes, auch die Juden nicht, sie an Leiden übertreffen durfte.

Minderheiten quälen, um sich bei der Mehrheit beliebt zu machen: Das Schema traf auch Türken in Bulgarien. Noch kurz vor dem Sturz des Regimes orchestrierte der langjährige Staats- und Parteichef Todor Schiwkow mit gezielten Schikanen die Vertreibung Hunderttausender türkischer Mitbürger in die Türkei. In Rumänien zog sein Pendant Nicolae Ceaușescu einen bizarren Cäsarenkult auf, der das verarmte Volk zur Identifizierung mit den alten Römern einlud, ließ antike Forts ausgraben und verlieh deren Namen den Städten in der Umgebung: Aus Cluj wurde Cluj-Napoca, Turnu Severin an der Donau wurde Drobeta.

**

Nach dem Ende des Kommunismus war es die Europäische Union, die in den neuen Mitgliedsstaaten die vakante Rolle der Zentralmacht übernahm – zögernd zunächst, dann aber entschlossen und manchmal autoritativ.

Was man in Osteuropa genau von ihnen erwartete, war den Gründern und Trägern der Europäischen Gemeinschaften nicht klar. Die sechs westlichen Nationalstaaten, die sich 1957 zur Europäischen Wirtschaftsgemeinschaft zusammenschlossen, hatten alles andere als eine »Zentralmacht« schaffen wollen, auch keine demokratisch legitimierte mit eigener Volksvertretung. Das Europaparlament bekam erst eine wichtige Rolle, als die gemeinsamen Angelegenheiten überhandnahmen und ein Legitimationsdefizit sich breitmachte. Nach wie vor aber betrachten die westlichen Nationalstaaten sich als souveräne Akteure, die die Europäische Union nach ihren Vorstellungen formen und gestalten. »Wir beschäftigen uns mit dem

Überschuss«, formuliert es der deutsche Europa-Politiker und Politologe Udo Bullmann, der die sozialdemokratische Fraktion im Straßburger Parlament geführt hat. Überschuss ist das, was die Mitgliedsstaaten allein nicht bewältigen können und deshalb der jeweiligen Nation überlassen.

Der »Überschuss« wurde mit den Jahren immer größer. Westliche Euroskeptiker fühlen sich durch die Sachzwänge, die die enge Gemeinschaft schafft, in ihrer Souveränität eingeschränkt. »Take back control« war ein wichtiger Slogan der Brexit-Befürworter in Großbritannien. In Osteuropa dagegen, gerade in Ungarn und Polen, stand selbst zu Zeiten scharfer Konflikte mit der EU-Kommission und den westlichen Staaten im Europäischen Rat die »übergeordnete Zentralmacht« nie infrage. Dass Zentrale und Peripherie miteinander streiten, ist nach dem osteuropäischen Konzept das Natürlichste von der Welt. Für eine noch weitere Vertiefung der Europäischen Union ist das besondere Nationsverständnis im östlichen Europa kein Hindernis. Die ersten Staaten, die den Nizza-Vertrag ratifiziert haben, waren noch zu liberalen Zeiten Litauen, Ungarn und Slowenien. Eine nennenswerte Opposition von rechts gab es nicht.

Unter dem Twitter-Hashtag #poxit versammeln sich keine polnischen EU-Gegner, sondern westliche Poster, die Polen gern aus der EU hinauswerfen würden, wenn das denn ginge. Der Verdacht, Polen und Ungarn strebten eigentlich hinaus aus der Union und blieben nur aus finanziellen Gründen Mitglied, wird nicht nur als beleidigend empfunden und nützt entsprechend den dortigen Autokraten. Er trifft auch nicht zu. Die »Integration in die euro-atlantischen Strukturen« war nach dem Fall des Eisernen Vorhangs für alle osteuropäischen Staaten ihr großes nationales Projekt, und das nicht nur, weil sie zum Klub der Reichen gehören wollten oder sich vor den Russen fürchteten. »Brüssel« ist nicht der Feind, sondern der Reibebaum. In Streitigkeiten mit der »Zentralmacht« gewinnt die eigene politische Elite ihre Kontur. Weder will sie die EU verlassen, noch will sie sie reformieren oder umgestalten. Aus Osteuropa kommen keine konstruktiven Vorschläge, wie man die Staatengemeinschaft anders, loser, enger oder effizienter organisieren könnte. Wenn die Vertreter Polens, Ungarns oder eines anderen osteuropäischen Landes eine Brüsseler Personalie als bedrohlich oder feindselig empfinden, legen sie ihr Veto ein, stellen aber keinen eigenen Kandidaten dagegen. Man selbst achtet darauf, dass die eigenen Interessen gewahrt bleiben. Das gemeinsame Ganze dagegen ist Sache des neutralen Zentrums oder, ersatzweise, der Größeren, Reicheren, Mächtigeren: Ihr seid verantwortlich, wir dagegen müssen auf uns selber achtgeben! Nicht im Vorstand der »EU-AG« sieht man sich, sondern im Betriebsrat.

Im westlichen Bild ist die EU eine steuernde Holding, ein gemeinsamer Ausschuss. Im östlichen ist Europa ein Spielfeld, auf dem Nationen gegeneinander antreten; bestenfalls stellt es einen Schiedsrichter, den man anrufen kann oder nicht. In beiden Europa-Konzeptionen, der westlichen und der östlichen, liegt je eine Gefahr und eine Chance. Die Gefahr der östlichen ist, dass die Union nicht weiterkommt und sich in ständigen Streitereien zermürbt. Die Gefahr der westlichen Konzeption ist, dass sie einen Nationalismus hervorbringt, der mit der Gemeinschaft nicht mehr vereinbar ist und an dem sie am Ende zerbricht. Im Westen wie im Osten wird in der je anderen Konzeption nur die Gefahr gesehen. Die Chance der westlichen Idee ist, dass Europa ebendiesen Nationalismus aus Einsicht überwindet und sich zu einem Bundesstaat entwickelt. Aber das östliche Verständnis eröffnet eine realistischere Möglichkeit: Mit seiner Trennung von Nation und Gemeinwesen bietet es die Chance, ein europäisches Regelwerk zu schaffen, das mit dem Nationalgefühl gar nicht kollidiert. Die »Familien-Nationen« östlichen Typus mögen sich aneinander messen, ihre Rivalitäten pflegen, solange sie alles wirklich Wichtige dem »nachbarschaftlich« orientierten Staat überlassen. Millionen Polen, Rumänen, Bulgaren, Russen und Bosnier machen es vor: Recht und gesetzlichen Schutz erwarten sie von dem westlichen Staat, in dem sie leben, qua Wohnort, nicht qua Herkunft.

***

Chauvinismus, Antisemitismus, Ausgrenzung, autoritäre Herrschaft und Korruption sind nichts spezifisch Östliches. Aggressiv und autoritär geht es im Westen immer dann zu, wenn sich eine Ideologie oder eine Bewegung, eine Partei, ein charismatischer Anführer des Staates bemächtigt, und Korruption herrscht, wenn der Staat schwach ist. Läuft die Bewegung sich tot, zerlegt sich die Partei, wird der charismatische Anführer gestürzt, so bleibt der Staat zurück. Die Korruption schwindet, wenn der Staat stärker wird, weil die Bürger ihn stützen und seine Regeln achten. Eine Gefahr für den Rest der Welt werden westliche Nationen, wenn sie sich mit der Menschheit verwechseln, wenn sie sich dank ihrer Überlegenheit zur Weltherrschaft berufen fühlen, wenn sie missionarisch werden und die Rechte anderer missachten. Das Paradigma dafür ist der Kolonialismus. Für England, Frankreich, Spanien, Portugal, die Niederlande, Dänemark und Belgien waren die Kolonialreiche identitätsstiftend.

Besonders gefährlich ist Nationalismus da, wo er sich gleichzeitig (wie im Osten) auf ein kuscheliges Familiengefühl und (wie im Westen) auf einen starken Staat gründet. Im Osten mag die Nation exklusiv, ausschließend sein. Es gibt daneben aber immerhin noch den Staat. Im Westen mögen die staatlichen Regeln hart, streng und ungerecht sein. Aber es können immerhin alle daran mitwirken.

Beide Typen des Nationalismus überlappen sich in der Mitte: in Deutschland. Nicht erst im Nationalsozialismus wurde hier, ähnlich wie in Osteuropa, der romantische Mythos gepflegt, alle Deutschen seien wie in einem Organismus auf »natürliche« Weise miteinander verbunden, sie bräuchten im Grunde keine »kalten« Institutionen, müssten nicht in Parlamenten miteinander »palavern«. Schon seit Bismarck verband sich dieses romantische deutsche Nationalgefühl unauflöslich mit dem preußischen Staatsbewusstsein. Es wurde eine toxische Mischung.

Das militaristische Preußen Friedrichs des Großen war einfach nur ein Staat gewesen, ein autoritäres Regelsystem ähnlich wie die Reiche des europäischen Ostens, nur strenger vielleicht, durchdachter und von einer moderneren Ideologie durchdrungen. Von wärmender Gemeinschaft keine Spur. Im Staat herrschten Vernunft, Pflicht, kalte Logik. Der Staat sei das »an und für sich Vernünftige«, formulierte es der preußische Staatsphilosoph Georg Wilhelm Friedrich Hegel. Vernunft und »sittliche Idee« waren nichts spezifisch Preußisches. Sie galten selbstverständlich auf der ganzen Welt. Dass sie ausgerechnet in Preußen Wirklichkeit werden sollten, lag für Hegel bloß an den zufälligen historischen Umständen.[48]

Erst sein Kollege Johann Gottlieb Fichte schlug den Bogen zum Nationalgefühl. Zwar war auch für Fichte die Verwirklichung der Vernunft »der Zweck des Menschengeschlechtes«. Weil dieser Zweck aber nur in einer konkreten Gemeinschaft Wirklichkeit werden konnte, musste er sich von dort aus auf die ganze Welt ausbreiten – nicht wie bei Napoleon, der einfach sein fertiges französisches Staatswesen über halb Europa ausdehnte. Bei sich selbst anfangen, im Kleinen, in der trauten Runde, und dann die ganze Welt beglücken: Das war die Idee. Berufen war zu der Mission »nur der Deutsche«, der »ursprüngliche Mensch« – das Gegenstück zum Franzosen, dem »in einer willkürlichen Satzung erstorbenen Menschen«, der für den Nationalphilosophen bloß das Geschöpf des kalten, abstrakten Staates war. Nicht der politische Homunkulus in Frankreich, nur der Deutsche sei »der eigentlichen und vernunftgemäßen Liebe zu seiner Nation fähig«.[49]

Das war nicht einfach nur ein »Germany first« oder »Deutschland über alles«. Wer an der großen, weltumspannenden Mission der Deutschen teilnehmen will, muss, so kann man folgern, zuvor in Fichtes Sinn selbst ein richtiger Deutscher werden. Nur wie? Geht das überhaupt? Franzose wurde man schnell, besonders zu Napoleons Zeiten. Österreicher wurde, wer in Wiener Dienste trat. Ein »richtiger Deutscher werden« ist aber ein Programm, das in einer Generation nicht zu schaffen ist. Das nationale Selbstverständnis trug, auf die Spitze getrieben, die Judenvernichtung ebenso wie die Unterjochung und Versklavung der »slawischen Untermenschen«. Heute noch steht es der Integration von Zuwanderern im Wege.

Natürlich haben die Philosophen das Nationsverständnis, das sie beschreiben, nicht erfunden, und deshalb sind sie für seine Konsequenzen auch nicht verantwortlich zu machen. Sie haben es schlimmstenfalls verallgemeinert und damit verfestigt. So unglücklich versöhnt wie in Fichtes Philosophie waren die nationalen Selbstbilder im realen Deutschland auch längst nicht immer. Meistens existierten sie nebeneinander.

Seit dem Fall der Mauer und erst recht seitdem sich in den Wahlergebnissen zu beiden Seite der innerdeutschen Grenze eine neue Kluft aufgetan hat, liegt die Versuchung nahe zu glauben, die kontinentale Scheidelinie zwischen »östlichem« und »westlichem« Nationsverständnis gehe mitten durch Deutschland. Danach gäbe es zwei Begriffe von Deutschland und den Deutschen, einen »nachbarschaftlichen« im Westen und einen »familiären« im Osten. Tatsächlich grenzt sich, was als »deutsch« verstanden wird, zu unterschiedlichen Nachbarn auf je unterschiedliche Weise ab: nach Osten sind die Deutschen Osteuropäer, nach Westen sind sie Westeuropäer. Nach Osten ist und war auch ohne Grenze stets jedermann klar, wer oder was ein Deutscher und wer oder was ein Pole oder ein Tscheche ist. Nach Westen hin entscheidet der Pass. »Ethnische« Schweizer, Belgier oder Niederländer gibt es nicht, und deshalb können deutsche Grenzbewohner sich auch nicht »ethnisch« von ihnen unterscheiden. Allein links des Oberrheins war das Verhältnis lange Zeit uneindeutig: Elsässer steckten im Zwiespalt, ob sie sich – nach Sprache und Gebräuchen – zu den Deutschen oder – nach Staat und Geschichte – zu den Franzosen rechnen sollten.

Der ethnische, östliche Anteil am deutschen Nationalbewusstsein hilft zu erklären, warum die deutschen Vertriebenenverbände noch Jahrzehnte nach dem Zweiten Weltkrieg von deutscher Schuld nichts wissen wollten. Viele ihrer Mitglieder hatten als »Volksdeutsche« in der Tschechoslowakei, in Polen oder in Jugoslawien gelebt und gar nicht wählen können. Andere, die aus Ostpreußen, Pommern oder Schlesien, pflegten ein verwandtschaftliches Verständnis von der Nation, wie die benachbarten Polen auch.

Als sich nach 1990 in Schlesien viele Menschen, die nach dem Krieg im Lande geblieben waren, wieder zu ihrer deutschen Herkunft bekannten, Vereine gründeten und ihre Anerkennung als Minderheit betrieben, reklamierten sie auch ihre Geschichte zurück. Dazu gehörte, dass man auf den Ortsschildern gern wieder die alten deutschen Namen gesehen hätte. »Auf einer Versammlung wurde etwa allen Ernstes vorgeschlagen, dem oberschlesischen Szczedrzyk wieder den Namen Hitlersee zu geben«, erinnert sich der damalige Zeitungskorrespondent Klaus Bachmann: den Namen, den der Ort von 1934 bis 1945 getragen hatte. Wer wie der junge Journalist im Nachkriegsdeutschland aufgewachsen war, musste hoch alarmiert reagieren. Wie bitte? Hitlersee? Dabei war Bachmann keineswegs in eine Versammlung von Alt- oder Neonazis geraten. Man fand nichts dabei. Hitlersee war halt der deutsche Name. Von Vergangenheitsbewältigung hatten die alten Herrschaften in Schlesien nichts mitbekommen. Das Konzept wäre ihnen auch fremd gewesen. Hitler mochte der schlimmste Verbrecher der Weltgeschichte gewesen sein: Er war ein Deutscher. Mit Politik, mit Ideologie, mit Moral hatte die nationale Zugehörigkeit nichts zu tun. In Gori in Georgien wird bis auf den heutigen Tag ein Museum mit Stalin-Devotionalien unterhalten. Der Vorwurf, man huldige einem Massenmörder, prallt an den Organisatoren ab. Für sie ist Stalin vor allem anderen ein Georgier; ein weltberühmter zudem.

Nation und Politik sind zwei Paar Schuhe; so versteht man es in ganz Osteuropa. Im Westen versteht man das nicht. Nicht einmal die schlimmsten Extremisten, denkt man hier, würden in einem Land wie Polen, das so grässlich unter der deutschen Besatzung gelitten hat, mit Hakenkreuzen herumlaufen können, dem Symbol der Partei, die »slawische Untermenschen vernichten« wollte! Dass es doch so ist, findet in dem unpolitischen, familiären Nationsverständnis eine Erklärung. Nicht »die Nazis« haben im Geschichtsbild der jungen Rechtsextremisten ihre Großeltern umgebracht. Es waren vielmehr die Deutschen. Nicht zuerst der Nationalsozialismus hat sich in der polnisch-nationalen Sicht kompromittiert, sondern das deutsche Volk. Bei Licht besehen kommt die polnische Sicht den Fakten tatsächlich näher: Nicht die NSDAP hat Polen besetzt, sondern die deutsche Wehrmacht. Man musste auch kein überzeugter Nazi sein, um als deutscher Besatzer Juden zu erschießen und die polnische Zivilbevölkerung zu quälen. Die Täter waren die Deutschen.

Klaus Bachmann, damals Korrespondent, blieb in Polen, wechselte in die Wissenschaft, wurde Professor für Politologie in Warschau und hat viel über den Umgang von Polen und Deutschen mit der Vergangenheit geforscht. »In der deutschen Erzählung über das Dritte Reich ist der Kreis derer, die als Täter identifiziert wurden, mit den Jahrzehnten immer größer geworden«, hat Bachmann beobachtet. In den ersten Nachkriegsjahren lastete die öffentliche Meinung die ganze Schuld einigen wenigen Obernazis an: Hitler, Goebbels, Himmler, gerade noch Göring. Einige schlechte Menschen hatten das gute Volk verführt. Zwanzig Jahre dauerte es, bis auch einfache NSDAP-Mitglieder einem Rechtfertigungszwang unterlagen. Ihre Ausreden, sie seien ohne ihr Wissen Mitglied geworden oder nur um Schlimmeres zu verhüten, wurden nicht mehr geglaubt. Mit einer kritischen, hoch umstrittenen Wehrmachtsausstellung in den Neunzigerjahren wankte schließlich auch die Vorstellung, wenigstens die deutsche Truppe sei sauber geblieben und habe ritterlich gekämpft. Fast das ganze Volk war verstrickt.

In Polen, so Bachmann, verlief die Entwicklung umgekehrt. Anfangs durfte nur eine kleine Minderheit sich zu den Guten rechnen: die Kommunisten nämlich, die diese Sicht einfach vorschreiben konnten, weil sie an der Macht waren. Mit den Jahren wurde der Kreis der Guten und Gerechten immer größer, und zwar aus pragmatischen Gründen: Mit den Kommunisten allein hätte man nicht das Land wieder aufbauen und sich gegen eine feindselige, öffentlich diskreditierte Mehrheit auch gar nicht an der Macht halten können. Der Kreis der Täter schrumpfte dagegen. Im Geschichtsbild der nationalistischen Regierungen in diesem Jahrhundert schließlich haben im Zweiten Weltkrieg praktisch alle Polen auf der richtigen Seite gestanden, sogar die nationalistischen Antisemiten, von denen ein Teil mit den Deutschen kollaboriert hat und die nach dem Krieg im Untergrund gegen die Rote Armee und die polnischen Kommunisten weitergekämpft haben. Sie gelten als »die verfemten Soldaten«. Geehrt wurden unter dieser Bezeichnung manchmal auch Kämpfer der Nachkriegszeit, denen Massaker an der weißrussischen, litauischen und ukrainischen Minderheit in den Grenzgebieten oder Übergriffe auf eine Minderheit in der Tatra zur Last gelegt werden.

∗∗∗

Ein britischer Historiker, James Hawes, hat zu den überkommenen Ost-West-Scheidelinien innerhalb Deutschlands unter dem Titel »Die kürzeste Geschichte Deutschlands«[50] eine tatsächlich arg verkürzte Deutung angeboten: Danach ist alles Westliche, Moderne, Staatsbürgerliche schon seit Karl dem Großen im Westen Deutschlands zu Hause, da, wo später die

Bundesrepublik entstand. Östlich der Elbe dagegen beginnt »Kolonialgebiet«: Im nach und nach erschlossenen und eroberten Osten macht sich später das militaristische Preußen breit, das reaktionäre Junkertum kleinadeliger Großgrundbesitzer. Selbst wenn man von den unterschlagenen Gegenbeispielen absieht, muss man sich wundern, wie der Gegensatz sich über fast tausend Jahre so zäh halten konnte. Bis 1945 die sowjetischen, amerikanischen und britischen Truppen die Demarkationslinien zwischen ihren Besatzungszonen zogen, hatte den alten Grenzen zwischen Mecklenburg und Holstein, Anhalt und Südniedersachsen oder zwischen Thüringen und Oberhessen niemand große kulturelle Bedeutung beigemessen.

In Wirklichkeit war das deutsche Selbstverständnis in ganz Deutschland immer unklar und umstritten – oft auch politisch, oft zwischen rechts und links. Dass »deutsche Spätaussiedler« aus Russland, Rumänien oder Kasachstan einfach so die deutsche Staatsangehörigkeit bekommen sollten, »echte« Russen, Rumänen oder Kasachen aber nicht, wollte schon in den 1980er Jahren vielen Bundesdeutschen nicht einleuchten. Oskar Lafontaine, Ministerpräsident des Saarlands und einflussreicher SPD-Politiker, war gegen die Aufnahme der »Spätaussiedler«. Die Einwanderer sprächen nicht einmal Deutsch, war oft zu hören, und könnten wohl »bestenfalls einen deutschen Schäferhund« vorweisen. Dabei hatten sie, etwa in Russland, unabhängig von ihren Sprachkenntnissen oft als Nationalität »deutsch« im Pass stehen und waren, ganz nach dem osteuropäischen Muster, von ihren Nachbarn für Deutsche gehalten worden. Später schafften die deutschen Sozialdemokraten es erst nach jahrelangem Tauziehen, das »östliche« Staatsangehörigkeitsrecht (nach der Abstammung) mit Elementen aus dem westlichen (nach dem Geburtsland) aufzuweichen.

»Ruhrpolen« dagegen, die nach 1880 aus den polnischsprachigen Teilen Preußens als Bergleute ins Revier kamen und dort auch blieben, wurden, ganz nach dem westlichen Muster, schon in der nächsten Generation vollständig assimiliert. Das geschah zwar nicht ohne Druck und beherztes Zutun der Obrigkeit: So empfahl der Oberpräsident der Provinz Westfalen »Beschränkung des Gebrauchs der polnischen Sprache in öffentlichen Versammlungen, ausschließlich deutsche Schulbildung« als »Mittel, mit denen das Polentum im Westen der Monarchie der Germanisierung zugeführt wird«. Aber immerhin gelang die »Germanisierung«. Von einer parallelen »Entpolonisierung« der Migranten im emotionalen Sinn konnte jedoch von Polen aus keine Rede sein. Als Schalke 04 im Jahr 1934 mit Spielern wie Kuzorra, Szepan, Czerwinski und Tibulski deutscher Fußballmeister wurde, schrieb die Warschauer Sportzeitung *Przegląd Sportowy*: »Deutsche Meisterschaft in polnischer Hand! Der Triumph der Fußballer von Schalke 04, der Mannschaft unserer Landsleute«.

***

Auf gängigen Landkarten besteht die Europäische Union aus großen und kleinen kontrastierenden Farbflächen. Ein fließendes Raster käme der Realität näher.

Nähme man statt der Staatsgrenzen für die Darstellung die Siedlungsgebiete von Nationen, wie sie im Osten des Kontinents verstanden werden, so sähe die Karte ganz anders aus. Im Westen müsste man zu allerhand Schraffuren greifen. In Deutschland etwa leben zwischen drei und dreieinhalb Millionen Menschen, die in Statistiken vage als »türkeistämmig« gezählt werden, in der Türkei aber als Türken gelten. In Frankreich, wo vor solchen Klassifizierungen eine weit größere Scheu herrscht, liegt die Zahl der »Maghrebiner«, Einwanderer aus Nordafrika und deren Kinder, nach Schätzungen bei rund vier Millionen. In Italien leben 1,2 Millionen rumänische Staatsbürger; hinzu kommen Eingebürgerte.

Alles das sind viel zitierte und viel diskutierte Fakten. Von Osteuropa aus gesehen sind die Zahlen aber noch weit beeindruckender. Sie betreffen nicht nur ein vages Zugehörigkeitsgefühl und stellen vielleicht infrage, was man bisher über nationale Loyalitäten zu wissen glaubte. Vielmehr geht es um einen handfesten Rechtsstatus: die Staatsangehörigkeit. Rund vier Millionen Rumänen, das ist auf die verbliebene Bevölkerung gerechnet mehr als ein Fünftel, leben im Ausland, außer in Italien vor allem in Deutschland und Spanien, aber auch sonst in nahezu jedem EU-Land. Ähnliche Zahlen sind aus Bulgarien, Lettland und Litauen bekannt. Die Verzerrung des klassischen Europa-Bildes, das einst dem Regelwerk des European Song Contest zugrunde lag, hat für die Hotspots der Zuwanderung spürbare Konsequenzen. In Wien, wo jeder vierte Einwohner als »Ausländer«, obwohl EU-Bürger, nicht einmal den Gemeinderat wählen darf, sprechen Politologen schon von einer »defizitären Demokratie«.

Pass-Land und Wohn-Land driften, vor allem durch Migration, immer weiter auseinander. Manchmal kommen Pass-Land und Wohn-Land aber unter anderen Vorzeichen auch wieder zusammen: da, wo aus dem vagen Gefühl der Zugehörigkeit ein Rechtsstatus wird. Schon in den frühen 1990er Jahren vermerkten Beobachter einen starken Zuwachs der griechischen Minderheit im Süden Albaniens. Hervorgerufen wurde die wundersame Griechenvermehrung durch das Zusammentreffen von griechischem Recht und albanischen Bedürfnissen: Wer als »Grieche« im Ausland lebte, konnte erheblich leichter an die Staatsbürgerschaft kommen; für die vielen Albaner, die damals im eigenen Land kaum eine Erwerbschance hatten, war der Zugang zum europäischen Arbeitsmarkt lebenswichtig. Beim Zugang half, dass man, um als Grieche zu gelten, möglichst aus einer orthodoxen Familie kommen sollte. Das traf in Albanien fast auf ein Fünftel der Bevölkerung zu. Griechisch sprachen von ihnen die wenigsten.

Dass die westeuropäischen Staaten den meisten östlichen Nachbarn nur nach und nach und peu à peu den Zutritt erlaubten, hat die Staatszugehörigkeiten vor allem im Südosten kräftig durcheinandergewirbelt. Weil Bürger Kroatiens immer frei in die EU reisen durften, Bürger Bosniens aber nicht, verschafften sich gleich nach dem Krieg so gut wie alle bosnischen Kroaten einen kroatischen Pass. Auch Bosniaken und Serben bemühten sich darum, oft mit Erfolg. Jeder achte kroatische Wahlberechtigte hat noch nie in dem Land gelebt, dessen Parlament er wählen darf. Die kroatische Nationalpartei freute sich über das ansehnliche Wählerreservoir, das ihr damit zuwuchs. Einmal war das Potenzial sogar wahlentscheidend: Nur weil die »Diaspora-Kroaten« im Zagreber Parlament eine garantierte Anzahl Sitze besetzen durften, trugen die Nationalisten 2003 den Sieg davon. Am Lebensalltag in Kroatien, wie ihn die Regierung zu organisieren hat, haben diese Wähler keinen Anteil und kein großes Interesse. Sie wählen einfach ihr Kroatentum; für nationalistische Parteien ist das ein Geschenk.

Schon seit den Neunzigerjahren räumte Rumänien den Bürgern der Republik Moldau das Recht auf einen rumänischen Pass ein. So viele machten Gebrauch davon, dass der Zugang vorübergehend wieder ausgesetzt wurde. Als Moldauer nach dem EU-Beitritt Rumäniens dann doch wieder Rumänen werden durften, gingen in kurzer Zeit Hunderttausende Anträge ein. Inzwischen ist mindestens jeder vierte Moldauer rumänischer Staatsbürger und hat damit vollen Arbeitsmarktzugang in der EU. Mazedonier erwarben bulgarische, katholische Kosovaren kroatische Pässe und wurden so zu EU-Bürgern. Nichtkatholiken aus dem Kosovo suchten um albanische und sogar serbische Pässe an, um wenigstens frei nach Westen reisen zu können.

2010 bot das nationalistisch regierte Ungarn der ungarischen Minderheit in den Nachbarländern eine doppelte Staatsbürgerschaft an. Interessant war das Angebot vor allem für die Ungarn in Rumänien, die dort sieben Prozent der Bevölkerung ausmachen, das aber zunächst weniger aus sentimentalen denn aus wirtschaftlichen Gründen: Etliche westliche EU-Staaten ließen Rumänen auch nach dem Beitritt ihres Landes noch nicht auf ihren Arbeitsmarkt. Mit einem ungarischen Pass entfiel das Problem. Rasch traten wirtschaftliche Gründe in den Hintergrund. Dass Ungarn in Rumänien auch dem Pass nach zu Ungarn wurde, galt als Ehrensache und Bekräftigung der nationalen Identität. In nur fünf Jahren bekam Ungarn so fast 800 000 neue Staatsbürger, die allermeisten davon Magyaren aus Rumänien. Sie erhielten mit der Staatsbürgerschaft auch das volle Wahlrecht im Nachbarland. Dass sie meistens die nationalistische Fidesz-Partei von Viktor Orbán wählten, muss man ihnen nicht einmal als Dankbarkeit auslegen: Sie sind aus Rumänien ein Dasein als nationale Minderheit gewöhnt. Bei rumänischen Wahlen ist es für sie deshalb logisch, »die« ungarische Partei zu wählen. Genauso halten sie es dann auch bei der Wahl zum Budapester Parlament, dem Országgyűlés. Die Gesetze ihres »ethnischen« Heimatlandes können ihnen egal sein. Im westlichen Sinne sind Staat und Nation eins: Alle Bürger innerhalb der Staatsgrenzen gehören dazu. Im neuen östlichen Sinne kommen beide auf andere Weise zur Deckung: Der Staat greift über die Grenzen hinaus und entwickelt sich zur Personengemeinschaft, unabhängig vom Wohnsitz seiner Bürger. Ob sich in der größeren Einheit alle wohl fühlen oder ob alle sich unter der Fahne ihres jeweiligen Nationalstaats versammeln und um Konkurrenzvorteile streiten, entscheidet über die Zukunft der Europäischen Union.

Freundliche Übernahme
Wirtschaft: Wie große Gewinner so unglücklich sein können

Eine Ost-West-Krise auf dem vereinten Kontinent erreichte gerade ihren Höhepunkt, da nutzte ein führender Europa-Abgeordneter aus Belgien die Stimmung zu einer öffentlichen Demonstration. »Erst nimmt er unser Geld, dann will er Europa zerstören!«, schrieb der Politiker auf ein großes Plakat. Neben dem Slogan war in einer Fotomontage Viktor Orbán zu sehen, der Regierungschef Ungarns, wie er triumphierend die Arme über einem großen Haufen Geldscheine ausbreitete. Der kämpferische Liberale stellte das Plakat auf die Ladefläche eines Transporters und zog damit in Begleitung zahlreicher Kameras durch Brüssel, vorbei an der ungarischen Botschaft und an den Gebäuden der Kommission und des Europäischen Rates. »Anschließend geht es damit nach Budapest«, verkündete Guy Verhofstadt.

Zugespitzt, die Parole, aber wenigstens eindeutig. So schien es zumindest. In der ungarischen Hauptstadt kam der Transporter mit der Botschaft erst Monate später an, importiert von einer kleinen liberalen Partei. Dass der Spruch provokant war, musste klar sein; vorsichtshalber hatten die ungarischen Freunde des belgischen Politikers gar nicht erst aus dem Englischen ins Ungarische übersetzt. Nicht der harte Vorwurf, da wolle einer Europa zerstören, erregte Empörung, sondern der erste Teil des Slogans: First he takes our money. »Wie, unser Geld?«, schimpfte Viktor Orbáns Chefideologin Mária Schmidt über die Aktion. »Verhofstadts Geld, oder was? Gehört das etwa ihm?« Dass »wir« Geld verteilen und »die« es im Osten dann wie auch immer ausgeben, wie die Parole es unterstellte, ist nur im Westen Europas selbstverständlich. »Wir«, die wir zahlen, das war und ist in Brüssel, Paris oder Berlin noch immer der Westen, die alte EU. Wenn »wir« einen ungarischen Autokraten finanzieren, können Polen, Tschechen, Balten sich in dieses Wir nicht eingeschlossen fühlen. So wurde »er«, der Autokrat Orbán mit seinem Kreis aus begünstigten Oligarchen, in der Aktion des liberalen Belgiers unbeabsichtigt zu einer Figur, mit der sich die Osteuropäer identifizieren mussten.

Das vereinte Europa besteht aus einem gebenden, befruchtenden und einem empfangenden Teil: Das hat sich über zwanzig Jahre tief ins westliche Bewusstsein gegraben. Jede neue Nachricht über Konflikte oder Verhandlungen bestärkt die Gewissheit. Streiten, wenn es in Brüssel um Geld geht, nicht immer westliche Nettozahler gegen östliche Nettoempfänger? Waren es nicht die Osteuropäer, die sich einst um die Aufnahme in den Klub angestellt haben? Haben die Beitrittsländer, bevor sie Mitglied werden durften, sich nicht regelmäßigen Reifeprüfungen unterziehen müssen? Und haben wir nicht noch bei deren Endexamen vor dem Stichtag das eine oder andere Auge zugedrückt, als wir erst – nach Fürsprache aus Deutschland – über die wirtschaftlichen Probleme Polens, dann – nach Fürsprache aus Frankreich – über die Probleme Rumäniens großzügig hinwegsahen? Verweigern sie uns nicht die schuldige Gegenleistung, wenn sie keine Flüchtlinge aufnehmen?

Aus östlicher Perspektive sind die Rollen des Gebers und des Empfängers exakt vertauscht. Profitieren westliche Konzerne nicht enorm davon, dass sie unseren Arbeitnehmern viel niedrigere Löhne zahlen? Spielen sie unsere Regierungen nicht gegeneinander aus, so dass wir keine Forderungen an sie stellen dürfen und wir sie mit Steuergeschenken herbeilocken müssen? Haben sie uns über den Umweg über ihre Regierungen und die EU-Kommission nicht selbst die Regeln aufgedrückt, nach denen sie dann hier wirtschaften? Verkaufen sie uns am

Ende nicht die Waren, die wir selbst für geringen Lohn hergestellt haben, zu überhöhten Preisen? Und müssen wir es uns gefallen lassen, dass westliche Länder ihre Probleme mit Zuwanderung zu uns exportieren? Uns, die wir doch täglich Experten, Ärzte, Fachleute, Wissenschaftler an euch verlieren?

Zwischen beiden Positionen lässt sich trefflich Pingpong spielen. Den Aufschlag für ein typisches Match dieser Art lieferte der französische Wirtschaftswissenschaftler Thomas Piketty mit einer Rechnung, nach der gerade die erfolgreichsten östlichen EU-Länder viel mehr Geld nach Westen schickten als umgekehrt. Der Ökonom verglich die Zahlungen aus dem Brüsseler Haushalt, die tatsächlich zu einem großen Teil von Westen nach Osten fließen, mit den Unternehmensgewinnen, die die umgekehrte Richtung nehmen. Netto kam für den Osten ein Minus heraus, ein besonders dickes für Tschechien und Ungarn und immer noch ein spürbares für Polen und die Slowakei.[51] Der Rückschlag ließ nicht auf sich warten. Wurde von den Gewinnen, die westliche Investoren machten, nicht vieles wieder in neue Vorhaben im Osten gesteckt? Gewiss, kam wiederum die Antwort. Aber am Ende des Tages sind es dann doch wieder die Westler, die über die Verwendung entscheiden und sich zu guter Letzt nur noch umso größere Gewinne heimholen können.

Nicht welche Seite Recht hat und welche Unrecht, ist in solchen Auseinandersetzungen das Problem. Beide Sichtweisen sind in sich stimmig; ein Schiedsrichter taucht nur in seltenen Ausnahmefällen auf, und wenn, wird seine Neutralität bestritten. Ausgerechnet das vereinte Europa, gedacht als Veranstaltung zum Nutzen aller, bleibt immer wieder in Abrechnungen zwischen Gewinnern und Verlierern stecken. Der Grund liegt in seiner Konstruktion.

***

In den meisten der Länder, die 2004 und in den Jahren danach der Europäischen Union beigetreten sind, war der Übergang von der Plan- zur Marktwirtschaft und vom Staats- zum Privateigentum an den Produktionsmitteln eine Erfolgsgeschichte. Nach einer harten Umbruchsphase wuchs der Osten unter dem Strich überdurchschnittlich schnell. Das alte Versprechen, man werde den Westen »einholen und überholen«, gegeben anno 1958 vom damaligen Sowjetführer Nikita Chruschtschow und überall im damaligen Ostblock dann vielfach wiederholt und variiert, schien mit zwei Generationen Verspätung endlich Wirklichkeit zu werden.

Wer aus dem alten Westen kommt und lange nicht »drüben« war, staunt über die Veränderungen. Verfallende Städte sind zu Kleinodien geworden. Dorthin kommt man nicht selten über Straßen, die so picobello aussehen wie in den 3D-Modellen der Architekten. Aus den Wirtschaftsseiten der Zeitungen und den einschlägigen Portalen im Internet dampft Optimismus.

Die Statistik gibt dem Eindruck Recht. In den ersten zwei Jahrzehnten des 21. Jahrhunderts haben sich alle acht ehemals sozialistischen Beitrittsländer, die 2004 als Erste der EU beitraten, dem Durchschnitt der Gemeinschaft angeglichen – Litauen am stärksten und Slowenien, das damals schon wohlhabend war, am wenigsten. Polen, anfangs weit abgeschlagen, wurde zum Champion. Das Pro-Kopf-Einkommen im größten Beitrittsland lag noch um die Jahrtausendwende bei weniger als der Hälfte des EU-Durchschnitts. Zwanzig Jahre später waren es schon mehr als 70 Prozent. Tschechien, Slowenien, Litauen und Estland haben den Durchschnitt der Unionsländer ganz oder fast erreicht. Wer sein Geld im Osten investiert hat, freut sich über einen stabilen Aufwärtskurs. Auch die Arbeitnehmer profitierten: Die Reallöhne wuchsen seit dem »Big bang«, der großen Osterweiterung von 2004, im Osten im Schnitt um die Hälfte, im Rest der EU in der gleichen Zeit nur um ein Zehntel. Die nordwestlichen Länder blieben zwar reicher, wuchsen aber fast alle (mit der Ausnahme von Irland) entschieden langsamer.[52] Alles wurde besser im Osten. Nur die Stimmung nicht.

***

Mit der ersten großen Krise, die 2008 mit der Pleite der Investmentbank Lehman Brothers begann, ging für den Osten Europas eine Epoche zu Ende: die des großen kontinentalen Übernahmemodells. Noch 1990, nur ein halbes Jahr nach der ersten freien Wahl im Land, hatte sich die Regierung der Tschechoslowakei entschieden, das Herzstück ihrer Industrie, die Škoda Werke in Mladá Boleslav, an die Volkswagen AG zu verkaufen. Das Autoland Deutschland bekam Kinder. 1993 baute Audi im ungarischen Győr nahe der österreichischen Grenze eine Produktionsstätte, die bald zur größten Motorenfabrik der Welt wurde. Ein Kapitalfluss begann, der in der Geschichte kein Beispiel hatte.

Das Ergebnis waren die »blühenden Landschaften«, die der deutsche Bundeskanzler Helmut Kohl eigentlich für die DDR prophezeit hatte. Was Ostdeutschland wegen der Währungsunion und, damit verbunden, seiner relativ hohen Löhne nicht bekam, ging weiter nach Osten und Südosten. Investitionen in die Industrie, dazu noch in die »auf der grünen Wiese«, waren in den ex-sozialistischen Ländern hochwillkommen. Sie nahmen niemandem etwas weg. Nichts musste saniert werden, keine Arbeiter wurden entlassen. Es wurden im Gegenteil neue Arbeitsplätze geschaffen. Mit den Ausländern kam technisches Know-how ins Land, dazu das Wissen, wie man ein marktgerechtes Unternehmen führt, welche Rechtsnormen und Geschäftssitten man einführen sollte, wenn man sich in der Weltwirtschaft behaupten will. Die Slowakei, ein Land mit fünfeinhalb Millionen Einwohnern, trieb das Modell am weitesten. Von VW, Peugeot-Citroën und Kia werden pro Kopf der Bevölkerung mehr Autos produziert als irgendwo sonst auf der

Welt; fast jeder zweite Industrie-Arbeitsplatz entfällt hier auf die Kfz-Branche.

Für die deutsche Automobilindustrie war die Öffnung des Ostens ein unverhofftes Geschenk. Nun hatte sie, worum sie die Konkurrenz aus Asien immer beneidet hatte: Billiglohnländer gleich vor der Haustür. Škoda-Arbeiter verdienten eine knappe Autostunde von der deutschen Grenze umgerechnet 150 Mark im Monat. Audi erzielte schon bald fast drei Viertel seines Gewinns in Ungarn. Noch nach einem Vierteljahrhundert lagen die Produktionskosten hier bei der Hälfte bis einem Drittel der deutschen, die Lohnkosten bei einem Fünftel. Die Ausdehnung nach Osten enthob die deutschen Autobauer allerdings auch der Notwendigkeit, auf neue Verkehrskonzepte zu setzen, wie es eigentlich fällig gewesen wäre. Mit der Öffnung entstand ein großer Aufholbedarf, der erst einmal gedeckt werden wollte.

Wer als der gebende und wer als nehmender Teil gelten durfte, war anfangs kein Thema; Käufer und Verkäufer konnten nur gewinnen. Tschechien mit seinem Škoda hatte von Deutschen und Franzosen noch heftig umworben werden müssen. Der Chef von Renault brachte seinen Staatspräsidenten mit zu den Verhandlungen nach Prag, in der Hoffnung auf Lohn für die Unterstützung, die François Mitterrand seinem tschechischen Amtskollegen Václav Havel hatte angedeihen lassen, als der noch ein bedrängter Dissident war. VW-Chef Carl Hahn wiederum ließ sich die Tür zur Prager Burg über Adelskreise öffnen. Ein befreundeter Graf vermittelte den Kontakt zu Havel über den Fürsten »Kari« Schwarzenberg, einen alten Studienkollegen. Nähe zum Osten war Trumpf. Gegenüber dem tschechischen Präsidenten kehrte Hahn den »Mitteleuropäer« heraus und warb mit den böhmischen Wurzeln seiner Familie. Sogar die tschechischen Sprachkenntnisse seines verstorbenen Vaters sollten helfen.

Auf Volkswagen folgten Suzuki, Fiat, Daewoo, Renault, Toyota, Peugeot, Hyundai, Kia und schließlich Daimler-Benz.

Bald blieb keine Branche ohne große westliche Investoren. Zu den Produktionsbetrieben traten Banken, Versicherungen, Groß- und Einzelhandelsketten, Hotels, Mobilfunkanbieter, Energie- und andere Versorgungsunternehmen, Raffinerien, Immobilienhändler, Agrarfirmen, Baumärkte, Lebensmittelketten. Viele kauften alte Staatsfirmen und sanierten sie. Ein halber Kontinent wechselte den Besitzer. Es war eine »freundliche Übernahme« im größten möglichen Stil.

Bei dem immensen Angebot von Staatsbetrieben, die jetzt zur Privatisierung anstanden, sanken die Preise. Bald waren es die Regierungen der früheren Ostblockländer, die nun ihrerseits die Investoren umwerben mussten. Alle standen sie zu den jeweiligen Nachbarn in Konkurrenz. Punkten konnten sie mit niedrigen Löhnen und niedrigen Steuern. In »Sonderwirtschaftszonen«, die als »exterritorial« deklariert wurden, konnten Investoren zoll- und manchmal sogar steuerfrei Geld verdienen. Arbeitnehmer mussten in diese Gebiete im eigenen Land zur Arbeit »ausreisen«. In manchen dieser Zonen galten auch die nationalen Gesetze zum Arbeitsschutz nicht. Estland führte im ganzen Land eine »flat tax« ein, einen einheitlichen Steuersatz auf Einkommen aller Art. Gewinne, Löhne und Gehälter wurden gleich niedrig besteuert. Nach und nach folgten Lettland, Litauen, Russland, Serbien, Bulgarien, die Ukraine, die Slowakei, Georgien und Rumänien dem estnischen Beispiel.

Die Steuerlast für die Investoren blieb so minimal. Wer neue Fabriken baute, durfte dagegen mit kräftiger Unterstützung aus öffentlichen Kassen rechnen. Besonders zuvorkommend wurden die Konzerne in Ungarn behandelt. Um seine Kredite aus der Zeit des sogenannten Gulasch-Kommunismus zu bedienen, brauchte das Land dringend Geld. Wählerisch durfte Ungarn nicht sein. Einige schwarze Schafe unter den westlichen Konzernen nutzten die Zwangslage des Staates unfair aus. Flex, ein Elektronik-Konzern aus Singapur, ließ sich mit vielen »Anreizen« ins tschechische Brünn locken, stellte fleißig Personal ein und gab dann nach einem Jahr wegen zu hoher Kosten alles wieder auf. Der finnische Handy-Hersteller Nokia ließ sich für sein rumänisches Werk eine eigene Autobahn und reichliche Subventionen zuführen, schloss seine Fabrik im deutschen Bochum und ging nach Cluj. Schon drei Jahre später zog Nokia weiter nach Asien, weil die Arbeitskraft da noch billiger war. Die bösen Erfahrungen vertieften Furcht und Demut im Osten noch weiter.

Zum Erfolg wurde die Übergangszeit dort, wo viel westliches Kapital hinfloss. Das suchte sich Länder mit verlässlichen politischen Strukturen, brauchbaren Verkehrswegen und in geografischer Nähe zu den potenten Märkten, zu Deutschland, aber auch zu Skandinavien, das für die baltischen Staaten wichtig wurde. Schwach war in den Neunzigerjahren das Interesse für die Staaten im Süden des Ostens. In Rumänien erwarb Renault 1999 den Autohersteller Dacia, in Bulgarien kaufte der Kraft-Konzern immerhin noch eine Schokoladenfabrik. Das frühere Jugoslawien fiel wegen der Kriege für Investitionen zunächst komplett aus. Polen hielt sich mit Privatisierungen lange Zeit zurück. Das kleine Slowenien schließlich nahm am großen Buhlen um Investoren erst gar nicht teil.

***

Als Ergebnis der großen Auktion teilt sich, mehr noch als der Westen, auch der Osten des Kontinents heute in einen reichen Norden und einen armen Süden. Zwar war das heutige Tschechien, vor dem Ersten Weltkrieg das industrielle Zentrum der Donau-Monarchie, immer schon reicher gewesen als etwa Bulgarien. Nicht aber so viel reicher: Um 1980 entfielen auf jeden Bulgaren vier Fünftel der Wirtschaftskraft eines Tschechen. Heute sind es zwei Fünftel. Ein durchschnittlicher Arbeitnehmer muss in Bulgarien, dem ärmsten EU-Land, mit rund der Hälfte dessen auskommen, was ein Pole, Tscheche oder Ungar verdient – eine größere Kluft als zwischen Deutschland und

Portugal. Der bulgarische Durchschnittslohn, 2020 nach kräftiger Steigerung noch knapp unter 650 Euro, kann bei niedrigen Ansprüchen und ohne Miete noch zum Überleben reichen. Zwei Drittel der Arbeitnehmer aber verdienen weniger als den Durchschnitt. Dabei ist es nicht die EU-Mitgliedschaft, die die reichen von den armen Ländern in Südosteuropa trennt; die ist ja Bulgarien und den vier Visegrád-Staaten Polen, Tschechien, Slowakei und Ungarn gemeinsam. Es sind die Investitionen, die den Unterschied machen. Im benachbarten Nicht-EU-Land Serbien wird gleich viel verdient wie im EU-Land Bulgarien, in Russland, in Bosnien oder in Montenegro sogar mehr.[53]

***

Flüchtlinge aus Syrien oder dem Iran, die von der Türkei aus in die EU wollen, prallen an der Grenze zu Bulgarien auf die Festung Europa. Hinter einem Stacheldrahtzaun grüßen roh gezimmerte Wachttürme, errichtet zu kommunistischer Zeit und praktischerweise mit einem Umlauf von 360 Grad ausgestattet. Die Polizisten, die einst flüchtende Bulgaren oder DDR-Bürger auskundschafteten, richten ihre Ferngläser heute nicht mehr nach Westen, sondern nach Osten. Die Herausforderungen, vor denen sie stehen, sind die gleichen geblieben. In der Kaserne der Grenzwächter in Elchowo hängt im Foyer ein monumentales Ölbild mit einer motivierenden Szene: Ein entschlossener Kollege hat soeben einen Republikflüchtling gestellt und hält ihn im Schwitzkasten. Der rote Stern, der auf der Mütze des Grenzschützers prangt, ist überholt. Die Szene ist es nicht.

Das Bild mag westlichen Betrachtern peinlich vorkommen; so sieht Europa seine Grenzen ungern gezeichnet. Aber mit Optik hält sich seit der Flüchtlingskrise des Jahres 2015 niemand mehr auf. So schützen sich reiche Länder nun einmal gegen arme, nicht nur in Europa. Sich aus Mexiko nach Kalifornien oder Texas durchzuschlagen ist nicht leichter.

Beim Übertritt in die USA oder in die EU erleben Migranten aus armen oder kriegsverheerten Ländern einen Kulturschock. Aber der Schock ist in der Neuen Welt von ganz anderer Art als in der alten, in Europa. Wer in San Diego angekommen ist, findet sich plötzlich im Ambiente aus den Fernsehserien wieder, Siedlungen aus stolzen Einfamilienhäusern mit gepflegtem Rasen davor. Wer es aus der Türkei über den Zaun und durch eine scharf beobachtete Ebene bis in die erste Stadt in der Europäischen Union schafft, landet dagegen im ostbulgarischen Svilengrad, einer großen Industriebrache mit verfallenden Fabrikbauten, billigen Kasinos für spielsüchtige Griechen und vernachlässigten Straßen, die ins Nichts führen. Verkehrte Welt: Wer hier den »Klub der Reichen« betritt, hat vor dessen Toren gerade das türkische Edirne hinter sich gelassen, ein freundliches und gepflegtes Städtchen mit mediterranem Charme. Der Kontrast ist den Flüchtlingen und den hier lebenden Bulgaren gleichermaßen bewusst. Nur der Öffentlichkeit in Westeuropa nicht: Der Beschluss, Flüchtlinge in der EU nach einem bestimmten Schlüssel auf die Mitgliedsländer zu verteilen, erscheint aus bulgarischer Sicht absurd. Wer, der vorher in der Türkei war, sollte hier bleiben wollen?

Der Unterschied zwischen San Diego und Svilengrad markiert Osteuropas besonderes Entwicklungsmodell. Wo die Industrie aus dem Westen sich niederließ, erblühten die Landschaften. Wo sie ausblieb, verödeten sie. Nicht dass sich Zentren des Reichtums bilden ist eine Besonderheit des osteuropäischen Modells der freundlichen Übernahme. Die Eigenart ist, dass die Zentren sich nur zögernd ausbreiten. Erwarten sollte man, dass der Staat von den reichen Zentren in die armen Gegenden umverteilt. Anderswo wird der Same von den üppigen Äckern und Gärten der Wirtschaft in aller Regel irgendwann auch in die kargeren Gebiete weitergetragen. Im Osten fehlen für eine solche Ausbreitung des Reichtums aber, bildhaft gesprochen, die Trägerinsekten – also die finanziellen ebenso wie die politischen Mittel.

Den Kontrast zwischen reichen und armen Staaten hat die EU nicht selbst hervorgebracht. Sie hat ihn vielmehr geerbt. Noch um 1980, als die damalige Europäische Wirtschaftsgemeinschaft (EWG) nur aus neun westlichen Staaten[54] bestand, waren neun Zehntel der Ungleichheit auf Einkommen innerhalb eines Landes zurückzuführen, wie der Wirtschaftswissenschaftler Branko Milanović[55] ausgerechnet hat, ein früherer Chefökonom der Weltbank und prominenter Kritiker des europäischen Modells. Ob jemand in Mailand oder Stuttgart, Lyon oder Edinburgh lebte und arbeitete, machte keinen großen Unterschied. Aber schon als in den Achtzigerjahren erst Griechenland und dann Spanien und Portugal beitraten, änderte sich das Bild: Die Unterschiede zwischen den Ländern wurden bedeutsamer als das Gefälle in den Ländern selbst. Nach den Osterweiterungen von 2004 und 2007 waren die Unterschiede im Einkommen von Land zu Land dann noch einmal mehr als doppelt so groß. Seit der Osterweiterung sind die Armen in den reichen Ländern so arm oder so reich wie die Mittelschicht in den armen Ländern. Das untere Einkommensdrittel in den reicheren EU-Ländern wäre in den ärmeren das mittlere. »Sage mir, wo du bist, und ich sage dir, wer du bist«: So hat Fernand Braudel das Verhältnis von Zentrum und Peripherie auf den Punkt gebracht.[56]

Für die Unterschiede zwischen den Ländern kann Europas Ost-Entwicklungsmodell nichts; sie sind historisches Erbe. Hervorgebracht hat das Modell aber weit krassere Unterschiede als die zwischen Ost- und Westländern: die innerhalb der Staaten selbst – zwischen Stadt und Land, meistens auch zwischen innerstaatlichem Westen und innerstaatlichem Osten. Je ärmer die Mitgliedsstaaten sind und je weiter östlich sie liegen, desto weiter klaffen Armut und Reichtum auch innerhalb des Landes, von Region zu Region, auseinander. Im Nordwesten Bulgariens, rund um Widin und Montana, liegt das Pro-Kopf-Einkommen so hoch wie in Armenien, Swasiland oder dem Kosovo und um die Hälfte niedriger als in Botswana oder Namibia. Im gleich daran angrenzenden Südwesten, der Gegend zwischen der Hauptstadt Sofia und der griechischen Grenze, ist es drei Mal so hoch. Nach Ostpolen, in die Ostslowakei oder die rumänische Moldau-Region kann man regelrechte Zeitreisen unternehmen – nach Vaslui etwa, einer Stadt aus dem billigen Beton der Ära Ceaușescu. Selbst in ganz kleinen Ländern des europäischen Ostens ist genug Platz für große regionale Unterschiede. In der Hauptstadt von Estland, einem Juwel der Ostseeküste, steht das Angebot in der eleganten Markthalle der Feinkostabteilung im Berliner KdW nicht nach. Setzt man sich hier aber in den Zug, glaubt man sich schon lange vor der russischen Grenze wieder in der Sowjetunion. Ruinen von Hühnerfarmen säumen die Strecke, und vor den einfachen Holzhäusern steht dann und wann ein zwanzig Jahre alter Lada. Bei der Endstation in Narwa dann, einer weitläufigen Stadt mit mehr als 50 000 Einwohnern, unterbricht nur jeden Kilometer einmal ein neuer Supermarkt die sorgfältig geplante Ödnis der Plattenbauten. Dann und wann erinnert ein Secondhand- oder ein Elektrolädchen im Souterrain eines Wohnblocks daran, dass auch Narwa seit über dreißig Jahren zur kapitalistischen Welt gehört.

Städtereisende spüren von alledem nichts. Weil es mitteleuropäische Gemütlichkeit und den herben Charme des Postsozialismus mit den Annehmlichkeiten der modernen Welt verband, wurde Prag, wie eine Generation zuvor Amsterdam, schon in den Neunzigerjahren zum Mekka der Jugend. Heute ist es nach Paris die zweitmeistbesuchte Stadt in Europa. Später begeisterten sich Rucksackreisende für die lässigen Discjockeys im trashigen Belgrad. Gesetztere Touristen erbauen sich an den Zentren von Riga und Tallinn, Budapest, Lemberg oder Hermannstadt. Bis ins georgische Tiflis wurden verfallene Altstädte aufwendig, kundig und geschmackvoll restauriert.

Manche Kleinregionen im Osten Europas sind in den ersten zwei Jahrzehnten des 21. Jahrhunderts geradezu durch die Decke gegangen. In den Hauptstädten Bukarest und Bratislava

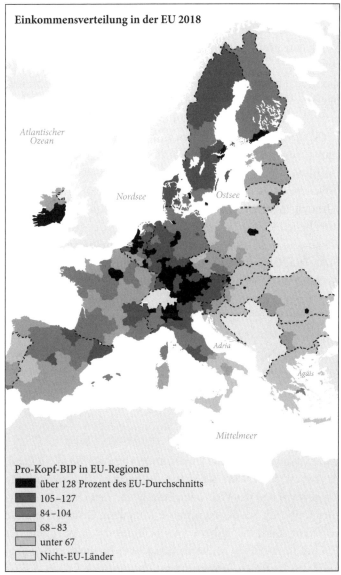

Einkommensverteilung in der EU 2018

Atlantischer Ozean

Nordsee

Ostsee

Adria

Ägäis

Mittelmeer

Pro-Kopf-BIP in EU-Regionen

- über 128 Prozent des EU-Durchschnitts
- 105–127
- 84–104
- 68–83
- unter 67
- Nicht-EU-Länder

Seit Jahrhunderten zieht sich von Südengland bis Norditalien ein »fruchtbarer Halbmond« über den Kontinent. Die EU-Mitgliedschaft hat das Gefälle zwischen westlichen und östlichen Ländern verringert, das innerhalb der östlichen Mitgliedsstaaten aber stark vergrößert.

wuchs die Wirtschaftskraft pro Einwohner um 80 Prozent, im ohnehin schon wohlhabenden Prag und in der Gegend um Warschau immerhin noch um 40. Die Westslowakei mit ihrem riesigen VW-Werk ist reicher als Schleswig-Holstein oder das gleich angrenzende Niederösterreich. Aber heiß und kalt liegen im Osten dicht beieinander. Schon die Ostslowakei erwirtschaftet kaum mehr als ein Viertel davon. In Prag und seiner Umgebung wird relativ zur Einwohnerzahl mehr an Reichtum geschaffen als im italienischen Veneto, in Bremen oder im Elsass. Aber nur eine Autostunde von hier, in Nordwestböhmen, ist es im Schnitt schon nur noch ein Drittel davon. Ähnlich groß ist der Abstand zwischen Budapest und der nördlichen Ebene Ungarns um Debrecen oder zwischen Warschau und dem ostpolnischen Lublin. Rumäniens boomende Hauptstadtregion rund um Bukarest auf der einen und die Moldau im Nordosten auf der anderen Seite unterscheiden sich sogar um den Faktor vier. Ein Gefälle solchen Ausmaßes gibt es in Westeuropa in keinem einzigen Land. Selbst Oberbayern ist nicht einmal doppelt so reich wie Mecklenburg-Vorpommern. Nimmt man die Unterschiede zwischen den Staaten hinzu, tut sich ein gewaltiger Abgrund auf: Ärmste und reichste Region in der EU differieren um das Zwanzigfache.

***

Zwar ist die Europäische Union, anders als die USA, kein Land. Trotzdem präsentiert sie sich selbstbewusst als »zweitgrößte Volkswirtschaft der Welt«, eingerahmt von den USA, der Nummer 1, und China, der Nummer 3. Mit gutem Grund: Ganz wie in einem Land, wie in den USA, in China oder Japan, gilt in der EU mit ihrer halben Milliarde Einwohner Freiheit für den Verkehr von Personen, Waren, Dienstleistungen und Kapital. Eine Volkswirtschaft ist nach gängiger Definition ein Gebiet mit einer gemeinsamen Währung. Die Eurozone erfüllt diese Bedingung uneingeschränkt. Sie gilt sogar darüber hinaus. Montenegro und Kosovo verzichten zugunsten des Euro ganz auf eigenes Geld. Weitere Staaten, Bosnien-Herzegowina und das EU-Land Bulgarien, hatten ihre Währungen schon vor der Euro-Einführung fest an die D-Mark gebunden. Eine »konvertible Mark« aus Bosnien oder ein Lew aus Bulgarien ist und bleibt exakt so viel wert wie eine alte Deutsche Mark, 51 Euro-Cent. Auch die EU-Staaten, die sich die Herrschaft über ihre Währung erhalten haben,[57] sind über den gemeinsamen Markt mit seinem »Besitzstand« aus Regeln im Umfang von 85 000 Druckseiten mit den Ländern der Eurozone verbunden.

Nicht nur in der EU, in allen großen Wirtschaftsräumen auf der Erde herrscht ein großer Abstand zwischen Arm und Reich. In Indien ist die Ungleichheit etwas geringer als in der EU, in den USA und in China sogar noch größer. Gemessen wird sie überall auf der Welt mit dem sogenannten Gini-Koeffizienten und seiner Skala von null bis eins: Bei null haben alle gleich viel, bei eins gehört einem Einzigen alles. In den östlichen Ländern Europas ist die Ungleichheit überall höher als in den westlichen. Eigentlich ergibt es in Osteuropa aber nicht mehr viel Sinn, das Maß der Ungleichheit für jede Nation gesondert auszurechnen. Die richtig reichen Kosovaren, Serben oder Russen, die den Wert für ihr Land noch weiter in Richtung Ungleichheit ziehen würden, leben längst nicht mehr dort, wo sie aufgewachsen und reich geworden sind; sie bewohnen Villen am Genfer See oder in Wien. Schon ein einziger Superreicher, der in seinem Heimatland über einen ansehnlichen Teil des Vermögens verfügt, verzerrt die Statistik gewaltig. Blieben die Gewinner daheim, ergäbe dies zwar einen realistischeren Wert für die tatsächliche, weil größere Ungleichheit im Land. Gleichzeitig würde sich dadurch aber das arithmetische Durchschnittseinkommen oder -vermögen auf dem Papier massiv erhöhen, ohne dass sich an der Situation der übrigen 99,99 Prozent der Bewohner etwas änderte.

Anders als in Europa leben in den USA bei aller sozialen Segregation Arme und Reiche überwiegend in denselben Bundesstaaten. Der größte regionale Unterschied, der zwischen den Staaten New York und Mississippi, ist etwa so groß oder so klein wie der zwischen Irland und Italien; spürbar, aber maßvoll. In Europa dagegen gilt die Faustformel: Sage mir, woher du kommst, und ich sage dir, was du verdienst.

Was besser ist, wenn es schon ungleich zugeht, ob Arm und Reich besser Tür an Tür leben oder besser weit voneinander entfernt, ist Geschmackssache. Beides produziert Probleme. In Ländern mit riesigen Einkommensunterschieden leben die Begüterten in »gated communities«, bewachten Wohnsiedlungen, und fürchten sich vor Raubüberfällen. Dort, wo Arme und Reiche in verschiedenen Regionen leben, ziehen Arme massenhaft dorthin um, wo es Geld und Arbeit gibt – mit dem Ergebnis, dass manche Gegenden sich entvölkern.

Ganz wie ein Staat bemüht sich auch die EU darum, die Verhältnisse auszugleichen – schon aus Furcht davor, dass sie auseinanderfallen könnte oder Entscheidungen ständig blockiert würden, wenn ärmere Mitgliedsländer von dem Zusammenschluss nicht profitierten. Schon 1986 nahm sich die damalige Europäische Gemeinschaft vor, »die Unterschiede zwischen den verschiedenen Regionen und den Rückstand der am stärksten benachteiligten Gebiete zu verringern«, um so den »wirtschaftlichen, sozialen und territorialen Zusammenhalt« zu stärken. »Konvergenz«, Angleichung, ist eines der wichtigsten Ziele der EU. Sie dient dazu, die »Kohäsion«, den Zusammenhalt, zu stärken. Rund ein Drittel ihres Haushalts gibt sie heute dafür aus, benachteiligte Staaten und Regionen zu fördern – mit Sozialprogrammen, Ausbau der Infrastruktur, Projekten zur Schaffung von Arbeitsplätzen.

Dass die Europäische Union kein Staat ist, sondern nur eine Staatengemeinschaft, spielt in globalen Wirtschaftsvergleichen tatsächlich keine Rolle. Wohl aber in der Wirklichkeit: In Europa muss jedes einzelne Land mit den Umwälzungen, die der freie Binnenmarkt mit sich bringt und die es nicht beeinflussen kann, zunächst einmal selber fertigwerden. Wollte man das Reichtumsgefälle in der Europäischen Union wirklich einebnen, würde das einen »gewaltigen Transfer etwa von den Niederländern an die Bulgaren« erfordern, wie Branko Milanović sagt. »Ein EU-Haushalt von einem Prozent des gesamten Bruttoinlandsprodukts«, meint der Ökonom, »ist für solche Transfers lächerlich klein.«

Europas Instrumente zum Ausgleich der Unterschiede sind viel schwächer als die der Vereinigten Staaten von Amerika. Dort finanziert der Bund zum Beispiel Medicare und Medicaid, die zwar unzulänglichen, aber teuren Gesundheitsprogramme für Ältere und Geringverdiener, und zu großen Teilen auch die Fernstraßen und die Wasserversorgung. Aber selbst für die Aufgaben, die sie selbst finanzieren müssen, bekommen die Bundesstaaten der USA ihre Mittel zu mehr als einem Drittel vom Bund. Gefüllt wird der große Steuertopf der Föderation von den Bewohnern der Regionen mit den hohen Einkommen: vor allem in Kalifornien und an der Ostküste. Herein kommen überwiegend Steuern auf Einkommen und auf Unternehmensgewinne – im Unterschied zu Europa, wo die Mehrwertsteuer an erster Stelle steht und somit vor allem der Verbrauch besteuert wird. Reiche US-Staaten ziehen so die armen mit. In Europa ist das nicht einmal ansatzweise der Fall. Von je zehn Euro, die jeder Däne, Deutsche, Österreicher, Niederländer und Schwede 2018 erwirtschaftete, musste er 2018 zwischen gut drei und knapp vier Cent für die Mittel- und Osteuropäer abgeben. Damit stockten die Geber die zehn Euro eines Polen, Bulgaren, Letten, Litauers und Ungarn um 26 bis 41 Cent auf. Die Angleichung an die wirtschaftliche Lage der Bürger in den Geberländern fiel damit homöopathisch aus.

Zwischen armen und reichen Staaten wird in den wirtschaftsliberalen USA viel mehr Geld umverteilt als im sozial gestimmten Europa. Von der Mentalität oder der politischen Doktrin her geurteilt würde man das Gegenteil erwarten. Aber nicht sie geben den Ausschlag. Das Grundprinzip ist ein anderes: US-Bundesstaaten sind nicht als Konkurrenten angelegt. Mit den Unterschieden zwischen ihnen geht vielmehr auch eine Teilung der Funktion einher. In Kalifornien wird am meisten studiert und geforscht. In New York wird am meisten Geld verdient, und in Florida oder Hawaii wird es wieder ausgegeben. In Europa soll alles das in jedem einzelnen Land geschehen. Die Freiheit gilt europaweit, die entsprechende Verantwortung dagegen bleibt national.

***

Die Investitionen aus dem Westen brachten dem Osten Europas ein technisches und organisatorisches Wissen, das anders nicht oder nur viel schwerer und viel langsamer zu bekommen gewesen wäre. Die Investoren schufen neue Arbeitsplätze und verhinderten, dass die Industrie einfach verschwand, wie es in manchen Balkanländern geschah, die ohne fremdes Kapital auskommen mussten. Aber gerade dort, wo die Fortschritte am deutlichsten sicht- und messbar sind, wurde die Erfolgsgeschichte zuerst in Zweifel gezogen. Man ist zwar rasch vorangekommen, so der Eindruck, aber die Barriere am Ende des Weges ist schon sichtbar. Aus einer Sackgasse heraus kommt man nur durch Umdrehen.

Tatsächlich führte das Modell der freundlichen Übernahme bei allen Erfolgen gerade die am reichsten bedachten Länder in eine Falle. Um weiterzukommen, aus der B-Klasse in die A-Klasse aufzusteigen, fehlen ihnen die Mittel. In Osteuropa arbeitet jeder Vierte in einem Unternehmern in fremder Eigentümerschaft. In Deutschland nur jeder Zehnte. In Ungarn produzieren ausländische Unternehmen mehr als die Hälfte des Mehrwerts. Noch in Polen, nach einer Generation starken Wirtschaftswachstums, ist der Auslandsanteil am Produktivkapital doppelt so hoch wie in Deutschland. Zwei Drittel der Güter, die Rumänien exportiert, kommen von ausländischen Unternehmen, in der Slowakei sogar drei Viertel. Alle großen Entscheidungen, wie es wirtschaftlich weitergeht, fallen außerhalb der Landesgrenzen. Wann immer es schwierig wird, wenn sie schrumpfen oder Fabriken schließen, konzentrieren sich die Konzerne meistens wieder auf ihre Zentren, die westlichen Länder, mit denen ihre Marken assoziiert werden und wo ihre Manager und ihre Anteilseigner geboren und aufgewachsen sind. Wenn nicht, verändern sie wenigstens ihr globales Investitionskalkül, ohne dass die Vorstandsetagen für die Regierung des betroffenen Landes zu greifen sind. Wenn es dagegen vorangeht, dann zuerst dort, wo geforscht und entwickelt wird und wo die Kunden genug Geld haben, sich das Neueste vom Neuen zu kaufen und im täglichen Gebrauch zu erproben.

Wer aus der Falle entkommen wollte, müsste im eigenen Land für Innovationen sorgen, in der IT-Branche und der Biotechnologie glänzen. Aber selbst in den reichsten Übergangsländern Osteuropas liegt der Anteil am Volkseinkommen, der in Forschung und Entwicklung geht, halb so hoch wie im Westen. Die multinationalen Unternehmen haben keinen Grund, ausgerechnet in Osteuropa neue Produkte zu erforschen oder zu entwickeln. Kein einziger Multi hat seine Zentrale in die Region verlegt. EU-Mittel für Forschungsförderung helfen nur begrenzt. Was fehlt, sind die Forscher. Sie gehen lieber ins westliche Ausland, oft schon während des Studiums. So bauen die Osteuropäer eben weiter Autos nach Plänen, die anderswo entwickelt wurden.

Skepsis gegenüber dem Entwicklungspfad breitete sich zuerst in Polen und in Ungarn aus, Länder, die als besonders erfolgreich gelten. In der großen Finanzkrise begannen die Investoren, ihre Gewinne heimzuholen. In Paradebranchen wie in der Automobilindustrie war das zu verschmerzen; dort wurde vorwiegend für den Export produziert. Versorgungsbetriebe für Strom, Wasser oder Heizung und die Telekom-Gesellschaften erzielten ihre Gewinne jedoch mit Überweisungen der einheimischen Bevölkerung. Ihren Überschuss transferierten sie ins Ausland, statt ihn am Ort zu belassen. Was die Investoren mehr hatten, blieb den Bürgern umso weniger.[58] Ein erstes Gefühl von Ausbeutung und Wehrlosigkeit machte sich breit. Gerade das, was Osteuropa bei der Werbung um Investitionen so attraktiv machte, die niedrigen Löhne und die niedrigen Steuern, machte es für die eigenen Bürger unattraktiv. Was den Unternehmen die geringen Arbeitskosten waren, waren den Bürgern die niedrigen Löhne, die niedrigen Renten, die schlechten Sozialleistungen, das unterentwickelte Gesundheitswesen. Steigen Löhne und Steuern, sinkt die Attraktivität des Landes für Investoren. Die Falle schnappt zu.

Während die ärmeren Länder noch immer um Investoren buhlen, sind Polen, Tschechien, die Slowakei und Ungarn nach Ansicht vieler Ökonomen unabhängig von politischer Couleur an einem Scheideweg angekommen. Entweder sie machen so weiter und richten sich in ihren mittelmäßigen Verhältnissen ein, erweitern ihre Einfamilienhäuser, kaufen sich nächstes Jahr einen stärkeren Hyundai, einen größeren Flachbildfernseher und warten ergeben auf die nächste Finanzkrise. Oder sie wagen ein »eigenes, maßgeschneidertes Wachstumsmodell mit anderen Maßstäben und stärkeren Fortschrittsanreizen«, wie die polnische Ökonomin und frühere EU-Kommissarin Danuta Hübner es fordert. Soll das gelingen, hilft es nicht, dass nur die persönlichen Einkommen attraktiver werden. Auch der Staat muss genug einnehmen, um Pflege, Gesundheit, Kinderbetreuung, Kultur und alles das zu finanzieren, was das Leben leichter und angenehmer macht. Nicht mehr Konsum bringt das Land weiter. Um auf die nächste Stufe zu kommen, braucht es einen Motivationsschub. Individuelle Wünsche haben auch mal zurückzustehen.

**

Weiterbringen könnte den Osten eine echte Bewegung. Zu spüren aber ist nur eine Bevölkerungsbewegung.

Dass die Menschen aus Osteuropa massenhaft auswanderten, hat jahrzehntelang kaum öffentliche Aufmerksamkeit gefunden. Die Migrationswellen ließen sich nicht in vertraute polare Kategorien wie gut und schlecht, oben und unten einordnen, auch nicht in links und rechts, reich und arm, nicht einmal in Hoffnung und Resignation. Die Bewegung ist nicht revolutionär, sondern eine »demografische Gegenrevolution«. Aber sie ist auch nicht bloß Flucht. »Die Öffnung der Grenzen war zugleich das Beste und das Schlechteste, was der bulgarischen Gesellschaft nach dem Fall der Mauer passieren konnte«, fasst der politische Philosoph Ivan Krastev es zusammen.[59] Für die einen ist die große Wanderung Teil der Befreiungserzählung geworden, die sich nach 1990 in der ganzen Region verbreitet hat. Die anderen zeichnen sie als nationale Katastrophe. Was die einen als Ausbruch empfinden, ist für andere ein Aufbruch.

Schon seit dem Ende des Kommunismus stoßen in Europa zwei demografische Trends hart aufeinander, ein westlicher und ein östlicher. Im Westen, Norden und Süden des Kontinents nimmt die Bevölkerung zu, nicht nur wegen der Migration, sondern meistens auch, weil mehr Kinder geboren werden. Nur in Deutschland und in Italien überstieg in den drei Jahrzehnten seit dem Wendejahr die Zahl der Todesfälle die der Geburten; überall sonst im Westen kamen mehr Menschen zur Welt als starben. Ob die Bevölkerung zu- oder abnimmt, prägt die Stimmung, das Verhältnis zur Zukunft. Im glücklichen Irland, aber auch in Norwegen, Spanien und der Schweiz wuchs die Bevölkerung, um mehr als 20 Prozent, vorwiegend durch Migration. In Mittel-, Südost- und Osteuropa ging sie dagegen zurück. In Bulgarien ist zwischen der Wende 1991 und 2018 die Bevölkerung um 22 Prozent geschrumpft. Nach den Statistiken der UNO muss das Land damit rechnen, bis 2050 noch einmal ein Viertel seiner Bevölkerung zu verlieren. Emigration und natürlicher Bevölkerungsrückgang addieren sich nicht nur, sie bedingen einander sogar: Da die Auswanderer und Auswanderinnen meistens im fortpflanzungsfähigen Alter sind, werden bulgarische Kinder heute vorwiegend im

Ausland geboren. Seit der zweiten Hälfte der 2010er Jahre haben mehr Bulgaren im Ausland einen Arbeitsplatz als in Bulgarien selbst.

Aus Bulgarien, Lettland, Litauen, Moldau, Bosnien-Herzegowina und Kosovo verschwanden so viele Menschen wie in den boomenden Ländern im Westen auftauchten: um zwanzig oder mehr Prozent. Eine leichte Zunahme, eine viel kleinere als im Westen, gab es nur in Tschechien und der Slowakei. Wo die Bilanz ausgeglichen war, in Polen und in Russland, verdankte sich das bloß der Lage der Länder als Zwischenstation auf der großen Ost-West-Wanderung. Nach Polen zogen bis zu zwei Millionen Ukrainer und Weißrussen. Sie ersetzten nicht ganz die vielen Polen, die nach Westeuropa gegangen waren; schon eine halbe Million war in der 1980er Jahren, vor dem Fall der Mauer und nach der Verhängung des Kriegsrechts über das Land, ins Ausland gegangen. Auch nach Russland ziehen Ukrainer und Weißrussen; daneben ist das Land Ziel von Auswanderern aus den früheren Sowjetrepubliken im Kaukasus und in Zentralasien. Nach Slowenien schließlich kommen Menschen aus anderen ex-jugoslawischen Staaten.

Ganz unter der europäischen Aufmerksamkeitsschwelle bleiben selbst große Verschiebungen dann, wenn das Herkunftsland ein kleiner EU-Staat ist und das Ziel sich auf mehrere große EU-Mitglieder verteilt. Am schlimmsten sei der emotionale Verlust, sagt die lettische Bevölkerungsforscherin Aija Lulle: die Folge für die »Stimmung« im Land. Besucher, die staunend durch die schicke, fein restaurierte Innenstadt von Riga spazieren, ahnen davon nichts. Es sind aber weniger Leute auf der Straße, und manche Häuser stehen leer. Einzelhändler machen pleite. Nach den Ursachen muss man nicht lange suchen. Fahrt nahm der Exodus auf, als die Wirtschaftskraft mit der Finanzkrise binnen eines Jahres um fast ein Fünftel zurückging und beinahe jeder Vierte arbeitslos wurde. Zwar ging es nach zwei Jahren wieder bergauf. Wer aber im Ausland Fuß gefasst hatte, kehrte deshalb noch nicht wieder zurück.

Das Land von der Einwohnerzahl Hamburgs oder Wiens hat von allen osteuropäischen Staaten den stärksten Bevölkerungsschwund erlebt: In Lettland lebten im Jahr 2017 um 27 Prozent weniger Menschen als 1990.

In schwierigen Zeiten blasen die osteuropäischen Länder ihre Menschen kräftig aus, um sie in besseren Zeiten viel weniger kräftig wieder einzuatmen. Rumänien hat mit Arbeitsemigration eine lange Geschichte. Nach 2002, als das Land zu EU-Beitrittsverhandlungen eingeladen wurde, wanderten zwei Millionen Menschen aus, meistens nach Italien und Spanien. Aber am Anfang war diese Migration temporär, beschreibt es der Migrationsforscher Remus Anghel. Die Formel sei gewesen: »Okay, wir arbeiten hier, schicken das Geld nach Hause, und dann kehren wir irgendwann zurück nach Hause.« Seit der Finanzkrise aber hat sich im nach Polen zweitgrößten östlichen EU-Land ein ungesundes Muster entwickelt. Aus- und Einreisen folgen den Krisenzyklen in den Hauptzielländern Italien und Spanien. Geht es dort schlecht, kehren Rumänen heim, um bei nächster Gelegenheit wieder wegzugehen. Hat sich ein solcher Rhythmus einmal etabliert, hat es nur noch wenig Sinn, zwischen vorübergehender und dauerhafter Auswanderung zu unterscheiden. Wer einmal weg war, darf noch nicht als permanenter Rückkehrer gezählt werden. Er wird wahrscheinlich nicht bleiben. Rückkehrer finden sich in der Welt zurecht, sprechen eine oder mehrere Fremdsprachen, haben Freunde und Verwandte im Ausland und machen sich leichter wieder auf den Weg als andere. Wer im Ausland einen qualifizierten Job hatte, ist für die Heimat in der Regel verloren. »Ich lade alle jungen Leute mit Uni-Abschluss ein, in Kroatien zu bleiben«, lautet ein Aufruf, den ein Satiriker der Präsidentin des EU-Mitglieds Kroatien in den Mund legte: »Die Saison steht vor der Tür, und wir brauchen dringend Köche und Kellner.«

Das Einkommens- und Wohlstandsgefälle auf dem Kontinent ist nicht der einzige Grund für die innereuropäische Migration. Aber es ist der wichtigste. Mit weitem Abstand am

steilsten fällt es an den Ostgrenzen Deutschlands und Österreichs aus: Hüben liegt der Durchschnittslohn drei Mal höher
als drüben, in Polen und Tschechien, obwohl beide Länder im
osteuropäischen Vergleich mit die höchsten Löhne zahlen.
Gerade Tschechien aber ist neben Slowenien als einziges neues
EU-Land von Auswanderungswellen verschont geblieben. Der
einzige Grund für die Auswanderung können die Einkom-
mensunterschiede folglich nicht sein – ein Einwand, von dem
noch die Rede sein muss.

In jedem Falle nennen die meisten Osteuropäer, die ihre
Heimat verlassen, die niedrigen Löhne im eigenen Land unter
allen Gründen als den wichtigsten. Bei den westlichen Auto-
konzernen wird oft, nicht immer, besser verdient als anderswo
im europäischen Osten. Trotzdem zahlt Volkswagen in Wolfs-
burg zweieinhalb Mal so viel wie Volkswagen in Bratislava,
einen Steinwurf von der österreichischen Grenze entfernt.
Rechnet man die Kaufkraft heraus, haben Deutsche im Durchschnitt immer noch doppelt so viel wie Polen und Tschechen.
Von den Auswanderern aus Ungarn gibt knapp die Hälfte als
Motiv an, sie könnten von ihrem Gehalt nicht leben. Nur Slowenien reicht mit seinem Lebensstandard an westliche Verhältnisse heran; dort kann man sich für ein durchschnittliches
Arbeitnehmereinkommen schon 82 Prozent von dem leisten,
was ein Kollege im benachbarten Italien zur Verfügung hat.[60]
Selbst bei dieser Zahl ist Vorsicht geboten. Slowenen schneiden finanziell dann am besten ab, wenn sie in Italien oder Österreich arbeiten und in Slowenien wohnen bleiben. Aus dem
Nordwesten des Landes rund um Maribor pendeln täglich rund
15 000 Menschen über die Grenze in die Steiermark.

***

Wäre Europa ein Bundesstaat wie die USA, würde an den Wanderungen niemand groß Anstoß nehmen. In den USA ziehen
jährlich doppelt so viele Menschen von einem Staat in einen

anderen wie in der EU. Nicht Geldnot oder mangelnde Job-
chancen treiben die meisten von ihnen; oft ist es der Wunsch
nach Freiheit, beruflichem Aufstieg, einem interessanten Stu-
dienplatz oder einfach Neugier. Alle diese Motive sind auch
osteuropäischen Auswanderern nicht fremd. Die renommier-
testen, bestausgestatteten Universitäten liegen nun einmal im
westlichen Teil des Kontinents. Die meisten Staaten in Osteuropa sind klein. Manche Aus- und Weiterbildung ist im eigenen Land gar nicht zu haben, und wenn doch, schmort dort
womöglich ein kleiner Kreis von Lehrenden im eigenen Saft.
»Die Grenzen meiner Sprache sind die Grenzen meiner Welt«:
Der viel zitierte Satz eines Philosophen klingt in den Ohren
von Menschen, die in Estland oder Slowenien aufgewachsen
sind, wie die Aufforderung, sich aus ihrer kleinen Welt davon-
zumachen und sich eine größere zu erobern.

Wenn Amerikaner 5000 Kilometer weit von Neu-England
nach Kalifornien ziehen, nennt man es nicht Emigration, wie
in Europa, sondern »mobility«. Anders als in Europa allerdings
verlaufen die Migrationen auch nicht nur in eine Richtung,
von Ost nach West, sondern öfter kreuz und quer. Aber selbst
da, wo Krisen massenhaft Menschen aus ihrer Heimat fort-
treiben, wie in der darbenden Autostadt Detroit, heißt das in
den USA nicht »Exodus« oder »Entvölkerung«. Nicht die eigentliche Wanderung ist dort das Problem – wie in den Appa-
lachen, von wo aus in der Bergbaukrise einst Hunderttausende
über den Hillbilly Highway in die Autostädte des Nordens zogen. Wer geht, findet vielleicht anderswo sein Glück. Das Problem sind vielmehr die Arbeitslosigkeit und die Armut der
Daheimgebliebenen.

Auch in Europa sieht der Exodus auf den ersten Blick aus
wie ein Teil der Lösung. Die Arbeitslosenrate etwa sinkt erst
einmal, wenn alle, die keine Arbeit finden, außer Landes gehen.
Wären etwa in der kräftigen Rezession nach der Finanzkrise
nicht so viele Letten ins Ausland gegangen, hätte der Staat die
Arbeitslosigkeit, den Einkommensrückgang und die Steuer-

ausfälle nicht schultern können. Junge Leute, die sich für das Daheimbleiben entscheiden, finden leichter einen Arbeitsplatz, wenn die mobilsten, qualifiziertesten Mitbewerber alle ins Ausland gehen. Die Immobilienpreise sinken. Vieles, das pro Kopf gezählt wird, rückt die Auswanderungsländer zunächst in ein täuschend helles Licht – die Zahl der Studienplätze zum Beispiel oder die der medizinischen Geräte.

Aber die Wanderungen versprechen für den Arbeitsmarkt und das Sozialsystem des Auswanderungslandes nur für kurze Zeit eine Entlastung. Schon auf mittlere Sicht überwiegen die Nachteile. Am problematischsten wirkt sich die massenhafte Emigration im Gesundheitswesen aus. Noch bevor Rumänen in der EU die volle Niederlassungsfreiheit genossen, zogen Deutschland, Belgien und Frankreich in großer Zahl Ärzte aus dem Land an. Möglich war die Anwerbung, weil die westlichen Staaten eine gezielte Ausnahme für Mediziner machten. Spezielle Agenturen verkauften ganze Pakete: Arbeitsplatz, Wohnung, Sprachkurs, Anerkennung der Approbation – all inclusive. Dabei hatte das zweitärmste EU-Land ohnehin schon die geringste Ärztedichte in der Europäischen Union. Für alle anderen blieb der deutsche Arbeitsmarkt zu. In der westlichen Öffentlichkeit wurde die »Armutswanderung« von Roma zu einen großen Thema. Die Ärztewanderung dagegen blieb unter dem Radar. Die Ärzte sollten kommen. Die Patienten sollten bleiben, wo sie waren. Gleichzeitig sorgte sich der Gesundheitsminister in Deutschland mit seiner doppelt so hohen Ärztedichte um die zehn Mal niedrigere Abwanderung von deutschen Medizinern in die Schweiz. In der Corona-Krise wuchs sich das Problem zum Desaster aus. Als die zweite Welle der Pandemie im Herbst 2020 auch die bisher nur mäßig betroffenen östlichen EU-Länder traf, fehlten vor allem in Polen und Rumänien die Fachkräfte, die Beatmungsgeräte hätten bedienen können.

Anders als US-Bundesstaaten können europäische Staaten sich ihre Steuereinnahmen aus keinem Bundesbudget, sondern nur von der eigenen Bevölkerung holen. Nur wer im Land bleibt, kommt für die Renten und die Gesundheitskosten für die überalterte Bevölkerung auf. Investoren schwächeln. Für die großen westlichen Industriekonzerne, die weiter von den niedrigeren Löhnen profitieren wollen, ist das größte Problem inzwischen der Mangel an Arbeitskräften. Auch wenn sie mehr bezahlen als Unternehmen aus der Region: Im Westen wird immer noch viel mehr verdient. In den Boom-Regionen Rumäniens, rund um Cluj und Arad, stehen Baustellen oft ein Jahr lang still, weil einfach keine Bauarbeiter zu finden sind. Von denen, die hier 2008 die ersten Hochhäuser bauten, werkte zehn Jahre später die Hälfte außer Landes. Auch als Konsumenten fehlen die Auswanderer. »Wenn ein Land wie Bulgarien nach Berechnungen der UNO bis 2050 noch einmal fast ein Viertel der Bevölkerung verliert, ist das für einen potenten Investor keine Einladung, sondern eine Ausladung«, sagt der Wiener Balkanexperte Vedran Džihić. Eine Abwärtsspirale setzt sich in Gang.

So, wie Europa organisiert ist, macht die Wanderung von Ost nach West alles nur schlimmer. Trotzdem ist sie ein festes Muster geworden. Am besten studieren lässt es sich in den Ländern des sogenannten Westbalkans, die zwar keine EU-Mitglieder, aber doch Teil des europäischen Wirtschaftsraums sind.

***

Die Szene: eine Oda, der Empfangsraum in einem typisch albanischen Haus im ländlichen Kosovo. Der Familienpatriarch, den traditionellen Plis auf dem Kopf, die weiße Filzkappe, hat seine erwachsenen Söhne um sich versammelt. Mit schwerem Herzen beginnt der Alte zu sprechen: »Luan ist gegangen. Astrit ist gegangen«, seufzt er tief und sagt mit bebender Stimme: »Es ist Zeit, dass auch ihr geht!« Dann ein Schnitt und die befehlende Stimme aus dem Off: »Geh auch du!« Was anfängt wie ein Filmepos über die große Wanderung der Albaner nach Westen, ist bloß der Werbespot eines Mobilfunkanbieters: Alle sollen weg von der alten Mobiltelefongesellschaft zum neuen Provider. So erfolgreich war der Jingle, dass die Konkurrenz gleich einen anderen hinterherschob – mit einem gewissen Hasan, den alle seine Freunde ungläubig bedrängten: Was? Du bist zurückgekehrt? Aber zurückgekehrt ist Hasan nur in sein altes Handy-Netz.

Die Spots fangen ein, was man von der Auswanderung aus weiten Teilen Osteuropas verstehen muss: Die Unausweichlichkeit, die Wehmut, aber auch eine gewisse Leichtigkeit. Einer nach dem anderen geht. Ab und zu kommt einer zurück. Aus dem Kosovo, aber auch aus dem EU-Land Kroatien gehen nicht nur die jungen Männer, wie es hier seit Jahrzehnten üblich ist; es gehen ganze Familien. Aber darüber zu scherzen ist erlaubt. Die Unbekümmertheit und der Optimismus, die am anderen Ende der Welt Südostasiens »Tigerstaaten« nach vorne gebracht haben und wie Ökonomen sie in Osteuropa vermissen: Hier sind sie. Der »pannonische Puma«, den westliche Business-Journalisten im Blick auf ungarische Wachstumszahlen erfanden, landete dagegen als Bettvorleger.

Vor den Toren der EU, in den ärmsten Teilen des Ostens, gewinnt die Bewegung bisweilen den Charakter einer Massenflucht. An einem Dezembertag wunderten sich die Angestellten auf dem Busbahnhof von Priština, der Hauptstadt des Kosovo, über die vielen Familien mit Kindern, die schon am frühen Morgen in der Schalterhalle auf bauchigen Plastiktaschen saßen. Von Tag zu Tag wurden es mehr. Den Anfang machten Roma. Ganze Siedlungen leerten sich im Nu – die Kleinstadt Fusha e Kosovës zum Beispiel war binnen Tagen beinahe menschenleer. Mit dem Bus ging es nach Subotica in Serbien, von dort für 250 Euro mit einem lokalen Schleuser übers Feld nach Ungarn, dann weiter über die damals noch unkontrollierten Grenzen bis nach Deutschland. Aus den westlichen Reaktionen sprach fundamentales Unverständnis. In

Deutschland wunderten sich die Mitarbeiter der Asylbehörden: Was mochte der Grund für die offenbar panikartige Ausreise sein – noch dazu aus einer jungen Demokratie, einem Land, das Krieg und die Ausrufung der Unabhängigkeit hinter sich hat und nach wie vor von westlichen Regierungen genauestens politisch überwacht wird?

Die ersten Vermutungen galten »Schleppern« und ihren gezielten Desinformationen über ein paradiesisches Leben in Deutschland, wo besonders Albaner willkommen seien. Kosovos Behörden waren nicht minder ratlos. Sie führten »Strukturen der organisierten Kriminalität« und besonders die »serbische Mafia« an, wenn es galt, die Massenflucht zu erklären. Aber nichts Illegales war im Spiel, wenn Kosovaren bis an die serbisch-ungarische Grenze reisten. Am Übergang zu Serbien bekamen sie ein provisorisches Reisedokument ausgehändigt, das sie zu einwöchigem Aufenthalt in Serbien berechtigte. Von dort ging es mit Reisebussen weiter nach Deutschland. Rasche Rückschiebungen, eine Informationskampagne der Bundesregierung und viele Warnungen der kosovarischen Politiker verlangsamten die Welle. Aber wenig später folgte eine zweite, diesmal aus Albanien. Als im Frühjahr und Sommer 2015 Flüchtlinge aus den Kriegsgebieten im Nahen und Mittleren Osten zu Hunderttausenden über die Balkanroute nach Westen zogen, nutzten auch Zehntausende Albaner die Strecke.

Meistens werden solche Auswanderungswellen nur im Herkunftsland, nicht aber im Zielland als spektakulär wahrgenommen. Im Norden Montenegros entvölkerten sich in den 2010er Jahren einige Täler im Laufe einer einzigen Saison. In der rumänischen Moldau-Region, an der Grenze zu Moldawien, geht die Bevölkerung rapide zurück, ebenso im Nordwesten Bulgariens, dem Osten Serbiens, aber auch Polens oder der Slowakei. Etliche serbische und bulgarische Dörfer müssen schon von mobilen Teams des Roten Kreuzes versorgt werden. Nur alte Menschen leben noch hier. Sie brauchen nicht nur oft Pflege, sondern haben nicht einmal mehr die Möglichkeit zum Einkaufen. Die verlassenen Siedlungen erobert sich die Natur Stück um Stück zurück. Junge Bäume wachsen aus leerstehenden Häusern, und um die bewohnten streichen nachts die Wölfe.

Länder wie Serbien, Albanien und Montenegro gehören zwar nicht zur Europäischen Union, wohl aber zum europäischen Wirtschaftsraum. Kosovo und Montenegro haben als Währung den Euro. Erhebliche EU-Mittel fließen in die Region. Die Kommission in Brüssel prüft die staatlichen Haushaltspläne und dokumentiert jährlich die Fortschritte der Beitrittsaspiranten. Annähernd neun Zehntel des Bankkapitals gehören einigen wenigen Finanzinstituten aus den EU-Ländern.

Was im eigenen Land erwirtschaftet wird, geht in den Konsum von Waren aus Deutschland, Italien und anderen starken Industrieländern im Westen. Eigene Produkte könnten mit der Konkurrenz aus den hochproduktiven EU-Ländern nicht Schritt halten. Rund zwei Drittel ihres Außenhandels bestreitet die Region mit der EU, vor allem mit Deutschland und Italien. Aus der EU, wiederum besonders aus Deutschland und Italien, kommen auch die Investitionen in die Handvoll gewinnbringender Sparten wie Telekommunikation, Versicherungen oder Einzelhandel. Je mehr ihre Bürger in Westeuropa kaufen und je mehr Gewinne aus den Investitionen dorthin zurückfließen, desto weniger können die Balkanländer selbst produzieren oder neu investieren. So paradox es klingt: Die Montenegriner mussten sogar ihr Geld im Westen kaufen. Als bei der Bargeldumstellung 2002 die bisherige Währung Deutsche Mark in Euro getauscht wurde, klopfte die Regierung in Podgorica bei der Europäischen Zentralbank an. Vergeblich; schließlich war Montenegro kein Mitglied. So mussten das bitterarme Balkanland seinen gesamten Euro-Bedarf bei westlichen Geschäftsbanken einkaufen – gegen ein Promille Provision.

Die Folge solcher Ungleichgewichte ist – oder wäre eigentlich – Arbeitslosigkeit. De facto ist es vor allem Auswanderung.

Sogar in den wenigen Wachstumssparten, etwa in der Agrar- und Lebensmittelindustrie, geht die Beschäftigung inzwischen zurück, beklagt der Brüsseler Balkanexperte Dušan Reljić. Seit der großen Finanzkrise sind die Ausgaben für den persönlichen Konsum überall auf dem Balkan gesunken. Wollten die Balkanländer den EU-Durchschnitt erreichen, so müsste ihre Wirtschaft zwanzig Jahre lang jährlich um sechs Prozent wachsen, wie Reljić ausgerechnet hat. Statt die eher symbolische Sozial- und Arbeitslosenhilfe zu kassieren, packen die Menschen ihre »krmače«, die billigen Reisetüten: Weil die Arbeitsplätze nicht zu den Menschen kommen, gehen die Menschen zu den Arbeitsplätzen. »Kommt die D-Mark, bleiben wir, kommt sie nicht, geh'n wir zu ihr!«, riefen DDR-Bürger 1990 und drohten mit Auswanderung in die Bundesrepublik, wenn sie nicht rasch, in Gestalt der Währungsunion, an deren Reichtum teilhaben dürften. Eine Generation danach hat der Ruf nach gleichen Lebensverhältnissen ganz Europa erfasst.

Innerhalb der EU wurden 2020 die letzten Beschränkungen für Arbeitnehmer aufgehoben. Seither dürfen Kroaten sich auch in Österreich eine Stelle suchen. Ob sie Bürger aus den sechs Westbalkanländern oder aus der Ukraine, aus Moldau oder Weißrussland ins Land lassen, können sich die EU-Staaten dagegen aussuchen. Polen kompensiert mit Zuwanderern aus den östlichen Nachbarländern seine Abgänge gen Westen, nach Deutschland oder Großbritannien. Die Ankömmlinge landen allerdings nicht in den Gegenden, aus denen die Emigranten sich verabschiedet haben – im Osten des Landes also, rund um Rzeszów oder Białystok, wo die Warschauer ihre Datschen stehen haben, aber niemals würden wohnen wollen. Deutschland, mit seinem Hunger nach Arbeitskräften, wendet das Prinzip der selektiven Freizügigkeit vor allem auf den Balkan an. Je nach Konjunktur fallen die Hürden für Arbeitnehmer von dort ganz oder fast ganz. In der Krise kann der Mohr wieder gehen.

Junge Kosovaren treffen ihre Berufswahl nicht nach dem

Bedarf im eigenen Land, sondern nach der Nachfrage auf dem deutschen Arbeitsmarkt. Haben sie im »Schengenraum« eine Stelle bekommen, dürfen nicht einmal ihre Eltern sie dort besuchen kommen, es sei denn, sie unterwerfen sich der langen, unsicheren, zeitraubenden und teuren Prozedur der Visumsbeschaffung. Wer nicht gebraucht wird, wird zurückgeschickt – Roma zum Beispiel. Wehren kann Kosovos Regierung sich gegen den Umgang nicht, denn sie ist wirtschaftlich und politisch von Deutschland abhängig. Klammert man den kulturellen und historischen Kontext aus und betrachtet das Verhältnis nüchtern-ökonomisch, so stößt man auf ein irritierendes historisches Vorbild: In den 1970er Jahren erklärte das südafrikanische Apartheid-Regime vier sogenannte Homelands oder Bantustans zu unabhängigen Staaten. Es waren meist unwirtliche Gebiete, die nun, als »Staaten«, formal für das Wohlergehen ihrer Bürger selbst zuständig waren und trotzdem ganz und gar von Südafrika abhängig blieben. Sie dienten als Arbeitskräftereservoir. Wer überzählig war, arbeitslos oder aufmüpfig, konnte jederzeit in seine künstliche »Heimat« entsorgt werden. Ob er sie je zuvor betreten hatte, spielte keine Rolle. Das Verhalten gegenüber dem Kosovo ist davon nicht weit entfernt. Ins Kosovo wurden Menschen abgeschoben, die in Deutschland geboren waren und ihr vorgebliches Heimatland nie betreten hatten.

Qualifizierte Arbeitskräfte gehen als Erste. Unter den Ländern auf der Welt, die am stärksten vom Know-how-Verlust, dem Brain-drain, betroffen sind, liegen sechs in Südosteuropa. Am stärksten betroffen vom Rosinenpicken der reichen EU-Länder ist wiederum, wie schon in Rumänien, das Gesundheitswesen. »Fachkräfteanwerbung« heißt das Konzept, mit dem Deutschland Ärzte und Krankenpflegepersonal ins Land holt, vor allem aus den Nicht-EU-Ländern Kosovo und Albanien. Das einschlägige Gesetz war noch nicht in Kraft, schon setzte die Wanderung ein. »Wen immer Sie fragen: Jeder sagt, ja, ich gehe«, erzählte der alarmierte Chef der Gesundheits-

Gewerkschaft, selbst ein Gynäkologe. Die Deutschkurse im Land füllen sich mit fertigen und angehenden Krankenschwestern. Nach nur drei Monaten hatten schon hundert Ärzte bei der Behörde die Unterlagen angefordert, die sie für Deutschland brauchten. Unter den fast 400 000 Ärzten in Deutschland fällt die Zahl nicht ins Gewicht. Wohl aber im Kosovo. In dem armen Land kommt auf 1200 Einwohner ein Arzt; es ist die niedrigste Medizinerdichte in Europa. Was im fünfzig Mal größeren Deutschland wie ein Tropfen auf dem heißen Stein verdampft, wird im kleinen Kosovo zum existenziellen Problem. In allen sechs Westbalkanländern zusammen leben etwa so viele Menschen wie in Nordrhein-Westfalen.

Ausreisebeschränkungen, wie einst in Zeiten des Eisernen Vorhangs, sind nicht nur politisch unvorstellbar. Auch wirtschaftlich ergäben sie keinen Sinn. Ein wesentlicher Posten in der volkswirtschaftlichen Gesamtrechnung der Auswanderungsländer sind die Rücküberweisungen von Landsleuten, die in der fernen Heimat ganze Familien ernähren. So dringend das Geld auch benötigt wird, zur Entwicklung der Wirtschaft trägt es kaum bei. »Man kommt, baut sich ein Haus im Kosovo«, erklärt die Migrationsforscherin Donika Emini, »schafft sich so einen Platz, wo man im Sommer zwei Wochen wohnen kann. Dann lässt man es leer stehen und fährt zurück nach Deutschland.« Das tote Kapital in Form verlassener Häuser steht überall in der Region unübersehbar herum – in Serbien wie in Bosnien, wo ganze Dörfer überhaupt nur während der österreichischen Sommerferien bewohnt sind, in Nordmazedonien, Serbien und auch im EU-Land Rumänien. Zudem verstärken die Rücküberweisungen noch die Abhängigkeit vom Westen. Experten des Internationalen Währungsfonds haben vorgerechnet, dass in jedem Quartal, in dem in Deutschland die Wirtschaft schrumpft, im Kosovo die Importe auf ein Drittel zurückgehen – weil die Überweisungen ausbleiben.

Wäre Europa ein Staat, so passten die Nachfrage nach Arbeitskräften in Deutschland und der Bedarf an Arbeitsplätzen auf dem Balkan und in den ärmeren EU-Staaten perfekt zusammen. In Deutschland klagen Wirtschaft und Politik über Fachkräftemangel. Gleichzeitig wächst ein paar hundert Kilometer südöstlich eine bildungshungrige, reisefreudige, vielsprachige Generation in die Arbeits- und Perspektivlosigkeit hinein. Wer einen Erfolg daraus machen wollte, müsste bei der Jugend ansetzen. In der Berufsausbildung ist der Balkan hinter die sozialistischen Jahre zurückgefallen. Eine duale Berufsausbildung aus Berufsschule und betrieblicher Lehre scheitert schon am Mangel geeigneter Betriebe, erklärt der Deutsche Frank Hantke, der Länder der Region viele Jahre lang bei der Reform der Berufsausbildung beriet. Das Lehrpersonal in den Fachschulen ist schlecht bezahlt und meist ohne eigene praktische Erfahrung. Falsche Bildungssteuerung treibt aufstrebende junge Leute ins Jura-, Politik- oder Germanistikstudium, Letzteres meistens in der illusionären Erwartung, man verbessere damit seine Chancen, nach Deutschland, Österreich oder in die Schweiz zu kommen. Für ein brauchbares natur- oder ingenieurwissenschaftliches Studium sind auch die zahlreichen neu entstandenen privaten Unis zu schlecht ausgestattet.

Ein Programm gegen Emigration ist das alles nicht, im Gegenteil: Bessere Ausbildung beflügelt die Auswanderung nur noch. Rückkehrappelle verhallen. Ivan Krastev zitiert einen bulgarischen Witz: »Es gibt nur zwei Wege für den Umgang mit der politischen und wirtschaftlichen Stagnation. Der eine ist Terminal 1 und der andere Terminal 2.« Die Pointe lässt sich auch ganz ohne Sarkasmus akzeptieren. Ein Beschäftigungspakt zwischen der EU und den Balkanstaaten könnte immerhin sicherstellen, dass junge Menschen sich für den europäischen Arbeitsmarkt ausbilden, ohne sich endgültig für ein Land entscheiden zu müssen. So lässt sich vermeiden, dass Arbeitsmigranten im Niedriglohnsektor der Aufnahmeländer oder gar in ihrem Sozialsystem landen.

Dreißig Jahre nach dem Umbruch hatten alle osteuropäischen Nationen ihren Platz in Europa gefunden: die meisten in der EU, manche Balkanstaaten halb drin und Russland, Weißrussland und Moldau draußen, ebenso die Kaukasusstaaten Georgien und Armenien, die sich ebenfalls mehr Europa als Asien zugehörig fühlen. Alle Nationen östlich des einstigen Eisernen Vorhangs aber fanden sich da wieder, wo sie sich während und meistens auch vor der Spaltung Europas schon befunden hatten: an seiner Peripherie.

Vergleicht man das Pro-Kopf-Einkommen der osteuropäischen Länder mit dem deutschen, so haben die meisten über die Verheerungen des Zweiten Weltkriegs, die vier Jahrzehnte kommunistischer Herrschaft und die drei Jahrzehnte der »Transformation« gegenüber Deutschland zwar aufgeholt – am schnellsten in der Phase der forcierten Industrialisierung in den 1950er Jahren. Zu spektakulären Platzwechseln ist es aber nicht gekommen. Relativ am stärksten entwickelt haben sich über den langen Zeitraum hinweg Ungarn und Rumänien. Deren Pro-Kopf-Einkommen machte vor dem Zweiten Weltkrieg noch 40 bzw. 30 Prozent des deutschen aus und achtzig Jahre später 66 bzw. 48 Prozent. Es folgen Tschechien und die Slowakei, die baltischen Staaten und Polen. Im früheren Jugoslawien, aber auch im friedlichen Bulgarien hat sich der Abstand zu Deutschland kaum verringert.

Kometenhafte Aufstiege sind das nicht. Wer so etwas sucht, muss sich anderswo umschauen. Ein Japaner erwirtschaftete 1938 weniger als die Hälfte eines Deutschen; achtzig Jahre später war er seinem deutschen Kollegen schon um ein Zehntel voraus. Aber auch auf dem europäischen Kontinent verliefen Entwicklungen schon rasanter als der jüngste Aufstieg der östlichen Staaten. Österreich etwa lag 1938 noch bei 57 Prozent des deutschen Niveaus. Heute hat es das größere Nachbarland überholt.[61]

Warum Nordamerika reich ist und Südamerika arm, ist nicht nur ein beliebtes Ratespiel in gemischten Tafelrunden aus Yankees und Latinos, sondern auch eine ernste Forschungsfrage. Ökonomen, Wirtschaftshistoriker, Soziologen und Politologen schreiben immer wieder Bücher darüber. Warum aber Westeuropa reich ist und Osteuropa nicht, versteht sich scheinbar von selbst: Es ist der Kommunismus, heißt es. Ignoriert wird dabei, dass es in Europa ein großes Reichtumsgefälle von West zu Ost (und ein zweites, kleineres, von Nordwesten nach Südwesten) schon lange gab, bevor Marx und Engels geboren wurden.

Nord- und Südamerika waren um das Jahr 1700 gleich reich. Heute ist das Verhältnis fünf zu eins – eine Einladung zum Streit, wer daran schuld ist. Zur Auswahl stehen die katholischen Kolonialherren, das tropische Klima, der US-Imperialismus, die Ureinwohner oder der Machismo.[62] Der Osten Europas dagegen war schon immer wirtschaftliche Peripherie. In vorindustrieller Zeit entschieden vor allem Böden, Klima und Transportwege darüber, ob ein Land reich oder arm war. Die fruchtbarsten Zonen Europas liegen im Westen. Westlich einer Linie von Hamburg nach Venedig lag auch schon vor dem spürbaren Klimawandel die Januartemperatur im Durchschnitt immer über null Grad.

Je weiter es nach Osten geht, desto länger wird die Frostperiode und desto schwieriger wird der Anbau von Getreide, Gemüse oder Obst. In Russland mit seinem kontinentalen Klima war es im Norden für eine ertragreiche Landwirtschaft zu kalt und im Süden zu heiß. Sowohl im Norden als auch im Süden war es zu trocken. Schon rasch stößt, wer gen Osten reist, auf Steppen – auf die ungarische Puszta und den Baragan im Südosten Rumäniens. Das Klima hat auch die Besiedelung geprägt: Dörfer liegen viel weiter auseinander als in Deutschland oder Frankreich. Die Weite reproduziert sich in der Anlage der Ortschaften und Städte: Schon in der pannonischen Tiefebene sind die Dorfplätze riesig, der Abstand zwischen den Häuserreihen ist groß. Wer von der großzügigen Anlage einer Stadt auf ihre Bedeutung schließen würde, müsste Minsk weit vor Paris oder London reihen. Sichtbar wird der Unterschied vom Flugzeug aus. Schmerzlich erfahrbar wurde er für einen deutschen Journalisten, der zu Fuß von Berlin nach Moskau ging.[63] Kennt man Osteuropa nur aus den Zeitungen oder aus Statistiken, macht man sich von den Dimensionen keinen Begriff. Allein die Pripjet-Sümpfe in einer völlig unbekannten Landschaft namens Polesien, zwischen der Ukraine und Weißrussland gelegen, sind so groß wie Portugal. Im Mittelalter, um das Jahr 1000, kamen in Polen vier bis fünf Menschen auf einem Quadratkilometer. Im heutigen Tschechien, das damals niemand zum Osten rechnete, waren es etwa sechs. In Deutschland und England waren es zehn. Der Süden des Ostens schließlich ist zwar viel kleinräumiger, dafür aber zum größten Teil gebirgig und vor allem steinig; sogar Schafe brauchen auf dem Balkan viel Platz, um satt zu werden.

Für den Handel waren die geografischen Verhältnisse in weiten Teilen des europäischen Ostens ungünstig. Zwischen den Städten mussten lange Entfernungen zurückgelegt werden – in Russland, aber auch in Polen durch riesige Wälder, auf dem Balkan bis ins 20. Jahrhundert über unsichere Pfade mit vielen Schlangen und Räubern. Wichtiger für den Warentausch war der Transport zu Wasser. Zwar konnte man auf Flößen Holz und Tierfelle über die russischen Ströme schicken, aber es dauerte lange, bis man dabei auf kaufkräftige Kundschaft stieß. »Der Schwerpunkt der Welt liegt immer am Meer«,[64] hat Fernand Braudel mit einem seiner lapidaren Sätze konstatiert. Während man es im Westen des Kontinents nie weit bis zu einer Küste hat, dauerte die Reise zu einem eisfreien Seehafen von Moskau aus eine Ewigkeit. Günstiger hatten es der Norden Polens und das Baltikum, die von der Hanse profitierten, sowie die Städte am Ostufer der Adria oder rund um das Schwarze Meer. Spätestens als die Westeuropäer den Atlantik überqueren konnten, geriet der Osten im Welthandel wieder stark ins Hintertreffen. Um 1800 lebten sechs Prozent der Deutschen, neun Prozent der Franzosen, aber 20 Prozent der

Engländer und 29 Prozent der Niederländer in Städten. In Polen waren es 2,5 Prozent. Die Industrialisierung und die Ausbreitung des Kapitalismus vergrößerten den Abstand noch weiter.

Zwischen 1870 und dem Ersten Weltkrieg wuchs die Wirtschaft Deutschlands auf das Doppelte, die Russlands nur um die Hälfte. Nur das Gebiet des heutigen Tschechien hielt mit der Entwicklung im Westen des Kontinents annähernd mit; Böhmen und Mähren waren noch bis zum Zweiten Weltkrieg deutlich reicher und weiter entwickelt als das heutige Österreich. Nicht nur politisch, als die Vorzeigedemokratie der Zwischenkriegszeit, war die Tschechoslowakei also eine Ausnahme, sondern auch wirtschaftlich. Der deutsche Osteuropa-Forscher Dieter Segert sieht zwischen beiden Vorteilen einen Zusammenhang: Weil das Land industriell entwickelt war, konnte es eine »moderne Sozialpolitik« treiben und die Bevölkerung so vor massenhafter Emigration und vor ideologischem Extremismus bewahren.[65]

In den anderen Ländern des europäischen Ostens nahm die industrielle Entwicklung erst im Sozialismus richtig Fahrt auf – beginnend in der Sowjetunion der Zwischenkriegszeit. Hauptquelle des Reichtums und Gegenstand des Exports war in den östlichen Nationen bis dahin die Landwirtschaft gewesen, so etwa in Rumänien, wo in der flachen Walachei in großem Stil Getreide angebaut und das Korn über die Donau nach Westen verschifft wurde. In der Stadt Brăila sind die architektonischen Relikte früherer Pracht noch zu besichtigen. Die nachgeholte Industrialisierung in der kommunistischen Ära hatte zur Folge, dass der Abstand zum Westen unter dem Strich wenigstens nicht zunahm. Zwischen 1950 und 1990 stieg das Pro-Kopf-Einkommen in der Sowjetunion, der Tschechoslowakei, Polen und Ungarn um das Zweieinhalbfache, ähnlich wie in Großbritannien, Dänemark, Schweden oder den Niederlanden. Die großen Gewinner der Nachkriegszeit waren die Länder im Süden Europas, die alle von einem niedrigen

Niveau gestartet waren. In Italien und Österreich steigerte sich die Wirtschaftsleistung um das Viereinhalbfache, in Portugal, Spanien und Griechenland um das Fünffache und mehr.

Weil die Planwirtschaft in den kommunistisch geführten Ländern einseitig auf die Schwerindustrie setzte und die Erzeugung von Konsumgütern sowie den Dienstleistungssektor vernachlässigte, geriet der Osten von den 1970er Jahren an erneut ins Hintertreffen. Der Sozialismus erwies sich auch ganz generell als Hindernis: Am Weltmarkt mit seiner Dynamik hatten die kommunistisch regierten Länder nur sehr begrenzt Anteil. Mit der »dritten industriellen Revolution«, der Entwicklung der Computer-Technologie, wurde der Abstand auf lange Zeit uneinholbar. Zwar wurden auch in den sozialistischen Staaten schon relativ früh Computer hergestellt. Weil ein High-Tech-Embargo aus dem Kalten Krieg den Transfer von Know-how aus dem Westen erschwerte, ist die Leistung der Ingenieure sogar besonders hoch zu veranschlagen. In Bulgarien, das bis zum Zweiten Weltkrieg fast ein reiner Agrarstaat war, schaffte es ein Kombinat in der Stadt Prawez, amerikanische Apple nachzubauen, die gut funktionierten und überall im Ostblock nachgefragt wurden. Aber mit westlichen Produkten konnten die Geräte nicht Schritt halten. Spötter unterschoben dem DDR-Kombinat Robotron die Losung: »Im Kampf gegen den Kapitalismus – Unsere Mikroelektronik ist nicht kleinzukriegen!«

Als westliche Berater nach der Wende die Industrie in den osteuropäischen Staaten geringachteten und empfahlen, sie einfach ohne vorherige Modernisierung dem Weltmarkt auszusetzen, war das Minderwertigkeitsgefühl im Osten ihnen ein verlässlicher Verbündeter. Nüchterne Abwägung, was zu retten gewesen wäre und was nicht, fand selten statt. Die Arbeiter der Lenin-Werft in Danzig, die mit ihren Streiks, ihrem Selbstbewusstsein und ihrer Gewerkschaft Solidarność die erste erfolgreiche Oppositionsbewegung im ganzen Ostblock hervorgebracht hatten, nahmen es schon wenig später hin, dass ihr Betrieb in eine Aktiengesellschaft umgewandelt und radikal verkleinert wurde. Was und wo künftig produziert werden sollte, war kein Thema. »Die beste Industriepolitik ist keine Industriepolitik«, sagte ausgerechnet der Industrieminister.[66] Auch anderswo fiel der Widerstand gegen Privatisierungen und Betriebsschließungen müde aus. Die Trauer über das Ende der sozialistischen Industrie kam mit erheblicher Verspätung. Eine realistische Sicht brachte sie nicht hervor. Nach der großen Finanzkrise von 2008 war etwa in Polens Öffentlichkeit wieder zu hören, die Wende hätte eine hochwertige und international konkurrenzfähige Wirtschaft zerstört – oft mit dem Zusatz, das sei geschehen, um westlichen Firmen Konkurrenz vom Hals zu halten oder um dem verhassten Milliardär George Soros ein Geschäft zu eröffnen.

***

Mit der Finanzkrise des Jahres 2008 begann sich das Unbehagen über das Entwicklungsmodell in politischen Unmut zu übersetzen. Die freundlich begrüßte Übernahme durch den Westen wurde zunehmend als feindlich empfunden. Erstmals stießen die Interessen von Bürgern und Investoren unmittelbar gegeneinander. Die westlichen Banken hatten bis zur Krise als Heilsbringer gegolten. Sie vergaben großzügig Privatkredite. Endlich konnten Normalverdiener sich ein neues Auto kaufen oder das Haus renovieren. Der Kleinkredit für die HiFi-Anlage war manchmal gleich an der Kasse des Elektronik-Marktes zu bekommen. In der Krise dann wurden die großzügigen Banken zum Feind. Als die Wirtschaft einbrach, wurden viele neue Kunden zahlungsunfähig. Die Banken hatten Kreditausfälle einkalkuliert; ihnen war es um Marktanteile gegangen. Dennoch machten sie jetzt ihre Pfandrechte geltend und zogen Häuser und Wohnungen ein. In Kroatien bildeten empörte Bürger »lebendige Mauern«, um Zwangsräumungen zu verhindern. Aus der Bewegung wurde eine politische Partei.

Viele Banken hatten massenhaft Kredite in Euro oder Schweizer Franken vergeben. Als dann die osteuropäischen Währungen im Vergleich zu Euro und Franken an Wert verloren, konnten die Schuldner ihre Kredite nicht mehr bedienen.

Auf dem Höhepunkt der Krise brachte eine Wahl in Ungarn einen Machtwechsel. Der neue Ministerpräsident des Landes, Viktor Orbán, ergriff die vakante Rolle des Volkstribuns, der im Namen der schwindenden Mittelschicht gegen die mächtigen Ausländer stritt. Die neue Regierung zwang die Banken, die Kredite von Euro oder Franken in die Landeswährung Forint umzuschreiben, und erweiterte beharrlich den Spielraum, den das Übernahmemodell und die Regeln der Europäischen Union ihr beließen. Dem Ärger über hohe Kommunalgebühren, Strom- und Wassergebühren begegnete Orbán damit, dass er die westlichen Versorgungsunternehmen aus dem Land ekelte. Er führte Sondersteuern gegen westliche Handelsketten ein, kündigte an, die meisten Banken wieder »in ungarischen Besitz« nehmen zu wollen, und kaufte die drittgrößte Bank des Landes aus dem Besitz der Bayerischen Landesbank zurück. Gleichzeitig pflegte Orbán ein gutes Verhältnis zu den hoch produktiven Industrie-Unternehmen im Land, obwohl auch sie allesamt in ausländischem Besitz waren. Den Automanagern blieb der direkte Draht zur Regierungsspitze erhalten.

Nationalistische Töne waren zu dem neuen Kurs die passende Ergänzung. Sie stießen bei den Leidtragenden der Transformation und der Wirtschaftskrise auf Resonanz. Deutsche, Niederländer, Luxemburger, Iren, Amerikaner, Franzosen und Koreaner waren nach 1990 nicht allein mit Investitionen in Ungarn eingerückt. Im Gepäck führten sie ein ganzes System aus Werten und Regeln, Sitten und Überzeugungen. Nun wurde das Gepäck kritisch durchwühlt. Was ist von dem, was das Ausland mitbrachte, gut und richtig? Was ist ernst gemeint, was dient nur dazu, die Eigeninteressen zu legitimieren? Darf man es Privatisierung nennen, wenn eine Bank im Besitz eines deutschen Bundeslandes eine ungarische Staatsbank kauft? Oder wenn die Deutsche Telekom, deren größter Anteilseigner der deutsche Staat ist, den ungarischen Telekom-Markt dominiert? Dienen nicht überhaupt die liberalen Werte nur dazu, den Ungarn ihre Identität zu rauben? Die Kriterien für den Check entstanden während der Untersuchung des rechtlichen und ideologischen Gepäcks. Auch die Investoren selbst unterlagen nun der strengen Kontrolle des Grenzwächters Orbán und seiner Partei. Als unerwünscht ausgesondert wurden die Versorgungs-, Handels- und Finanzunternehmen. Politisch zollfrei blieben die ausländischen Industriekonzerne.

Der ungarische Gefühlscocktail war überall in Osteuropa im Angebot und wurde, je nach ideologischer Vorgeschichte und wirtschaftlichen Verhältnissen im Land, mehr oder weniger angenommen. In Polen, wo ausländische Investoren weit weniger dominant waren als in Ungarn, fiel das nationale Programm umfassender aus als in Ungarn. Reden über ein Polen, das »in Ruinen« liege und »von den Knien aufstehen« müsse, sollten Aufbruchsstimmung verbreiten. Zum Aufstieg in die oberste Liga der europäischen Staaten wäre eine neue Kraftanstrengung nötig, für viele Menschen, die Rentner und die vielen prekär Beschäftigten, auch Verzicht. Ein neues, üppiges Kindergeld sollte Familien zum Kinderkriegen anreizen und so ein Zeichen für Identität und gegen Migration setzen. Die neue, nationalkonservative Regierung hielt sich mit Attacken auf Investoren zurück. Stimmen zur »Repolonisierung« der Wirtschaft trafen nur die regierungskritischen Medien; andere Investoren wurden in Ruhe gelassen. Dass Kapital aber keine Nationalität habe, sei Unsinn, sagte der Regierungschef.[67] Wie ausländische Unternehmen von ausländischem Kapital gefördert würden, so werde der Staat von nun an polnische Unternehmen unterstützen.

***

Dem Machtwechsel in Polen ging eine ideologische Umwälzung voraus. Mehr als zwanzig Jahre lang hatte im allgemeinen Bewusstsein Freiheit gegen Sozialismus gestanden, oft überhöht zu einem Charakteristikum der Polen, die sich der Diktatur nie wirklich gebeugt hätten. Nun, mit dem Unmut über das Übernahmemodell, stellte sich eine vergessen geglaubte Front wieder her. Einst, in der Polnischen Vereinigten Arbeiterpartei und in vielen anderen kommunistischen Parteien des Ostblocks, hatten »Liberale«, Internationalisten, »Reformer« gegen strukturkonservative »Bewahrer« gestanden. In Konflikten, die auch in den scheinbar monolithischen Einheitsparteien ausgetragen wurden, mussten die einen sich als »Rechtsabweichler«, »Kosmopoliten« und »pro-westlich« etikettieren lassen. Die anderen galten, wenn ihre Macht sank, als »Nationalbolschewiken« oder, heimlich natürlich, als »Stalinisten«. Sie standen im Zweifel für planwirtschaftliche Ordnung statt Marktchaos, Autorität statt Freiheit, betrieben Proletkult und ließen Skulpturen für schwielige Helden der Arbeit errichten, blickten lieber nach Moskau als nach Westen und hielten den Reformern die »gesunden Instinkte« der einfachen Arbeiter entgegen. Die Front durchzog alle kommunistischen Parteien, mal offen, mal verdeckt.

In der großen Wende um 1990 hatten, wenn überhaupt, unter den Kommunisten nur die Reformer eine politische Überlebenschance. Entweder – wie in Rumänien, Ungarn, Slowenien – wendeten sie sich scheinbar oder auch tatsächlich zu Liberalen im westlichen Sinne und regierten weiter, oder sie ließen widerstandslos geschehen, dass frühere Dissidenten ihr Erbe antraten – wie in Polen. Die meisten »Betonköpfe« aus kommunistischer Zeit dagegen zogen sich ins Privatleben zurück. Nur in Rumänien gaben sie nicht klein bei und leisteten gewaltsam Widerstand. Dass es kein Zurück vor 1990 gab, war auch ihnen bald klar. In Russland, Rumänien und Jugoslawien garnierten manche ihre Sehnsucht nach starker Führung und ihr Ressentiment gegen »Chaos«, gegen Außenseiter und Abweichler nun mit der Nationalfahne statt mit Hammer und Sichel – wie die neuen russischen »Kommunisten« oder wie Corneliu Vadim Tudor, der Hofdichter Ceaușescus, der eine Partei »Groß-Rumänien« gründete und gegen Juden hetzte. Andere mischten politisch weiter mit, agierten aber nur schüchtern aus der Defensive. Zur Zeit der Wende hatten sich die meisten KPen in »Reformer« und »Bewahrer« unterteilt. Als der Parteienpluralismus anbrach, hatten die beiden gegensätzlichen Strömungen nur noch wenig Grund zusammenzubleiben. Manche KPen, wie die ungarische, wurden gesellschafts- und auch wirtschaftspolitisch liberal, andere, wie die slowakische und die bulgarische, traten das konservativ-nationale Erbe an.

Da, wo die autoritäre Strömung sich über lange Zeit nicht mehr rührte, entstand das Missverständnis, es habe sich bei ihr bloß um eine schmale Schicht von Hardlinern und Opportunisten gehandelt, die sich jetzt, da sie nicht mehr auf Unterstützung aus Moskau hoffen durfte, einfach in nichts aufgelöst habe. In Wirklichkeit hatten die strukturkonservativen Kommunisten immer eine ansehnliche Resonanz in der Bevölkerung gehabt. Zwar gab es in den kommunistisch regierten Staaten keine öffentliche Meinung, der man das entnehmen könnte – und keine freien Medien, die eine solche öffentliche Meinung gebildet und abgebildet hätten. Was es aber gab, war eine »gesellschaftliche Meinung«[68], die stille Übereinkunft der Unterdrückten. Mit ihr müssen auch Diktaturen rechnen; gegen entschlossenen Widerstand ist der beste Repressionsapparat auf Dauer machtlos. Wie man in einer unfreien Gesellschaft diese »gesellschaftliche Meinung« erhebt, weiß jeder Auslandsreporter: Man fragt auf der Fahrt vom Flughafen zum Kongresszentrum den Taxifahrer. Die Antworten, die man dabei bekommt, sind so gut wie nie zufällig. Man kriegt dieselben Antworten, oft mit denselben Worten, auch bei wochenlangen Recherchen immer wieder zu hören.

In Polen allerdings stand ein noch besseres Instrument zur

Verfügung, um die »gesellschaftliche Meinung« zu ergründen. Schon seit Ende der 1950er Jahre wurde hier eine moderne Demoskopie betrieben, die Stimmungen und Ansichten in der Bevölkerung präzise erfasste. Ihre Ergebnisse blieben geheim. Gerade darum waren sie aber nicht geschönt. Gedacht und gefühlt, so die wichtigste Erkenntnis, wurde überwiegend konservativ. 1977 etwa, als überall im Westen liberale Justizreformen populär waren, meinten 49 Prozent der befragten Polen, Verbrecher würden »zu nachlässig« bestraft, und nur zwei Prozent, die Strafen seien »zu hart«. 1986, nach der Revolte der Solidarność, wollten schon 57 Prozent härtere Strafen und im Jahr 2000 sogar mehr als 91 Prozent. »Für« oder »eher für« die Todesstrafe waren 1977 schon 66 Prozent der Polen. 1986 waren es 70 Prozent. Besonders wichtig wurden die geheimen Umfragen in den Achtzigerjahren. Im Dezember 1981 hatte das Militär unter General Wojciech Jaruzelski die Macht übernommen. Weil die Streiks und Proteste in Polen anhielten, war die Furcht gewachsen, dass die Sowjetunion intervenieren könnte, so wie 1968 in der Tschechoslowakei und 1956 in Ungarn; so wurde – und wird noch heute – der Putsch der Militärs von vielen als eine Art patriotische Notmaßnahme gedeutet. Die rund 10 000 Gewerkschafter und Oppositionellen, die nun interniert wurden, hatten nicht unbedingt die Mehrheit der Bevölkerung hinter sich. Zehn Wochen nach Einführung des Kriegsrechts fanden 69 Prozent der Polen die Machtübernahme des Militärs »voll« oder »eher gerechtfertigt«; im Laufe eines Jahres sank die Zustimmung auf immerhin noch 56 Prozent. Die Armee blieb das ganze Jahrzehnt über mit weitem Abstand die staatliche Institution, der die Polen am meisten vertrauten. Bei Abrüstungsverhandlungen zwischen den USA und der UdSSR standen die Befragten immer mit großer Mehrheit auf sowjetischer Seite. Von einer Frontstellung »Volk« gegen »Staatsmacht« konnte offenbar keine Rede sein. Im Januar 1981, auf dem Höhepunkt der Oppositionswelle, gehörten zur Solidarność auch 39 Prozent der Mitglieder der Polnischen Vereinigten Arbeiterpartei, wie die herrschende KP sich nannte.[69]

Dass »den« Polen Freiheit stets über alles gegangen sei und die ganze Nation mit der Wende und mit Solidarność zu sich selbst gekommen wäre, ist den Ergebnissen jedenfalls nicht zu entnehmen. Anderswo in der Region lassen sich nur indirekte Zeugnisse für die Dominanz konservativer und autoritärer Einstellungen finden. Auch in der kommunistischen Zeit und in der Partei selbst sei der Gegensatz zwischen ländlichen, plebejischen, autoritären, tendenziell pro-sowjetischen Kadern und großstädtischen, liberalen, nach Westen schielenden potenziellen »Rechtsabweichlern« immer der bestimmende gewesen, erzählte der frühere Belgrader Bürgermeister Bogdan Bogdanović aus Jugoslawien. Als 1983 Aleksandar Ranković starb, der seit Jahren schon entmachtete Exponent des autoritären, nationalistischen Flügels der Partei, geriet sein Begräbnis zu einer Kundgebung gegen liberale Reformen.

Im ungarischen »Gulaschkommunismus« der Kádár-Ära ging politische Repression einher mit persönlichen und wirtschaftlichen Erleichterungen; seit 1976 durften Ungarn sogar in den Westen reisen. Der langjährige Staats- und Parteichef János Kádár erstritt für sich so die Rolle des Schutzherrn der nationalen Interessen gegen die Sowjets. »Er tat alles, was die Russen gerade noch zuließen«, drückt György Dálos es aus, der reflektierte Analytiker ungarischer Verhältnisse. Dabei war Kádár es gewesen, der 1956 die Niederschlagung des Volksaufstands durch sowjetische Truppen veranlasst und später die Reformer in der Partei hatte verhaften und foltern lassen. Ein Narrativ von Demokratie und Prosperität entstand daraus gerade nicht. György Konrád wagte 1999 die hellsichtige Prognose, staatlicher Repression in seinem Land werde man auch in Zukunft begegnen: »Einmal wird die Rhetorik weltlich nationalistisch sein, ein andermal religiös nationalistisch dominiert.«[70]

Nach der Finanzkrise war die Strömung wieder da. Sie

tauchte die Wende zur Freiheit, bis dahin Gegenstand einer unumstrittenen Heldenerzählung, in ein ganz anderes Licht. Nicht mehr standen nun Demokraten und Liberale gegen Kommunisten, gegen »die Roten«, nicht mehr rechts gegen links. Jarosław Kaczyński, der Anführer und Kopf der polnischen Partei Recht und Gerechtigkeit, sprach vom »Układ«, einer Allianz oder wenigstens stillen Übereinkunft zwischen liberalen Solidarność-Dissidenten und den alten KP-Eliten. Manifestiert hat sich die angebliche Allianz für Kaczyński schon 1989, als sich Opposition und kommunistische Führung für ein paar Monate die Macht teilten und einen friedlichen Übergang organisierten. Mit seiner Attacke verdeckte Kaczyński den wirklichen Układ: den überraschenden, aber unüberhörbaren Gleichklang von neuen Nationalisten und alten Stalinisten.

Auf große Resonanz stieß ein Buch über die »Pathologie der Transformation«, verfasst von einem hoch betagten Ökonomen, der seine Botschaft mit fester Prophetenstimme auch über verschiedene Fernsehkanäle verbreitete. Witold Kieżun, so hieß er, hatte Anfang der Neunzigerjahre für die UNO in Burundi gearbeitet und übertrug nun seine Erfahrungen mit dem Neokolonialismus in Afrika auf Polen.[71] Seine Empfehlungen für die Zukunft, die in unzähligen Blogs und Postings widerhallten, waren nationaler Art: Stellt die polnische Großindustrie wieder her! Kauft nur polnische Produkte! Kauft nur von Landsleuten! Das sei nicht immer einfach, räumte der alte Wirtschaftswissenschaftler ein, denn mancher polnische Hersteller trüge heute einen englischen Namen, und umgekehrt bedienten sich ausländische Investoren polnischer Firmennamen. Mit dem Lob der staatlichen Großindustrie waren implizit die Kommunisten rehabilitiert. Als Zerstörer eines blühenden Polen und Erfinder des »pathologischen« Systems nach dem Ende des Kommunismus machte der Autor drei Männer aus: den britisch-ungarischen Milliardär George Soros, den Amerikaner Jeffrey Sachs und den polnischen Dissidenten

Bronisław Geremek. Dass alle drei aus jüdischen Familien stammten, musste der Kritiker nicht erwähnen; das besorgten seine Follower im Internet zur Genüge. »Juden entschieden sich in New York zur Auflösung des polnischen Staates«, stand in einem populären Blog zu lesen. Durch das Netz geisterte die Behauptung, »Soros« sei die ungarische Übersetzung des deutschen »Sachs« – was, wie das meiste in derlei Portalen, gar nicht stimmt.

Nicht die Wende selbst geriet nachträglich in die Kritik, sondern wie sie stattfand und wer sie ins Werk gesetzt hatte. Westlicher Liberalismus, so der Vorwurf, sei damals nicht die einzig mögliche Antwort auf das Versagen der Planwirtschaft gewesen. Und schon gar nicht hätten »Kosmopoliten« sie organisieren dürfen. Nach mehr als zwanzig Jahren war damit die Aufarbeitung der Wendejahre eröffnet. Nicht zeithistorisches Interesse trieb die Debatte an, sondern die Auseinandersetzung um den weiteren Weg. Der liberale Gedanke, der die menschliche Gesellschaft angeblich bis ans Ende ihrer Geschichte geführt hatte, schien nun selbst am Ende. Wurden die Weichen nach 1989 wirklich falsch gestellt? Und wenn ja, muss jetzt der Rückwärtsgang eingelegt werden? Wem gehörte die Zukunft: dem liberalen Europa oder autoritären Nationalstaaten? Die Suche nach der Antwort beginnt beim Blick zurück.

***

Im Januar 1989 erreichte den Wirtschaftsprofessor Jeffrey Sachs an der Harvard-Universität in Cambridge, Massachusetts, ein Anruf aus der polnischen Botschaft in Washington. Ob ein Mitarbeiter ihn besuchen kommen dürfe? Sachs war jung und neugierig, ein Termin war rasch gefunden. Der Mann aus Polen war offen und völlig ideologiefrei und bot dem US-Ökonomen aus dem Gedankenzentrum des Kapitalismus frei heraus an, als Regierungsberater nach Warschau zu kommen. Dem Land stand eine schlimme Inflation bevor; niemand wusste so recht, wie es weitergehen sollte. Sachs war interessiert. Ein paar Jahre zuvor hatte er sich mit einer ähnlichen Mission in Bolivien internationales Renommee verschafft. Nach Warschau aber wollte er nicht. Zwar war der dortige Ministerpräsident Mieczysław Rakowski, ein Realist und Reformer, gerade jetzt, da der Regierung das Wasser bis zum Halse stand, für unorthodoxe Ideen gewiss zu haben. Aber noch immer war in Polen die Gewerkschaft Solidarność, obwohl längst ein Faktor, offiziell verboten. Für eine Diktatur, auch für eine scheidende, stark aufgeweichte, mochte Sachs nicht tätig sein.

Wenige Wochen später war das Problem gelöst. Solidarność war endlich wieder zugelassen, Rakowski traf sich mit der Opposition an einem Runden Tisch. Sachs kam nach Warschau und beriet die Dissidenten. Die wussten, dass sie bald vor denselben Problemen stehen würden wie jetzt noch der kommunistische Regierungschef, und Sachs würde ihnen eben die Ratschläge geben, die auch Rakowski gern gehört und umgesetzt hätte. Nicht mehr, was zu tun sei, war 1989 in Polen die Frage, an der sich die Geister schieden, sondern wer es tat.

Von Wirtschaft hatten die Dissidenten nur vage Vorstellungen. Sie wussten, dass alle Reformer auch im Sozialismus immer für mehr Markt eingetreten waren und die Hardliner dagegen. Ein freier Markt jedoch war nicht ihr vordringliches Anliegen, und Privateigentum an Produktionsmitteln noch weniger. Für die meisten Dissidenten und insgeheim auch für die kommunistischen Reformer, nicht nur in Warschau, genoss das kapitalistische Lager gegenüber dem eigenen, dem Ostblock, zwar klar einen wirtschaftlichen Vorsprung, nicht aber einen moralischen. Dass der »reale Sozialismus« nicht demokratisch war, gaben unter der Hand sogar dessen Vertreter zu. Aber für den Gedanken, dass umgekehrt Kapitalismus und Demokratie zusammengehörten, gab es ebenfalls wenig Anhaltspunkte. Den Putsch in Chile, bei dem 1973 der demokratisch gewählte Präsident Salvador Allende ums Leben kam, fanden im Osten auch Regimekritiker unerhört. Die Bilanz der Untaten zwischen den Supermächten galt den meisten Nachkriegsgeborenen als annähernd ausgeglichen. Auf der einen Seite der Waagschale lagen der Einmarsch der Warschauer-Pakt-Truppen in die Tschechoslowakei, die sowjetische Besetzung Afghanistans, die Toten an der Mauer zwischen Ost- und Westdeutschland. Auf der anderen Seite lagen der lange, grausame Vietnamkrieg, die Unterstützung der USA für die »Contra«-Truppen in Nikaragua, die Militäraktionen im Inselstaat Grenada und – noch im Wendejahr 1989 – in Panama.

Der Mann, der die polnische Opposition in Wirtschaftsfragen beriet, war das Gegenteil eines Imperialisten oder brutalen Geldsacks. Jeffrey Sachs war 34 Jahre alt, locker und freundlich, hoch gebildet. Er hatte, wie die meisten seiner Altersgenossen, als Jugendlicher gegen den Vietnamkrieg protestiert, und für die südafrikanische Apartheid empfand er Abscheu. An der Lauterkeit seiner Ziele und Absichten herrschte nirgends Zweifel. Mit Osteuropa verband er, anders als viele seiner westlichen Altersgenossen, nicht bloß bröckelnde Fassaden und moribunde Apparatschiks. Als Jugendlicher war er, ungewöhnlich genug, mit der Familie einmal auf Urlaub in der Sowjetunion gewesen und hatte dort einen jungen Ostdeutschen kennengelernt. Seine Ehefrau war mit zwölf Jahren mit ihrer deutschsprachigen Familie aus der Tschechoslowakei nach Amerika gekommen. Niemand warf Jeffrey Sachs vor, er handele im Interesse eines Konzerns oder sei an persönlichem Gewinn interessiert. Auch als später in Russland zwei seiner Mitarbeiter bei Geschäften auf eigene Rechnung ertappt wurden, fiel auf Sachs kein Schatten. Selbst seine Widersacher erlebten ihn als korrekt und angenehm. »Persönlich war er ohne Fehl und Tadel«, sagt Jože Mencinger, der slowenische Ökonom, der vergeblich seine Vorstellungen von Privatisierung gegen ihn durchsetzen wollte.

Zu den Dissidenten passte Sachs wie der Schlüssel zum Schloss. Wie sie im Osten hatte auch der junge Sachs sich im

Westen an Zynikern und Hardlinern gerieben. Mit Markt-
liberalen wie dem Nobelpreisträger Milton Friedman und seinen »Chicago Boys« teilten die liberalen »Harvard Boys«, zu
denen Sachs sich zählte, das Freiheitsideal. Aber anders als für
Friedman waren Markt und Freiheit für sie nicht dasselbe. Für
Friedman war der Markt allein Demokratie genug; schließlich
nahmen ja alle daran teil und genossen Wahlfreiheit. So fanden er und seine »Chicago Boys« nichts dabei, den brutalen,
aber wirtschaftsliberalen Diktator von Chile, den General Au-
gusto Pinochet, zu beraten. Für die Generation Sachs dagegen
war ein Markt ohne persönliche Freiheit, ohne Demokratie,
Menschen- und Bürgerrechte nicht frei. Umgekehrt schlossen
die Rechte des Einzelnen die freie Marktteilnahme ein. Beide
waren zwei Seiten einer Medaille.

In seiner Sicht traf sich Sachs mit dem Milliardär und Phil-
anthropen George Soros. Der gebürtige Ungar, Jahrgang 1930,
hatte an der London School of Economics als junger Student
den Hochschullehrer Karl Popper aus Wien gehört, den Chef-
theoretiker des westlichen Gesellschaftsverständnisses. Soros'
Generation war gegen alle Ideologien von starker Skepsis
durchdrungen. Beim »kritischen Rationalisten« Popper ging es
angenehm klar, logisch, beinahe naturwissenschaftlich zu. Sein
Hauptwerk, »Die offene Gesellschaft und ihre Feinde«, beein-
druckte den jungen Soros so stark, dass er seine finanziellen
Erfolge in den Dienst dieser Ideen stellte. Der Widerspruch
zwischen seinem Hauptberuf als Börsenspekulant, mit dem
er ganze Volkswirtschaften ins Wanken brachte, und seinem
Engagement für Demokratie und Bürgerrechte bereitete ihm
kein großes Kopfzerbrechen. Dass Soros nach 1989 auch dem
geistesverwandten Sachs ein kleines Büro finanzierte, nutzte
die neue Rechte, ausgehend von seiner Heimat Ungarn, ein
Vierteljahrhundert später zum Aufbau einer großen Verschwö-
rungstheorie. Aber nicht nur dass »die Juden« hinter dem »großen Plan« zum Aufbau eines liberalen Kapitalismus stecken
sollten, war eine Schimäre. Den »großen Plan« gab es gar nicht.

Auf Sachs' Rat hin wurden in Polen zur Jahreswende 1989/90 auf einen Schlag fast alle Preise liberalisiert – die erste von drei »Isierungen«, wie die Wendeschritte später genannt wurden. Nur die Löhne blieben niedrig; sonst wäre die Inflation nicht zu bändigen gewesen. Das Wort von der »Schocktherapie« war geboren; es wurde zum Schlagwort der Neunzigerjahre. So hart die Zeit auch wurde: Zur Katastrophe kam es trotz Liberalisierung der Preise und der »Stabilisierung« durch eingefrorene Löhne und öffentliche Haushalte nicht. Schlimmer als das Elend waren Angst und Unsicherheit. Sachs rechnete später vor, dass in Polens kritischem Jahr 1990 der Konsum von Fleisch und von Obst sogar gestiegen war – ein besserer Indikator für die wirkliche Lage als die fragwürdigen Wirtschaftsdaten. Verloren ging für alle im »sozialistischen Lager« die bescheidene, immerhin aber planbare Zukunft, die die Werktätigen sich verdient hatten. Die Bulgaren traf es doppelt: Weil es vor der Wende nichts zu kaufen gab, sparten sie am eifrigsten und verloren entsprechend am meisten. Wie Sachs es prophezeit hatte, erholte sich die Ökonomie von unten. Es entwickelte sich eine rege »Kiosk-Wirtschaft« aus Kleinhandel und einfachen Dienstleistungen. Ein »Wunder« wie bei der Währungsreform 1948 in Westdeutschland, wo sich über Nacht die Schaufenster mit bisher zurückgehaltenen Waren füllten, blieb aber aus.

Sachs wurde zum Star. Noch während seines Engagements in Polen erstellte der junge Wissenschaftler Konzepte für den letzten Regierungschef Jugoslawiens in Belgrad, flog weiter nach Ljubljana ins soeben selbständig gewordene Slowenien und wurde schließlich nach Moskau gerufen, wo der russische Präsident Boris Jelzin und sein Regierungschef Jegor Gaidar seine Hilfe brauchten. »Time Magazine« reihte Jeffrey Sachs zweimal unter die hundert 100 einflussreichsten »world leaders«. Die »New York Times« erkor ihn zum »wohl bedeutendsten Ökonomen der Welt«, und der nüchterne britische »Economist« gestand ihm immerhin zu, er sei »einer der drei einflussreichsten Ökonomen« der Neunzigerjahre gewesen. Nebenher fand Sachs noch Zeit, weitere Übergangsregierungen von Estland bis in die Mongolei mit Ratschlägen zu versorgen, Aufsätze zu schreiben und Vorträge zu halten.

In der Volkswirtschaftslehre gab es keine Theorie, wie eine Plan- in eine Marktwirtschaft zu überführen sei. Die Wege entstanden im Gehen, und zum Gehen wurden die Akteure meistens von den Umständen getrieben. Den später legendären »Sachs-Plan« tippten der Autor und sein Kollege David Lipton in einer Maiennacht in einem Warschauer Hotelzimmer.[72] Anlass war der Auftrag des Dissidenten Jacek Kuroń, der für den nächsten Tag dringend etwas brauchte, das er den Kommunisten entgegenhalten konnte. Das Papier umfasst etwa 25 000 Zeichen und ist im Faksimile auf Sachs' Homepage nachzulesen. Ein Masterplan für die große Umwälzung ist es nicht. Privatisierungen etwa stellt es nur vage für spätere Jahre in Aussicht. Man könne von einem »Schock-Zugang« sprechen, formulierte Sachs, noch vorsichtig, in seinem ersten Papier, das in der Hotelnacht entstanden war. Gemeint war allein die Preisliberalisierung. Von der Nachfrage nach seinen Ratschlägen und einigen Erfolgen beflügelt, baute der Professor seine Metapher dann aus: »Wenn einer in die Notaufnahme kommt und sein Herz steht still, dann reißt du ihm den Brustkorb auf und fragst nicht danach, was das für Narben hinterlässt.« Zehn Jahre später ging Sachs zu seiner Selbststilisierung auf Distanz. Aus der Schocktherapie wurde der Einsatz im Schockraum. Dort wird einem kein Schock zugefügt. Man landet dort vielmehr, weil man sich schon im Schockzustand befindet.

∗∗∗

Auf Liberalisierung und Stabilisierung folgte die dritte »Isierung«: die Privatisierung. Nicht aber weil sie im Plan gestanden hätte; es gab vielmehr triftige Gründe.

Da, wo der Übergang mit einem Zusammenbruch der Partei, der Institutionen und der Macht einherging, fanden nach dem Abgang der Kommunisten überall »wilde« Privatisierungen statt. Den Plan, der das Wirtschaften der Betriebe determiniert hatte, gab es nicht mehr, auch die Aufsicht der obersten Planungsbehörde fiel damit weg. Wer immer in dieser Lage die Initiative ergriff, war frei zu tun, was er wollte. Für die Aneignung des bisherigen Volkseigentums gab es keine rechtliche Grundlage – anders als in der früheren DDR, die im Augenblick der Wiedervereinigung ein ausgefeiltes Rechtssystem vorfand. In ihren östlichen und südlichen Nachbarländern galt zunächst das Recht des Stärkeren, des Mächtigeren, der Nomenklatura. Russland war das abschreckende Beispiel. Von Parteikontrolle und »sozialistischer Moral« befreit, begannen Manager in großer Zahl damit, sich den Reichtum ihrer Werke privat anzueignen – etwa indem sie Produkte ihrer eigenen Firma unter Wert kauften und beim teuren Weiterverkauf privat mitschnitten oder indem sie private Firmen gründeten, die dann mit den von ihnen geführten Staatsbetrieben unfaire Geschäfte machten. Die heute über hundert russischen Milliardäre begründeten hier ihr Vermögen. Sie schafften es, den Kombinaten die teuren Rohstoffe zu entlocken, gründeten eigene Imperien und ließen die Staatsbetriebe als leere Hüllen zurück. Raffgier und kriminelle Energie muss man ihnen nicht unbedingt allen unterstellen; manche wollten aus ihren stillstehenden Betrieben auch nur die Assets retten. Der »wilden« Privatisierung ließ sich allein durch geordnete Privatisierung Herr werden, nicht durch Disziplinierung, Strafprozesse, Entlassungen. Dazu fehlten den neuen Regierenden in der turbulenten Zeit die Kraft, die Machtmittel, die Gesetze, die Gerichte und oft allein schon die klaren Kriterien.

Wie aber privatisiert man Staatsbetriebe in einem Land, wo niemand das Geld hat, welche zu kaufen? Vier Muster boten sich an; jedes von ihnen hatte seine Vor- und seine Nachteile. Dass und wie das Staatseigentum nach 1989 den Besitzer wechselte, prägte die osteuropäischen Gesellschaften dauerhaft und begründete jahrzehntelange Konfliktlinien. Eine Erfolgsgeschichte wurde die Privatisierung in keinem Land. Aber überall wurde sie zum Urknall der neuen Zeit.

Muster 1 war nur für den kleineren Teil des Volksvermögens anwendbar: die Rückgabe oder Restitution. Grund und Boden, manchmal auch Firmen, sollten den früheren Eigentümern zurückgegeben werden. Das Konzept entsprach dem neuen Bild von der »Rückkehr nach Europa«, dem Schlagwort des Jahrzehnts: Die Phase des »realen Sozialismus« wurde aus der nationalen Geschichte ausgeschnitten; man knüpfte da wieder an, wo man um 1940/41, mit der Eroberung durch Nazi-Deutschland, oder um 1947, mit der Machtergreifung durch die Kommunisten, aufgehört hatte. Rückgabe klang einfach, war aber kompliziert. Betriebe, die in den Vierziger- oder Fünfzigerjahren von den Kommunisten verstaatlicht worden waren, waren 1990 nicht mehr wiederzuerkennen – etwa weil sie enorm gewachsen waren oder nur noch dem Namen nach existierten. Die Erben der früheren Eigentümer waren oft zahlreich, hatten mit der Führung von Unternehmen nichts zu tun und lebten zudem, da ihre Großeltern unerwünschte Bourgeois gewesen waren, meistens im Ausland. Eine Rolle spielte die Restitution nur bei Land- und Grundbesitz. Grundstücke in der Umgebung von Städten waren inzwischen bebaut und bewohnt. Großgrundbesitzer vor dem Zweiten Weltkrieg waren meistens Adlige und die Kirchen gewesen. Ihnen das Eigentum zurückzuerstatten war politisch heikel, und so zogen sich die Verfahren oft über Jahrzehnte hin. Etliches Land – vor allem in Polen, Tschechien, Slowenien – sowie manche Fabriken hatten auch Deutschen gehört, die nach dem Krieg geflüchtet oder vertrieben worden waren. Auch deren Erben, die nun meistens in Deutschland oder Österreich lebten, sollten möglichst nicht zum Zuge kommen. Ein verdrängtes Stück Geschichte kam wieder hoch.

Wo wirklich Ernst gemacht wurde mit der Rückgabe, wurde

sie zum Desaster. In Rumänien und Bulgarien, wo die Landwirtschaft dominierte, waren die Betriebe von den Kommunisten kollektiviert worden. Die Erben der früheren Eigentümer konnten mit der handtuchgroßen Parzelle, die die Großeltern einst bebaut hatten und die sie nun erstattet bekamen, meistens nicht anfangen, zumal sie oft Hunderte Kilometer entfernt lebten. Schließlich war ihr Heimatland inzwischen zum Industriestaat geworden. Die Restitution zerschlug aber die neuen landwirtschaftlichen Produktionsgenossenschaften und die Staatsfarmen. Die Produktivität der Landwirtschaft ging überall rapide zurück. Im warmen, südlichen Bulgarien, das früher ein bedeutender Exporteur von Tomaten gewesen war, gab es nur noch Tomaten aus Griechenland zu kaufen. Rumänien, einst ein großer Getreidelieferant, konnte nicht einmal mehr den eigenen Bedarf decken. Bis weit in die Zweitausenderjahre fuhr man fast überall in Osteuropa Dutzende Kilometer durch wucherndes Brachland, bis man endlich auf einen bewirtschafteten Acker traf.

Manchen allerdings, die im Umbruch ihre Arbeitsplätze in der Industrie verloren hatten, blieb nichts übrig, als tatsächlich ins Dorf der Großeltern zu ziehen und dort Gemüse anzubauen, Hühner und ein Schwein zu halten. Das vermeintliche Idyll hielt zudem nur bis zum EU-Beitritt. Strenge Vorschriften für Tierhaltung und Schlachtung setzten dem Zoo im Hinterhaus ein Ende. Es begann das »landgrabbing«: Internationale Anleger kauften massenhaft Agrarland auf. In ihrer einstigen Domäne, der Landwirtschaft, sind beide Länder um Jahrzehnte zurückgefallen.

Muster Nummer 2 war das sogenannte »Buy-out«, der Verkauf der volkseigenen Betriebe an die, die darin arbeiteten. Es kam in mehreren Varianten vor: Man konnte die Staatsbetriebe entweder den Betriebsleitern oder ihrer jeweiligen Belegschaft oder beiden überantworten. Das Buy-out hatte den Vorteil, dass die neuen Eigentümer den Betrieb kannten und meistens an seinem Erhalt interessiert waren. Aber auch dieses

Verfahren war nicht ohne gravierende Nachteile. Der wichtigste war die offensichtliche Ungerechtigkeit. Ob ein Betrieb erfolgreich war oder nicht, ob er auf einem offenen Markt überhaupt eine Chance hatte, lag in der Planwirtschaft so gut wie nie am Geschäftsführer und noch weniger an der Belegschaft. Kam einer durch die Privatisierung zu Anteilen an einer lukrativen Firma, war das pures Glück. Ebenso unverdient war das Unglück, mit einem hoch verschuldeten Betrieb beschenkt zu werden und obendrein daran mitwirken zu müssen, den eigenen Arbeitsplatz abzuschaffen. Ungerecht war zudem, dass Verwaltungsbedienstete, Lehrerinnen, Krankenschwestern, Ärzte und überhaupt alle, deren Arbeitgeber kein Wirtschaftsbetrieb im kapitalistischen Sinne war, bei dem Verfahren ganz leer ausgingen.

Politisch schufen die Buyout-Modelle besonders viel böses Blut. Die Betriebsleiter, die von dem Modell an erster Stelle profitierten, waren fast alle Parteimitglieder gewesen oder wenigstens eng mit der Staatselite verbunden. Ausgerechnet die Regimegegner, die Kritiker, also die Verlierer der kommunistischen Ära, kamen schon systembedingt in keinem Falle zum Zuge. Schließlich waren sie nirgends Chefs gewesen. Überdies hatten die roten Manager sowohl ein Interesse als auch die Möglichkeiten, die Zahlen zu manipulieren: Je schlechter die Bilanz ihrer Staatsfirma war, desto günstiger war der Preis und desto geringer waren die Auflagen beim Verkauf. In mehr oder weniger ähnlicher Form trat das Ergebnis in allen Ländern ein, die für den Umbruch den Weg des geringsten Widerstands gewählt hatten: in Bulgarien, Rumänien, Serbien und Kroatien.

Privatisierungsmuster Nummer 3 schien zunächst als das gerechteste und effizienteste: Der Staat gab danach an die ganze Bevölkerung kostenlos oder zu einem geringen Preis Scheine aus, mit denen man Anteile an Unternehmen erwerben konnte. Fast überall im früheren Ostblock wurde wenigstens zeitweise mit solchen »Coupons« oder »Vouchers« experimentiert. Den Erfindern des Modells hatte, ganz im Geist der Zeit, eine Gesellschaft aus lauter geschäftstüchtigen Kleinaktionären vorgeschwebt, Männern und Frauen, die beim Frühstück den Wirtschaftsteil der Zeitung lasen, Anteile kauften oder abstießen, sich auf der Aktionärsversammlung zu Wort meldeten und nach tüchtigen Managern Ausschau hielten. Aber so eine Gesellschaft gab es nicht einmal in Amerika, und in Osteuropa entstand sie erst recht nicht. Überall gründeten findige Geschäftsleute stattdessen rasch Fonds, die solche Coupons sammelten und den Besitzern hohe Gewinne versprachen. Berühmt wurde der Fall des Viktor Kožen', eines jungen Tschechen, der 15-jährig mit seinen Eltern nach München gekommen war und später in den USA, angeblich in Harvard, studiert und dann bei einer Investmentbank in London gearbeitet hatte. Kožen' nutzte den klingenden Namen der Elite-Universität, gründete eine »Harvard Capital and Consulting« und versprach Tschechen, die ihm ihre Coupons anvertrauten, einen Gewinn von tausend Prozent. Er erwarb mit den Coupons tatsächlich Anteile an einigen Firmen, verkaufte deren profitable Teile und verschob den Erlös auf die Bahamas. Später wiederholte er das kriminelle Manöver in Aserbaidschan.

Mit der Verteilung von Coupons kam kein Unternehmen zu einem Eigentümer, der es führen oder gar sanieren und in seine Zukunft investieren konnte. So hatte das Unwesen mit den Fonds sogar seinen Sinn. Viele Fonds wurden von vornherein von Banken gehalten, die dann nach geeignetem Führungspersonal suchten. Andere Fonds wurden später an Banken verkauft. Am Ende der Nahrungskette standen dann westliche Banken, die die östlichen aufkauften.

Schließlich konnte ein Staat, Muster Nummer 4, seine Betriebe auf dem Weltmarkt anbieten und hoffen, dass sich irgendwo im Ausland ein reicher Investor fand, der etwas damit anfangen konnte. Am einfachsten gestaltete sich das in der DDR. Eine Behörde, die sogenannte Treuhandanstalt, verkaufte die Staatsbetriebe. Meistens kamen westdeutsche Unternehmer zum Zuge. Dass sie gewissermaßen die geborenen

Käufer waren, wurde wenigstens zunächst nicht als Problem empfunden; schließlich war man ja, wie es die Demonstranten im Herbst 1989 skandiert hatten, »ein Volk«. Kritisiert wurde eher, dass das bisherige Volkseigentum so verschleudert wurde. Alle Betriebe Ostdeutschlands brachten zusammen 34 Milliarden Euro ein – ungefähr den Verkaufspreis eines einzigen heutigen Mobilfunk-Unternehmens. Klagen lösten nur Schulterzucken aus; die Preise gehorchten eben dem Gesetz von Angebot und Nachfrage: Wo der Markt mit einem Angebot von rund 10 000 Unternehmen überschwemmt wurde, durfte man keinen hohen Kaufpreis erwarten. Unmut erregte auch, dass unverkäufliche Betriebe »abgewickelt«, also geschlossen wurden. Die Arbeitslosigkeit stieg rasch auf 15 Prozent.[73]

Die meisten »Transformationsstaaten«, wie sie jetzt hießen, entschieden sich für eine Kombination dieser Privatisierungsmuster. Die Tschechoslowakei wandte vor allem die Coupon-Methode an. Ungarn musste, da besonders hoch verschuldet, das meiste rasch ans westliche Ausland verkaufen. Russland schloss ausländische Investoren dagegen de facto aus, ebenso das kleine Slowenien. Polen stoppte eine beschlossene Privatisierung großen Stils wieder, Rumänien und Bulgarien ließen die meisten Unternehmen erst einmal in Staatsbesitz. Im früheren Jugoslawien hatten die Betriebe meistens nicht dem Staat gehört. Sie waren vielmehr »gesellschaftliches Eigentum«. Das hieß, sie gehörten, ähnlich wie in manchen Marktwirtschaften die Stiftungen, sich selbst. Um sie privatisieren zu können, musste man sie erst einmal verstaatlichen. Während der Kriege in Serbien und Kroatien nutzten die jeweiligen Regime das neue Staatseigentum als Machtbasis und übereigneten die Betriebe an Eigentümer, die ihnen politisch nahestanden. Relativ den besten Weg fand wahrscheinlich Slowenien. Es übertrug die meisten Unternehmen an große Fonds, deren Ertrag der Allgemeinheit zugutekam. Das Management konnte bleiben und weitermachen wie vorher. Auf diese Weise kam zwar nicht viel Kapital und viel Know-how ins Land. Das war aber auch nicht so nötig wie andernorts. In Jugoslawien, das keine Planwirtschaft kannte, war man den Umgang mit internationalen Märkten gewöhnt. Schon vor 1990 war Slowenien im Westen mit Markenprodukten erfolgreich, etwa mit Gorenje-Kühlschränken und Elan-Skiern.

Das Ei des Kolumbus fand in Sachen Privatisierung kein einziges Übergangsland. Schon da, wo sich fähige und unternehmende Investoren fanden, wurde es für die Beschäftigten bitter genug. Die Belegschaften wurden drastisch reduziert. Die privatisierten Unternehmen, die im Sozialismus die wichtigsten Träger des gesellschaftlichen Lebens gewesen waren, zogen sich aus allen sozialen Verpflichtungen zurück. Früher waren die Fabriken nicht nur Orte zum Arbeiten gewesen; sie organisierten die Freizeit, unterhielten den Fußballklub und das Kulturhaus, vermittelten Reisen und ersetzten so gut wie alles das, was im Westen die Vereine leisteten. Die Kantine, in der man sich verpflegt hatte, schloss. Jetzt kam eine Catering-Firma, die Gewinn abwerfen musste. Es war noch das beste Szenario. Aber auch wo organisiert privatisiert wurde, gerieten Unternehmen oft in die Hand fragwürdiger oder unfähiger Eigentümer, die nur auf schnellen Profit aus waren, rasch alles zu Geld machten, was irgendwie Ertrag versprach, und den ausgeplünderten Rest seinem Schicksal überließen.

Wo »wild« oder gar nicht privatisiert wurde, war es noch schlimmer. In Russland, besonders in Sibirien, waren ganze Städte mit einem Kombinat so gut wie identisch. Als es plötzlich stillstand, verwandelte sich ein lebendiges Gemeinwesen in eine bloße Ansammlung von Häusern, in denen arbeitslose Menschen um ihr Leben kämpfen mussten – bis ein Oligarch kam, die Herrschaft an sich riss und die Menschen und die Firma ausplünderte. Hier, aber auch in Bulgarien, in Serbien, Kroatien, Nordmazedonien, Albanien entwickelte sich eine Szene organisierter Kriminalität. Allgemein akzeptierte Geschäftssitten gab es nicht, Handelsgerichte waren unbekannt. Wo die alten Strukturen verschwunden waren und eine neue

Gesetzlichkeit nicht in Sicht war, wie in Russland, aber auch auf dem Balkan, wurde »Privatisazija« im Volksmund zur »Prichvatisazija«, zum räuberischen Zugriff. Große Deals wurden unter den scharfen Augen muskelbepackter Bodyguards abgeschlossen. In Sofia zitterte das Business vor den »borci«, den professionellen Ringkämpfern, die vor 1990 ihre überschüssige Kraft in Box-, Ring- oder Karate-Arenen losgeworden waren, danach aber sogenannte Security-Firmen gründeten und Geschäftsleute »schützten« – wobei meistens sie selbst die Bedrohung waren, vor der sie Schutz versprachen.

∗∗∗

In akademischen Kreisen im Westen herrschte schon bald nach 1989 Skepsis gegenüber dem, was in Osteuropa geschah und was Sachs als Schocktheorie ausgab. Die Entwicklung widersprach keiner einschlägigen Theorie, wohl aber einer einschlägigen Praxis: der chinesischen. Unter dem Reformer Deng Xiaoping hatte sich die kommunistische Volksrepublik China schon zehn Jahre früher nach und nach der Marktwirtschaft geöffnet. Ein entscheidender Schritt etwa war dort, dass der Staat das Monopol über die Industrie aufgab: Private Handwerksbetriebe durften sich zur Industrie erweitern. Jeder, der wollte und konnte, durfte eine Fabrik gründen.

Einen »Schock« oder einen »Big bang«, einen Urknall, gab es in China nicht. Eine plötzliche Preisfreigabe, wie in Polen, fand nicht statt. Erst einmal durften die Staatsfirmen einen Teil ihrer Produktion frei auf dem Markt verkaufen; den anderen Teil mussten sie zu nach wie vor staatlich festgesetzten Preisen an den Staat abführen. Vor allem kam es zu keiner Privatisierung. Die großen Kombinate blieben in Staatshand; es kamen nur neue – private – Betriebe hinzu. Der chinesische Weg erwies sich als äußerst erfolgreich. Von 1978 an, dem Jahr der Öffnung, wuchs die Wirtschaft über zwölf Jahre so schnell und so stetig wie im Deutschland der Nachkriegszeit. Schon

1990 produzierten Private fast die Hälfte der Industriegüter. »Privatisierung«, schlossen Sachs-Kritiker aus dem chinesischen Beispiel, sei offensichtlich »nicht unbedingt das Herzstück einer Reformpolitik«. Eher sei sie wohl ein »roter Hering« – etwas Spektakuläres, von dem sich alle ablenken lassen, während das eigentlich Wichtige sich woanders abspielt.[74] Wichtiger als die Eigentümerschaft der Betriebe, so die Kritiker, sei deren Effizienz.

Der langsame Weg bot viele Vorteile. Wo, wie in China, privater und öffentlicher Sektor auf dem Markt konkurrierten, mussten die Staatsfirmen sich reformieren, wenn sie gegen die neuen Mitbewerber nicht ins Hintertreffen geraten wollten. Auch den neuen, privaten Firmen kam die Konkurrenz zugute: Anders als bei der großen Massenprivatisierung in Osteuropa, wo die neuen Kapitalisten das Staatseigentum fast geschenkt bekamen, mussten chinesische Unternehmer tatsächlich etwas leisten, wenn sie erfolgreich sein wollten. Schließlich fungierte der staatliche Sektor auch als soziales Netz: Weil die Sanierung der Kombinate langsam vonstattenging, ließ sich Massenarbeitslosigkeit vermeiden.

In Osteuropa aber konnte das chinesische Beispiel aus zwei Gründen nicht funktionieren: einem ökonomischen und einem politischen. China war vor Beginn seines Reformwegs ein Entwicklungsland gewesen. Vier Fünftel der Bevölkerung lebten auf dem Lande, in der Staatswirtschaft war nur jeder Zehnte beschäftigt. Der chinesische Weg hatte entsprechend mit einer Reform der Landwirtschaft begonnen. Sie setzte viele Kräfte frei, die für den Aufbau einer Privatwirtschaft gebraucht wurden. Osteuropa dagegen war längst industrialisiert und verstädtert. Eine Reservearmee auf dem Lande, wie in China, gab es nicht. In der Tschechoslowakei etwa war die Hälfte der Beschäftigten in der Industrie tätig, mehr als im Westen.

Noch schwerer wog das politische Argument: Eine starke Regierung, die den langsamen Weg hätte gehen können, war nirgends in Sicht. Osteuropa hatte, je nach Land, entweder eine

Revolution oder einen Zusammenbruch erlebt. Die neuen Regierenden hatten alle Mühe, die Kontrolle über das Geschehen im Lande zu behalten. Eine allmähliche, geplante Öffnung Schritt für Schritt konnte nur eine starke Macht bewerkstelligen, die sich mangels Wahlen um Stimmungen im Volk nicht scheren musste. Funktionieren konnte der langsame Weg zudem nur, wenn die Öffnung für Importe sich in Grenzen hielt. Die Staatsbetriebe waren auf dem Weltmarkt nicht konkurrenzfähig. Sie waren darauf angewiesen, dass der Markt geschützt blieb. So kauften sie die Zeit, die sie brauchten, um wettbewerbsfähig zu werden. Hätte China Solarzellen importiert, statt selbst welche zu entwickeln, würden seine Unternehmen den Weltmarkt dafür heute nicht beherrschen. Als Vorbild taugte es trotzdem nicht, denn die Herausforderungen in Osteuropa waren ganz andere. Wie schützt man einen Markt vor einer konsumhungrigen Bevölkerung, die deutsche Autos und japanische HiFi kaufen will? Die sich das Recht dazu soeben erst auf der Straße erstritten hat? Keine osteuropäische Regierung, die sich nun ja Wahlen stellen musste, hätte sich ohne Reisefreiheit und ohne Zugang zur westlichen Warenwelt lange halten können.

In China gab es das Problem nicht. Die kommunistische Partei hielt an ihrem Machtmonopol fest. Nicht umsonst war es auch in Russland der Geheimdienst KGB, der in den Umbruchjahren besonders leidenschaftlich für einen möglichst langsamen, allmählichen Übergang zur Marktwirtschaft plädierte. Ein »sanfter« Weg aber war das gerade nicht. Der langsame Weg war zugleich auch ein gewaltsamer. Demokratie war weder den kommunistischen Machthabern in China noch den neuen Nationalisten in Osteuropa wichtig. Mit Machtmonopolen hatten sie beide keine Probleme. Während Jeffrey Sachs in Warschau seinen Plan schrieb, ließ in Peking der Reformer Deng den Platz des Himmlischen Friedens von Demonstranten räumen. Es wurde ein Massaker mit bis zu zehntausend Toten.

Auch wenn das Modell der Übernahme durch den Westen letztlich doch nicht so freundlich war und den Osten Europas in eine Sackgasse geführt hat: Die zweite Wende würde erst recht zum Desaster. Wollte eine Regierung die Entwicklung zurückdrehen, müsste sie erst einmal die Konsumwünsche der Bürger beschneiden, damit genug Geld da ist, um ein neues, nationales Modell zu stiften – ein brachiales Aufbau- und Nachholprogramm. Die Bestrebungen der Jugend, ins Ausland zu gehen, müsste eine solche Regierung mindestens ächten, wenn nicht behindern. Angetrieben würde die Staatsmaschine bei ihrem Wendemanöver von nationalistischen Ressentiments und von partikularen Interessen der Neureichen und Oligarchen. Am Steuer säße ein Autokrat. Mit der Mitgliedschaft in der Europäischen Union wäre diese Entwicklung nicht zu vereinbaren: An jeder Ecke stieße ein solcher Staat mit den Freiheiten in der Union zusammen.

Zu besichtigen ist das Ende des Weges in Russland – der einstigen Weltmacht, die auch nach dreißig Jahren Kapitalismus von ihrem Drohpotenzial und ihren Gas- und Ölreserven lebt. Würde die eine oder andere Nation, Polen oder Tschechien vielleicht, es schaffen, im statistischen Pro-Kopf-Einkommen ganz zu den westlichen Nachbarn aufzuschließen, so zahlte sie einen hohen Preis: Ungleichheit. Der Durchschnitt könnte stimmen, aber die eine Hand im Backofen und die andere in der Tiefkühltruhe ergibt keine angenehme Körpertemperatur.

Die Alternative wäre, wenigstens dem Ziel nach, die vollzogene Übernahme Osteuropas als Tatsache zu akzeptieren und ihre Folgen freundlich zu gestalten: europäisch. Müsste nicht jedes Land mit sich selbst zurechtkommen, könnten alle glücklich sein, wenn von dort viele junge Leute zum Studieren ins Ausland gehen und da eine gute, erfüllende Arbeit finden. Wenn europäische Konzerne sich auf dem Weltmarkt behaupteten, käme es über Steuern und Sozialabgaben allen Europäern zugute. Dass die letzten Naturparadiese auf dem Balkan nicht Stauseen und Großplantagen weichen müssten, wäre unter diesen Bedingungen für die Anwohner wirtschaftlich kein Nachteil. Mit der Herstellung unwahrscheinlicher Zustände haben die Osteuropäer Erfahrung. Allein aber, ohne Einsicht im Westen und ohne dessen tätige Hilfe werden sie die Barriere am Ende der Sackgasse nicht einreißen.

Brüchige Linien

Alltagskultur:
Was uns verbindet und unterscheidet

Laborversuche mit Menschen sind selbstverständlich un-
ethisch. Wenn es sich aber so ergibt, dass etwa eineiige Zwillinge wegen irgendwelcher Umstände nach der Geburt getrennt
werden, dann nutzt die Wissenschaft gern die Gelegenheit zu
studieren, was den inzwischen Herangewachsenen angeboren
war und was auf die Umwelt zurückgeführt werden muss. So
sauber wie bei früh getrennten Zwillingen lassen sich die beiden Einflussfaktoren sonst nie unterscheiden.

Was den Psychologen die Zwillinge sind, war den Zeithis-
torikern und Politologen die deutsche Teilung: Ein Teil kam
zum Westen, einer zum Osten. Beide Teile, BRD und DDR,
verfügten praktisch über dasselbe historische Erbgut. Noch of-
fensichtlicher war der Fall bei der Teilung Berlins. Alle Unterschiede, die sich 45 Jahre später fanden, mussten folglich auf
die gegensätzlichen Systeme zurückzuführen sein.

Ausgehend vom geteilten Deutschland prägte dieser Labor-
blick das Bild, das eine ganze Generation sich auch vom geteilten Europa machte. Das Erbe war gemeinsam; der Unterschied lag bloß im System. Schlug einem ein ruppiger Moskauer
im Kaufhaus GUM die Glastür vor die Nase, schnauzte einen
in Prag der Kellner an, war es der Sozialismus. Was immer in
der DDR, der Sowjetunion oder auch in Rumänien geschah,
wurde im Westen ausschließlich politisch-ideologisch gedeutet. Die Mächtigen im Osten unterstützten die Sichtweise. Der
Kommunismus war es ja, von dem die Herausforderung zur
»Systemkonkurrenz« ursprünglich ausging: Die Errungen-

schaften der Sowjetunion sollten die Überlegenheit des Sozialismus beweisen. Kultur war bloß Folklore.

Nach dem Fall der Mauer blieb die Zwillingsforscher-Perspektive noch eine Weile erhalten. Der Sozialismus war weg. Geblieben war im westlichen Bewusstsein aber der »Homo sovieticus«, ein ideologisch-kulturelles Mischwesen, gezeugt zwar von den Kommunisten, inzwischen aber auch ohne Erzeuger und in veränderter Umgebung lebensfähig. Es mangelte ihm, so das Klischee, an Eigeninitiative und vor allem an Unternehmergeist. Lange blieb das Bild vom postkommunistischen »Ostmenschen« nicht erhalten, denn mit der Vorstellung vom »Raubtier-Kapitalismus«, der sich im Osten Europas zu entwickeln schien, lässt es sich schwer zusammenbringen. Gleichzeitig begann die Suche nach kulturellen Etikettierungen für die fremden Nachbarn. Vorschub geleistet hatten dem neuen Blick die mitteleuropäischen Dissidenten, indem sie sich um kulturelle Abgrenzung nach Osten bemühten. Ihr Selbstbild blieb aber vage. Was aus ihrer Sicht einen »Mitteleuropäer« charakterisieren sollte, versuchten sie nie auf klare Begriffe zu bringen. Es hätte eine Abgrenzung nach Westen bedeutet. Die aber war nicht gewünscht.

Es wäre auch schwierig geworden. Wer in Europa auf der Suche nach kulturellen Unterschieden ist, nach Brüchen in Gebräuchen und Gewohnheiten, sollte seine Reise besser entlang eines Längengrads beginnen. Zwischen Tallinn und Tirana oder zwischen Oslo und Otranto ist die spontane Ausbeute weitaus ergiebiger. Reist man auf dem Breitengrad, etwa von Wuppertal über Warschau nach Woronesch, stößt man dagegen eher auf Gemeinsamkeiten – wenn es etwa um das Gesprächsverhalten geht, um Ess- und Trinksitten, in den Umgangsformen, im Straßenverkehr, sogar in den Bauweisen oder beim Kunstgenuss.

In der Landschaft sowieso, aber auch in den Siedlungsformen und in der Architektur erstreckt sich ein Kontinuum über den Erdteil. Wenn es Brüche gibt, dann so gut wie niemals da, wo einst der Eiserne Vorhang verlief. Hätte es in früheren Epochen je einen starken und konstanten Wunsch gegeben, ein eigenes Östliches vom Westlichen zu unterscheiden, so hätte er gewiss auch steinerne Zeugen hervorgebracht. Aber die sichtbaren Marker, die die östliche Seite der Systemgrenze von der westlichen absetzen, stammen allesamt aus der Zeit nach dem Zweiten Weltkrieg: Plattenbau-Siedlungen, Partisanen-Denkmäler, stalinistische Paläste. Selbst an viel älteren »Systemgrenzen«, wie der zwischen germanischen Dänen und slawischen Russen im Mittelalter, stehen einander, in Feindschaft vereint, zwei täuschend ähnliche, in diesem Falle: ähnlich hässliche Trutzbauten gegenüber – eine »Hermannsburg« auf der westlichen und eine »Iwansburg« auf der östlichen Seite – und künden von verblüffender kultureller Gemeinsamkeit.

Auf der Strecke nördlich der Alpen wird es von West nach Ost graduell immer bunter – von den schlichten, grauen Dörfern Englands und Nordfrankreichs, der Ardennen oder des Hunsrück bis zu den grellen Billboards der Spielhöllen, den farbenfrohen Bauernhäusern Russlands oder der Walachei und den modernen orthodoxen Kirchen oder Moscheen in Knallblau und Tankstellengrün, gekrönt von gleißend goldenen Kuppeln. Die prächtigen gotischen Bauten des Mittelalters ziehen sich von England und Frankreich nach Polen und ins Baltikum, Ungarn, ins rumänische Siebenbürgen und bis zum Bischofspalast von Nowgorod. In Teilen der Slowakei kommt die Frequenz an Ritterburgen an das mittlere Rheintal heran. Krakau, Prag und Riga sind Archetypen des mittelalterlichen Städtebaus.

Vor allem im Süden des Ostens herrscht im Erscheinungsbild der Städte und Dörfer eine Vielfalt und verrät eine solche Vielzahl an Einflüssen auf engem Raum, wie sie der Westen so nicht kennt. Das katholisch-barocke Vilnius mit seinen verschnörkelten Helmen auf jedem Kirchturm ist nach seinem Erscheinungsbild vom bürgerlichen Riga so weit entfernt wie im Westen etwa Salzburg von Gent. Im Osten liegen 300 Kilometer dazwischen, im Westen 1000.

An der östlichen Adria prägen kleine, malerische, aufs Meer hinaus gebaute Städte venezianischen Typs die Küste. Im balkanischen Hinterland, in Bosnien, Serbien, Albanien, Kosovo und bis nach Bulgarien hinein dominieren schmucklose, oft unverputzte, vereinzelt stehende Familienhäuser in Gitterbauweise das Bild. Alte Bausubstanz ist hier, im einstigen Herrschaftsbereich der Osmanen, selten. Erst die griechischen Inseln mit ihren weiß getünchten Würfelhäusern bieten wieder ein unverwechselbares Corporate Design.

Rumänien, im Westen für viele ein blinder Fleck, ist voll unentdeckter Schönheit. Noch die bescheidensten Katen der Walachei oder der nördlichen Maramureș sind farbenfroh bemalt, die Zäune und Toren mit bäuerlichen Schnitzereien verziert. Stolze Wehrkirchen mit einer Mauer ringsum krönen die Dörfer in Siebenbürgen. Städte wie Sibiu (Hermannstadt), Brașov (Kronstadt) oder Sighișoara (Schäßburg) müssen den Vergleich mit Carcassonne oder Rothenburg ob der Tauber nicht scheuen. Bukarest schließlich bietet ein Panoptikum aus üppigen klassizistischen Palais, strengen Bauhaus- und verspielten Jugendstil-Villen. Überhaupt sind die feinsten und auch die größten Ensembles des Art nouveau Europas im Osten zu finden, von Riga bis ins kroatische Osijek oder nach Iași (Jassy) an der moldauischen Grenze.

Ost-westliche Brüche sind auch in der Alltagskultur, im gewöhnlichen Umgang nicht so offensichtlich wie nord-südliche. Jeder Europa-Reisende weiß: In Richtung Norden geht es im Allgemeinen ruhiger und reservierter zu, in Richtung Süden tendenziell lauter und lebendiger. An der Nord- und Ostsee wird regelbewusster, am Mittelmeer aufmerksamer Auto gefahren. In Spanien, Italien, Kroatien tafelt man des Abends extensiv und macht sich gern fein. Nördlich der Alpen ist dafür das Frühstück ausgiebiger, und man kleidet sich eher casual. Europa-Vagabunden aus Wirtschaft und Verwaltung fallen zu solchen Ähnlichkeiten und Kontrasten jede Menge Beispiele ein.

Wüsste man nichts von Grenzen und Sprachen und müsste man die Menschen einfach nur beobachten, würde man Ost-West-Trennlinien kaum ziehen können. Im westlicheren Österreich und im östlicheren Ungarn, bis weit nach Rumänien und in die Ukraine hinein, gelten die gleichen kommunikativen Codes. Man weiß, wie der andere es meint, wenn er etwas sagt. Berufliche Termine dauern mindestens eine volle Stunde und beginnen mit einer Tasse Kaffee. Mündliche Absprachen sind mehr wert als schriftliche Verträge. Dass ein Besucher nach Berliner Sitte auf einen Stuhl in einem eiskalten Konferenzzimmer gesetzt wird, dass der Gastgeber sich zur Begrüßung als »ein bisschen im Stress« outet und deshalb ohne Umschweife zur Sache kommt, dass der Gast nur auf Nachfrage einen sogenannten Kaffeepott vor die Nase gestellt bekommt, »Zucker habe ich leider keinen gefunden« – das alles wäre in den vier östlichen Ländern undenkbar.

Eine Etage weiter nördlich fremdeln auch Polen und Deutsche kaum miteinander, wenn es nicht gerade um Politik oder um Geschichte geht. Im Umgang mit Verträgen geht es in beiden Ländern ähnlich pingelig zu. Der Empfang eines Besuchers wäre in Warschau vielleicht weniger schroff. Dafür wird auf den Straßen östlich von Oder und Neiße noch ein bisschen mehr gerast, gedrängelt und beleidigt – mit dem Ergebnis, dass die Zahl der Verkehrstoten pro gefahrenem Kilometer doppelt so hoch liegt wie in Deutschland. Von der arroganten Eleganz, mit der etwa römische Autofahrer sich Vorrang vor Fußgängern verschaffen, sind Polen und Deutsche allerdings gleich weit entfernt.

Nicht immer sind solche Unterschiede nur Geschmackssache. Den Vereinten Nationen fiel es einmal ein, einen verdienten Politiker aus Finnland zum Verwalter des Kosovo zu machen. Der Mann hatte im Nordirland-Konflikt schon erfolgreich vermittelt. Also bezog er ein Büro in der Hauptstadt

Priština und empfing lokale Gesprächspartner, Albaner ebenso wie Serben – wie es von einem UNO-Repräsentanten erwartet wird. Die Kosovaren kamen nach Landessitte stets zu mehreren, schüttelten dem Mann die Hand und begannen sogleich ein Gespräch, stellten höfliche Fragen. Der Finne blickte sie an. Blickte zehn, zwanzig, dreißig Sekunden. Eine halbe Minute Schweigen bringt Kosovaren, gleich ob Albaner oder Serben, zuverlässig zur Verzweiflung. Was hatte der Mann? War ihm schlecht? Ein Schlaganfall? Dass der Politiker so lange über eine Antwort nachdenken könnte, kam ihnen nicht in den Sinn.

Es war ein kultureller Clash, aber keiner vom Typ West-Ost. Die Verantwortlichen im fernen New York hatten gedacht, ein Finne kenne sich wegen der geografischen Nähe und der historischen Verbindung zu Russland überall im Osten einigermaßen aus. Weit gefehlt; ein Spanier etwa hätte sich in der balkanischen Umgebung bestimmt besser zurechtgefunden. Gesprächsökonomisch gesehen liegen Barcelona und Bukarest weit näher beieinander als Helsinki und Priština. Und nicht nur in der Kommunikation: Als der Verwalter jedes Wochenende heim nach Finnland flog, seinen Dienst nur Di-Mi-Do versah und das mit seinen Familienpflichten begründete, war seine Mission rasch zu Ende. Es ging einfach nicht mehr.

Gut erforscht ist, da Indikator für die Lebenseinstellung und die Geselligkeit, in Europa der Umgang mit Alkohol. Von den Britischen Inseln über Skandinavien bis nach Polen und Russland zieht sich das Trinkverhalten des »nördlichen Typs«. Bevorzugt werden harte Sachen: Whisky, Aquavit, Wodka. Man trinkt nicht täglich, dafür aber gründlich. Vollräusche sind nicht peinlich, im Gegenteil: Nicht selten rühmt man sich ihrer sogar. »Kalsarikännit«, finnisch für: sich in Unterwäsche allein betrinken, gilt als witzig. In Hotels an der Straße von Helsinki nach Sankt Petersburg kommt es, weil der Schnaps dort billig ist, auf russischem Boden allwöchentlich zu komatösen Besäufnissen durch ganz bürgerliche, angepasste Arbeitnehmer aus beiden Nachbarnationen. Die Erlebnisberichte von Ausländern über »Toasts« und Gelage in Russland füllen Bibliotheken. Aber auch wer an einem Wochenendabend einen Spaziergang durch eine irische Kleinstadt unternimmt, muss aufpassen, dass er nicht auf schlafende Bürger tritt. Sogar Bürgerinnen liegen herum.

Im Süden, gleich ob Osten oder Westen, sind solche Exzesse verpönt, in Deutschland wenigstens für Menschen über fünfundzwanzig. Weder in Italien oder Spanien noch in Serbien oder Bulgarien begegnet man Betrunkenen auf der Straße, und wenn doch, dann einigen wenigen chronischen Alkoholikern am Rande der Obdachlosigkeit. In Serbien kultivieren manche die Sitte, morgens vor dem Frühstück einen Sliwowitz zu kippen und dann bis zum Abend nichts mehr. Wichtig ist dabei das rechte Maß; wer im Rausch angetroffen wird, gilt als absturzgefährdet. Was den Pro-Kopf-Konsum von reinem Alkohol angeht, hielt der Süden früher mit dem Norden trotzdem mit: Franzosen schafften mit gut über den Tag verteiltem Weintrinken bei der Alkoholmenge sogar europäische Spitzenplätze. In jüngerer Zeit ist der Süden jedoch stark zurückgefallen. Der Brauch, spätestens zu Mittag Wein oder, wie in Deutschland, bei der Arbeit Bier zu trinken, ist aus der Mode gekommen, ohne dass das Tabu gegen das Binge-Drinking gefallen wäre.

Mit Konfessionen hat das Trinkverhalten übrigens nichts zu tun: Nordische Wochenend-Alkis können katholisch, anglikanisch, lutherisch oder orthodox sein, und Südosteuropas Muslime pflegen die Koransure 5, die den Genuss geistiger Getränke verbietet, fromm zu überschlagen.

Nicht im prinzipiellen Umgang mit der Droge, aber doch in der Intensität ihrer Nutzung zeigt sich dann allerdings ein relativer Ost-West-Unterschied. Beim Alkoholdurchsatz nehmen Osteuropäer weltweit die vordersten sechs Plätze ein. Fünf davon halten ex-sowjetische Nationen: Weißrussland führt vor Moldau, Litauen, Russland und der Ukraine; nur Rumänien konnte sich noch dazwischen platzieren. Unter den zwanzig

Ländern mit dem höchsten Äthanolverbrauch liegen 14 in Osteuropa und nur eines, Frankreich, im Westen des Kontinents – dort auf dem schon leicht ernüchternden Platz 18. In fünf Ost-Nationen jedoch: in Slowenien, Bulgarien, Estland, Albanien und Bosnien, wird sogar weniger getrunken als in Deutschland, das mit einem achtbaren Platz 23 im weltweiten Vergleich ebenfalls noch zu den eher benebelten Ländern gehört.

Vor der großen Wende und in den Monaten danach waren Osteuropäer, die nach Stockholm oder Helsinki, Berlin, Wien oder Triest kamen, noch an der Kleidung zu erkennen – an den Kunstlederjacken und den graubraunen Bügelfaltenhosen die Männer, die Frauen an ihren Tweedröcken, Stiefeletten und blickdichten Strumpfhosen. Bald galten nur noch die Schuhe als Erkennungszeichen. Schon in der zweiten Hälfte der Neunzigerjahre war die Jugend in beiden Teilen des Kontinents nach dem Wohnort schon nicht mehr zu unterscheiden. Rasch wuchs der Kontrast sich vollends aus.

Wer sich heute mit verbundenen Augen in eine unbekannte europäische Innenstadt führen lassen würde, dort die Binde abnähme und dann raten müsste, ob er westlich oder östlich des einstigen Eisernen Vorhangs gelandet ist, könnte sich an der Kleidung nicht mehr orientieren, auch nicht am Zustand der meist sorgfältig restaurierten Gebäude oder an der Ordnung auf den Straßen. Ganz verloren ist er deshalb aber noch nicht. Weitgehend, wenn auch nicht hundertprozentig sicher ist der europäische Augentest. Man gehe durch die Straßen und versuche, die Blicke von Passanten einzufangen. Gelingt es, ist man im Westen. Gelingt es nicht, ist man im Osten. Nur Ausländer verzerren das Testergebnis.

Aus Gründen, die noch zu erforschen wären, vermeiden es Fußgänger zwischen Estland und Bulgarien, Russland und Albanien nicht nur in Städten, sondern sogar auf dem Lande, ihre Blicke schweifen zu lassen und Unbekannten zufällig auch nur für einen Moment in die Augen zu schauen. Tut man es doch, dann nur zum Zweck verbaler Kontaktaufnahme. Erst recht nicht verbreitet sind kleine Grußgesten zwischen Unbekannten – ein kurzes, freundliches Zunicken im Gehen, ein Hallo beim Einsteigen in den Aufzug, die Tür aufhalten, wenn jemand hinter einem das Geschäft betreten will. Vor allem Russland wird deshalb gern als das »Land ohne Lächeln« beschrieben. Aber die ganze Region wirkt durch den fehlenden Blickkontakt auf neue Besucher eigentümlich unfroh. Warum sie in Osteuropa alle so »grumpy« seien, so mürrisch, wird in Chaträumen erörtert. Zu Unrecht: Lernt man die brummigen Menschen von der Straße persönlich kennen, erweisen sie sich meistens als herzlich, zugewandt und gastfreundlich.

Emotionen im öffentlichen Raum sind weniger wahrnehmbar. Ihrem Ärger oder ihrer Freude, so scheint es, geben nur Roma, Touristen und Betrunkene Ausdruck. Ehepaare schimpfen auf der Straße nicht miteinander, man lacht nicht laut auf. Umgekehrt scheint Osteuropäern die Extrovertiertheit im Westen erklärungsbedürftig. »Westlern«, meinte Czesław Miłosz, der in den USA lebte und schrieb, »fehlt die innere Konzentration, wie sie sich durch einen gesenkten Kopf oder durch Augenflattern verrät.« Gern würde man den Kontrast zum Westen dem Kommunismus zuschreiben. Aber das kann es nicht sein. Schließlich hatte der in Litauen geborene Pole seine Heimat schon seit 1945 nicht mehr betreten. Dass es die diktatorische Herrschaft war, die den öffentlichen Umgang im Osten Europas so geprägt hat, ist nicht wahrscheinlich. Untertanen anderswo, etwa in arabischen Ländern oder im Iran, haben sich ihr extrovertiertes Sozialverhalten von keinem Diktator nehmen lassen.

Das gilt auch umgekehrt. Wer aus dem förmlichen Osten kommt und in Deutschland, wie es dort die Art ist, schroff und unumwunden mit Kritik oder einfach dem Ärger seines Gesprächspartners konfrontiert wird, nimmt das zu Unrecht persönlich. Ein besonders empfindliches Messinstrument ist der Humor. Richtig verstehen werden sich nur zwei, die über dieselben Witze lachen. Die feine Ironie, der versteckte Vorbehalt in der Zustimmung, die uneigentliche Rede werden im Westen, wo man gern rasch und klar auf den Punkt kommt, häufig gar nicht bemerkt.

***

Die wichtigsten Unterschiede haben, so paradox es klingt, ihre Grundlage im Wunsch nach Gemeinsamkeit. »Rückkehr nach Europa« war die Parole, mit der 1989 in Polen der Umbruch begann. Jeffrey Sachs, der Architekt der wirtschaftlichen Umbaupläne, lobte das Ziel, weil es so bescheiden, so realistisch war. Keine Utopie stehe da Pate, keine große Glücksverheißung, die dann doch notwendig enttäuscht werden müsse. Einfach ein »normales Land« sollte Polen werden, wie die anderen in Europa: wie Westdeutschland, Frankreich, die Niederlande.

Die Parole traf den Zeitgeist. Die aktive Generation im Sozialismus war in einer »Kultur der Lüge« aufgewachsen, wie die jugoslawische Autorin Dubravka Ugrešić es formulierte.[75] Damit sollte nun Schluss sein. Künftig wollte man »in der Wahrheit leben«, wie der tschechische Autor Václav Havel es ausdrückte. Raus aus dem Wolkenkuckucksheim! Die Kommunisten hatten einem ständig eine strahlende Zukunft ausgemalt. Die kam aber nie. »Der Sozialismus siegt!«, riefen die Spruchbänder, und »Herrlich liegt die Zukunft vor uns!« Immer ging es »voran«. In Wirklichkeit trat man auf der Stelle. Immer tiefer wurde die Kluft zwischen Anspruch und Realität. Um sie zu überbrücken, warteten die Herrschenden mit Belehrungen, Ermunterungen, Aufforderungen, Appellen zur Solidarität auf. Andauernd musste man »die Anstrengungen verstärken«, Sonderschichten fahren oder im »sozialistischen Wettbewerb« eine »Atmosphäre des ständigen Neuerertums« schaffen. Der Fortschritt war eine Nervensäge, die einen nicht einmal nach Feierabend in Ruhe ließ.

Der Bedarf einer ganzen Generation an Zielen, Utopien, Fortschritts- und Zukunftsversprechungen war gründlich übererfüllt. Auch antikommunistische Dissidenten, die sich eine bessere Welt ausmalten, kamen schlecht an, wenn sie in ihren Ländern »etwas ganz Neues« schaffen wollten oder von einem dritten Weg zwischen Sozialismus und Kapitalismus träumten. Als mit dem Einmarsch der Warschauer-Pakt-Staaten in die Tschechoslowakei der Traum von einem »Sozialismus mit menschlichem Antlitz« platzte, hörten die Regimegegner auf, Gesellschaftsentwürfe zu produzieren. Václav Havel duellierte sich mit seinem Landsmann Milan Kundera, der zu nationaler Mythologie neigte und am Westen die »Herrschaft kommerzieller Interessen« geißelte. Kundera schrieb den »kleinen Völkern« wie den Tschechen allerlei heilsame Kräfte zu. Havel, der Dissident neuen Typs, hatte dafür nur Spott übrig. Seine Utopie war einfach das »Reich der Normalität«.

Normalität hatte gerade auch im Westen Konjunktur. »Normal« war die Demokratie; vielen Denkern der Zeit galt sie als der Naturzustand einer Gesellschaft. Demokratie ist, wenn keiner einen zu etwas Unsinnigem zwingt. Francis Fukuyama, der liberale Politikphilosoph aus den USA und Gegenspieler des konservativen Kulturtheoretikers Huntington, erkannte in den »liberalen Revolutionen« in Osteuropa ein »menschliches Grundmuster«, das sich naturhaft durchsetzen würde. Sorgen um Russland zum Beispiel machte Fukuyama sich deshalb keine. Den Hinweis auf mangelnde demokratische Traditionen in dem riesigen Land wischte er vom Tisch: »Das russische Parlament unter Boris Jelzin«, schrieb Fukuyama in seinem berühmten Werk über das »Ende der Geschichte«, »funktionierte, als wäre es ein legislatives Organ mit einer langen Tradition.«[76] Die Kriege in Jugoslawien hielt er für »Geburtswehen einer neuen und allgemeinen demokratischen Ordnung in der Region«.[77] Man musste nichts tun. Alles würde gut werden.

An den Lebensalltag stellte das Ziel der Normalität keine besonderen Anforderungen. Um aus einem sozialistischen Land ein normales zu machen, musste man die Bürger einfach nur in Ruhe lassen und mit erziehungsdiktatorischen Maßnahmen und Gesellschaftsexperimenten verschonen. Sie sollten sich so verhalten, wie man es eh schon immer für richtig gehalten hatte, ohne Gängelung durch Staat und Partei, und sie wollten es auch. Den Sozialismus musste man immer »aufbauen«. Der Kapitalismus dagegen kam als Abbau daher. Nichts musste erreicht, erkämpft, geplant, angestrebt werden. Die nervigen Herrschenden waren weg. Zurück blieb das spröde, beharrende Volk.

So begann im Osten die neue Zeit mit einer tiefen konservativen Grundierung. Im Westen unterdessen wurden die alten Kämpfe weitergeführt. Umweltschützer geißelten die Verschwendung von Rohstoffen, den Umgang mit der Natur. Sie hatten Pläne und Ideen entwickelt, etwa wie man aus der Atomkraft aussteigt, die Natur besser schützt, Ressourcenverschwendung drosselt, Straßen zurückbaut. Jetzt kamen die Osteuropäer ihnen entgegen – als Geisterfahrer. Sie kauften Autos, bauten neue Autobahnen. Wenn im Osten in dieser Zeit die Luft besser wurde, dann durch den Zusammenbruch der alten Braunkohle-Dreckschleudern. Nie war die Adria so sauber wie nach dem Crash der kroatischen und bosnischen Industrie. Auch in Sachen Umweltverschmutzung galt: Man musste nichts tun. Am besten ließ man alles geschehen.

Im Westen mahnte die Frauenbewegung die Gleichstellung der Geschlechter an, kritisierte die Benachteiligung im Arbeitsleben und die ungleiche Lastenverteilung in den Familien. Die Neunzigerjahre brachten den Frauen in Westeuropa den Durchbruch auf dem Weg in politische Ämter. In der Bundesrepublik Deutschland hatten, fast zehn Jahre nach den Grünen, die deutschen Sozialdemokraten für ihre Wahlkandidaten gerade eine Frauenquote eingeführt, selbst die konservativen Christdemokraten diskutierten darüber. In Belgien und später in Frankreich wurde die Geschlechterparität bei Wahllisten sogar Gesetz.

Der Weg zur »Normalität«, den der Osten einschlug, führte in die umgekehrte Richtung. In den sozialistischen Ländern war knapp die Hälfte der Beschäftigten weiblich gewesen, unter den Werktätigen in der Sowjetunion stellten die Frauen sogar die Mehrheit. Bis in die Familien aber war die Gleichstellung nicht vorgedrungen. Sie waren ein Rückzugsraum, in den der autoritäre Staat sich nicht hineinwagte und bald auch nicht mehr hinein wollte. Der utopische Eifer der Kommunisten war schon lange erlahmt. Je milder der Bolschewismus wurde, desto weniger Frauen hatten etwas zu melden. Der Ministerrat der Sowjetunion war seit 1974 rein männlich. Gerade die Gemäßigten, die Pragmatiker, die Reformer in der Partei machten sich beliebt, indem sie auf Belehrungen über das Privatleben der Werktätigen demonstrativ verzichteten und sich als Anwälte der gefühlten Normalität ausgaben. Michail Gorbatschow beklagte als Generalsekretär der sowjetischen KP, dass die Frauen nicht mehr genug Zeit hätten, ihren Pflichten zu Hause nachzukommen: »im Haushalt, bei der Kindererziehung und der Schaffung einer familiären Atmosphäre«. *Ihren* Pflichten wohlgemerkt – eine Formulierung, die allen fortschrittlich Denkenden im Westen die Haare zu Berge stehen lassen muss. Da, wo sie Widerstand fürchten mussten, auf dem Balkan, hatten die Kommunisten auch nicht darauf bestanden, Frauen ins Erwerbsleben zu integrieren. Im Kosovo lag die weibliche Beschäftigungsrate bei mageren 20 Prozent.

Nach der Wende verschwanden die Frauen erst einmal aus der Politik. Der Anteil der weiblichen Parlamentsabgeordneten, der zu sozialistischer Zeit fast überall ein Drittel ausgemacht hatte, sank, als die Parlamente nach der Wende wirklich etwas zu entscheiden hatten, überall auf ein Zehntel. Im Zentralkomitee der sowjetischen KP hatte er nie höher als vier Prozent gelegen. Auch nach dreißig Jahren Demokratie ist der Anteil von Frauen in Parlamenten und Regierungen in fast allen ehemals sozialistischen Ländern deutlich geringer als westlich davon. Die viel zitierte »Bruchlinie« zwischen Orthodoxie und Katholizismus spielt dabei keine Rolle: Am niedrigsten ist der Anteil in Ungarn mit zwölf Prozent, und mit vierzig Prozent am höchsten ist er im teils orthodoxen, teils muslimischen Nordmazedonien. Was Spitzenpositionen betrifft, ist das Bild gemischt. Sieben Länder hatten nach der Wende schon einmal ein weibliches Staatsoberhaupt, zehn eine Regierungschefin, Polen sogar deren vier.[78] In Ungarn, Tschechien, der Slowakei sowie in Russland und Weißrussland blieben die Positionen an der Spitze von Staat und Regierung dreißig Jahre lang reine Männersache.

Die wohl höchste Aussagekraft hat der Anteil der Bürgermeisterinnen. Wer an der Spitze eines Ortes steht, hat tatsächlich etwas zu sagen und wird sicher nicht bloß als Stimmvieh oder zur Dekoration in Gremien gesteckt, während im Hintergrund mächtige Männer die Entscheidungen unter sich ausmachen. Wo es um die eine Führungskraft im Rathaus geht, wirkt auch keine Quote. Dass auch bei der Zahl der Bürgermeisterinnen die skandinavischen Länder die vordersten Plätze einnehmen, überrascht nicht. Wohl aber, dass etwa die orthodoxe Ukraine kaum schlechter abschneidet. Selbst im konservativen Ungarn liegt der Frauenanteil in Bürgermeisterämtern doppelt so hoch wie in Deutschland, im muslimisch geprägten Albanien immerhin anderthalb mal so hoch. Tschechische, slowakische, lettische, moldauische Städte werden im Verhältnis häufiger von Frauen geführt als französische, von deutschen oder gar österreichischen ganz zu schweigen. Ost-West-Linien lassen sich nirgends ziehen. Aber auch die rote Laterne im Bürgermeisterinnen-Ranking haben wiederum osteuropäische Länder: Rumänien, Bosnien, die Türkei und das Mutter- oder besser: Vaterland des Patriarchats – Georgien.[79]

Der Arbeitsmarkt ist im Osten – wie in den meisten westlichen Ländern – geteilt. Männer dominieren überall die Industrie, Frauen sind im Bildungs- und im Gesundheitswesen anzutreffen. Die berühmte »Traktoristin« aus der sozialistischen Epoche hat umgeschult oder wurde ganz aus dem Berufsleben verdrängt. Je klarer weibliche und männliche Branchen geteilt sind, desto höher ist statistisch der Anteil von Frauen in Führungspositionen: Wo es keine Männer gibt, werden sie auch nicht Chef. Die Erwerbsquote, früher überall weit höher als im Westen, ist in den meisten östlichen Ländern heute niedriger. Die Gehaltslücke zwischen den Geschlechtern ist im Osten kleiner als im Westen. Das ist aber auch kein Wunder: Der Gender Pay Gap ist eine relative Größe, und wo alle wenig verdienen, ist auch weniger Spielraum für eine Lücke.

Geht es um die traditionellen Geschlechterrollen, die empfundene »Normalität«, sind in Europa die Unterschiede von Land zu Land und zwischen Nord und Süd größer als die zwischen Ost und West. In Polen sind gemischte Runden von jungen Männern und jungen Frauen so normal wie in Deutschland. In der Ukraine nicht. In Albanien sind Frauen in Führungspositionen nichts Ungewöhnliches. In Cafés oder Discos dagegen gehen sie, wenn überhaupt, nur in Begleitung. Fast überall sind die Frauen wie selbstverständlich für das Putzen, das Kochen und die Kinder zuständig. Fast drei von vier Rumänen – und Rumäninnen – denken laut einer Umfrage, eine Frau müsse ihrem Mann immer gehorchen. Einstellungen dieser Art sind vor allem in orthodoxen Ländern verbreitet: Fast 40 Prozent der Ukrainer beiderlei Geschlechts stimmen der Aussage zu, 35 Prozent der Serben und auch 34 Prozent der Griechen. Dass in einer idealen Ehe der Mann arbeiten geht und die Frau zu Hause bleibt, ist dagegen auch dort eine Minderheitsmeinung.[80]

In Polen wurde in den Neunzigerjahren heftig um den Schwangerschaftsabbruch gestritten. Nach mehrmaligem Hin und Her gilt eine extrem restriktive Regelung: Abtreibung ist nur erlaubt, wenn die Frau vergewaltigt wurde, wenn sie durch Schwangerschaft und Geburt schwere Gesundheitsschäden befürchten muss oder das Kind stark behindert zur Welt käme. Schließlich verbot das Verfassungsgericht auch noch diese letzte Option. In den anderen Ländern gilt heute zumeist eine Fristenlösung. Im katholischen Kroatien traute die kirchentreue Nationalpartei sich nicht, die Regelung anzutasten. In Rumänien war Abtreibung zu kommunistischer Zeit verboten. Die Leiche des Diktators Ceaușescu war noch nicht kalt, da hatte die neue Regierung schon eine Fristenlösung eingeführt – auch das eine Rückkehr zur Normalität.

Eine klare Ost-West-Linie jedenfalls zieht sich über den Kontinent, wenn es um die Haltung zum Feminismus und zur neuen Frauenbewegung geht, wie sie in den 1960er Jahren in den USA entstand und sich überall im Westen verbreitete. Gleich nach der Wende prallten die Sichtweisen hart aufeinander. Im Westen schüttelte frau den Kopf, wenn Osteuropäerinnen sich etwa als »Ingenieur« bezeichneten. Bei uns sind dafür im Gegensatz zum Westen Frauen in dem Beruf eine Selbstverständlichkeit, tönte es aus dem Osten zurück: Die »Ingenieurinnen«, auf deren korrekte Benennung ihr so großen Wert legt, gibt es bei euch ja gar nicht!

Dass der westliche Feminismus auch später nirgendwo in Osteuropa richtig Fuß fassen konnte, erklärt die amerikanische Russland-Forscherin Kristen Ghodsee noch immer mit dem Kommunismus. Alle Fortschritte in der Emanzipation seien im Osten von oben oder von außen gekommen und nicht auf Druck einer Bewegung von unten: das aktive und passive Wahlrecht, das Recht auf Arbeit, auf Schwangerschaftsabbruch, Diskriminierungsverbote, die Ächtung häuslicher Gewalt. Deshalb fehle die »feministische Mythologie«, bestehend aus Symbolen, Erzählungen, der Erinnerung an Kämpfe, Triumphe, Märsche, die Frauensolidarität schaffen und verstärken könne. In Amerika verteidige man die Frauenbewegung mit dem Satz: »Ohne Feminismus wären Frauen noch immer Bürger zweiter Klasse.« In Osteuropa, so Ghodsee, klingt der Satz falsch. Überdies habe sich der westliche Feminismus an marxistischem Denken geschult, das im Osten gründlich diskreditiert sei, und sich von dort den Gegensatz zwischen (männlichem) Unterdrücker und (weiblichen) Unterdrückten entlehnt.[81] Dass in dreißig Jahren aber keine spezifisch östliche Frauenbewegung entstanden ist, kann auch Ghodsee nicht erklären. Die Bulgarin Ralitsa Muharska hat das Phänomen immerhin plastisch beschrieben: Immer wenn westliche und die wenigen östlichen Feministinnen aufeinanderträfen, erzählten die aus dem Osten ständig und wortreich von ihren »unterschiedlichen Erfahrungen«, ohne dass sich irgendeine tiefere Erkenntnis, gar eine Strategie daraus ableiten ließe. Man stehe einander sprachlos gegenüber. Die osteuropäischen Gesellschaften, so Muharska, sprechen »kein Feministisch«, und der Feminismus spreche »nicht Osteuropäisch«.[82]

***

Wären – abseits von handfesten politischen und wirtschaftlichen Interessenkonflikten – abweichende Sitten, Codes, Verhaltensunterschiede oder auch bloße Vorurteile tatsächlich die Hauptquelle der Animositäten zwischen den Nationen, so dürfte man in Europa zwischen Ost und West vorwiegend Harmonie, die größte Spannung dagegen zwischen Norden und Süden erwarten. Es ist aber eher umgekehrt.

Bei näherem Hinsehen ist das kein Wunder: Nicht Fremdheit produziert die hartnäckigsten Missverständnisse, sondern Ähnlichkeit. Was ein Voodoo-Zauberer in Nigeria treibt, warum kahle junge Mönche im Morgengrauen klappernd durch südostasiatische Städte ziehen, lässt man sich gern vorurteilsfrei erklären. Das leise Lächeln eines Gesprächspartners in Polen aber, eine Zurückweisung in Bulgarien, eine Einladung zur Party in Ungarn meint man immer schon ganz und gar verstanden zu haben. Wer eine andere, der eigenen ähnliche Sprache lernt, kennt die Tücke der »false friends«[83]: Wörter, die gleich klingen, aber etwas anderes bedeuten. Sooft man das

Wort auch hört, immer wieder schießt einem die falsche Bedeutung in den Kopf. Die schlimmsten Kriege sind die Bürgerkriege. Die Antagonisten beim Zerfall Jugoslawiens, der in den 1990er Jahren so gern als »Kampf der Kulturen« gedeutet wurde, waren nicht etwa Slowenen und Albaner, deren kultureller Unterschied am stärksten ausgeprägt war, sondern die einander ähnlichsten: Serben und Kroaten.

Feste kulturelle Klischees, wie sie in Europa zwischen Nord und Süd gern pflegt werden, können Interessengegensätze sogar mildern. In die Konfliktmasse sind die Vorurteile immer schon eingepreist – das nördliche vom »schlampigen« Griechen und vom »leichtsinnigen« Italiener ebenso wie das südliche vom »pedantischen« und »geizigen« Nordländer. Dass Griechenlands Haushaltszahlen nicht korrekt waren, stieß in der Finanzkrise in Brüssel, Berlin und Frankfurt auf wenig Überraschung; es entsprach ja dem, was man eh schon zu wissen meinte. Das Bild vom »faulen Griechen«, das rechte Parteien malten, entwickelte entsprechend kaum Mobilisationskraft. In der Corona-Krise dann wurde die Empörung der Italiener über mangelnde deutsche Unterstützung vom überkommenen Deutschland-Bild eher gedämpft. Was konnte man von den Deutschen, die ja auch als Urlauber stets die knappsten Trinkgelder gaben, anderes erwarten? Alles Uneindeutige, alles, was nur halb verstanden wird, hat dagegen das Potenzial, sich zu einem großen Streit auszuwachsen. Manches Missverständnis wird einfach wieder und wieder reproduziert.

***

Humbert von Moyenmoutier, der Mann aus dem Westen, und Michael, der Patriarch von Konstantinopel, hatten bei ihrem folgenschweren Streit vor tausend Jahren viele rein machtpolitische, etliche nebensächliche, manchmal lächerliche Probleme zu klären. Aber auch ein ernstes: Geht der Heilige Geist nur vom Vater aus? Oder vom Vater und dem Sohn?

Ein ernstes Problem? Heutigen Landsleuten der beiden Würdenträger kommt die Frage nach dem Ursprung des Heiligen Geistes mindestens so müßig vor wie ein Streit um des Kaisers Bart oder – damals wirklich kontrovers – um des Papstes rote Schuhe. Tatsächlich aber wurde das Problem mit dem Heiligen Geist damals schon seit Hunderten von Jahren mit großer Leidenschaft diskutiert. Wir schreiben das Jahr 1054. Ideologische Grundsatzfragen trägt man in der Sprache der Theologie aus. Wenn dieser Code den Europäern im Osten und im Westen heute nichts mehr sagt, heißt das das noch nicht, dass das Thema damit schon erledigt wäre. Die Debatte wurde nur in einem Format abgespeichert, das wir nicht mehr öffnen können. Der Content ist immer noch aktuell. Wer ihn nicht lesen will oder ihn nicht ernst nimmt, läuft Gefahr, immer wieder neuen Ost-West-Missverständnissen aufzusitzen. Die Abkehr von den religiösen Traditionen, wie sie sich in Ost- wie in Westeuropa vollzogen hat, löst den Widerspruch nicht auf. Im Gegenteil: Sie macht ihn unverständlich.

Gegenstand der Debatte zwischen Humbert und Michael war vordergründig ein schwieriges Problem des christlichen Glaubens. Nach christlicher Lehre besteht Gott aus drei Personen: dem Vater, der die Welt erschaffen hat, dem Sohn Jesus Christus, der durch seinen Tod und die folgende Auferstehung die Menschheit gerettet hat, und einem geheimnisvollen Heiligen Geist, den die Kirchen zu Pfingsten feiern und meistens als unscheinbare Taube darstellen. Zusammen nennt man sie die »Dreifaltigkeit« oder die »Dreiheit«; die Troika im Osten.

Wie die drei »Personen« oder »Substanzen« sich zueinander verhalten, ist unter den Christen schon seit dem Altertum umstritten. Orthodoxe glauben, dass der Heilige Geist nur vom Vatergott »ausgeht«, wobei man sich dieses »Ausgehen« ähnlich wie einen Atemhauch vorstellen muss. Katholiken und Protestanten dagegen nennen zwei Ursprünge des Heiligen Geistes: neben Gott Vater auch seinen Sohn Jesus Christus. Nach westlichem Glaubensbekenntnis geht der Heilige Geist »vom

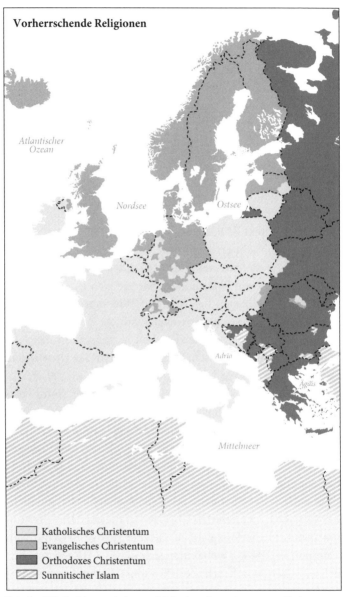

Vorherrschende Religionen

Atlantischer Ozean

Nordsee

Ostsee

Adria

Ägäis

Mittelmeer

Katholisches Christentum
Evangelisches Christentum
Orthodoxes Christentum
Sunnitischer Islam

Bei aller Säkularisierung bekennt sich in den allermeisten europäischen Ländern eine Mehrheit zu einer Religionsgemeinschaft. Überall war die Konfession kulturell prägend.

Vater und vom Sohne« aus. Auf Latein heißt »und vom Sohne« filioque. Je nachdem, wie man sich im sogenannten Filioque-Streit entscheidet, teilt man den Personen der Dreifaltigkeit eine unterschiedliche Wertigkeit zu. Katholizismus und Protestantismus rückten eher Jesus in den Mittelpunkt, die Orthodoxie eher den Vater.

Für postchristliche Generationen klingt die Kontroverse fremd. Übersetzt man sie aber in moderne Sprache, kann sie manche Gegensätze erklären; auch aktuelle. Nach der Lehre einiger – vor allem russischer – Theologen markiert der Streit um das Filioque zwei grundsätzlich verschiedene Weisen, sich die Welt zu erschließen. Wenn der Heilige Geist nur vom Vater ausgeht, dann ist dieser Geist so fern, so fremd und so unergründlich wie der Vater selbst, der Gott des Alten Testaments, der oft unverständliche, grausame Dinge tut – die östliche Sicht. Geht der Heilige Geist dagegen vom Vater und vom Sohne aus, dann muss er irgendwie mit dem menschlichen Verstand kompatibel sein. Schließlich ist der Sohn Gottes, Jesus Christus, ja Mensch geworden. Menschen, unseresgleichen also, kann man in der Regel verstehen. Jedenfalls ist es legitim, es wenigstens zu versuchen.

Konsequent weitergedacht, legt die westliche Sicht nahe, sämtlichen Rätseln der Welt auf die Spur zu kommen. Die östliche Sicht mahnt dagegen zu der Einsicht, dass man es eh nie schaffen wird. Der Gegensatz zwischen beiden Sichtweisen poppt bis heute immer wieder auf, auch zwischen Menschen, die jeder Religion fernstehen und von Humbert oder Michael Kerullarios noch nie etwas gehört haben.

Nach dem »Schisma«, dem Bruch zwischen Humbert und Michael, blieb der Himmel über Europa geteilt. Theologen im Westen nutzten die Gesetze der Logik, um dem Wirken Gottes in der Welt auf die Spur zu kommen. Sie schufen ausgefeilte Denksysteme, um zu ergründen, wie die Worte Jesu Christi, des Gottessohnes, zueinander passten. Theologen im Osten erschien dieses Unterfangen als vergeblich, wenn nicht gotteslästerlich: Was bildeten die im Westen sich ein? Gottes Wort war zu befolgen, nicht zu ergründen oder gar zu hinterfragen! Entsprechend unterschiedlich kommen in Ost und West die Autoritäten daher. Noch heute sind es unter Katholiken und Protestanten die gebildeten Theologen, die das höchste Ansehen genießen – und ihre weltlichen Nachfolger, die Professoren und Experten. Unter Orthodoxen dagegen sind es »heilige Männer«, Einsiedler, oft einfache Menschen, die in der Stille zu Gott gefunden haben und von ihrem Erlebnis erzählen können – und ihre säkularisierten Pendants, die Dichter, die Komponisten und die Charismatiker.

Der eine Weg, der westliche, führt zu scharfsinnigen, manchmal spitzfindigen Analysen und zu festen, allgemeinverbindlichen Regeln. Wenn man herausgefunden hat, was mit diesem oder jenem Satz in der Bibel gemeint ist, kann man daraus ableiten, was richtig und was falsch ist und wie man leben soll. Der andere Weg, der östliche, hält die Gläubigen an, in sich hineinzuhorchen, ihren Empfindungen und Gedanken nachzuhängen, sich zu versenken und auf die Stimme Gottes zu hören. Ost- und westkirchliche Theologen haben diese beiden Vorgehensweisen weder erfunden, noch halten sie ein Monopol darauf. Die Spannung zwischen ihnen findet sich überall, wo Menschen über elementare Fragen nachdenken, ganz unabhängig von der Weltgegend, in der sie leben. In der Morallehre der Hindus etwa gibt es keine Regeln, die für alle gelten. Vielmehr muss jeder einzelne seine Mitte finden.

Was für den einen richtig ist, kann für den anderen falsch sein: Wer westlich sozialisiert ist, empfindet solche »double standards« als ungerecht oder sogar empörend. Sind Gebote nicht für alle gleich? Gleichzeitig empfinden viele Westler für »östliches« oder »fernöstliches« Denken aber auch eine große Faszination. Sie spüren: Uns fehlt da etwas.

Schon in Osteuropa, im Osten des Westens also, kann man einiges von diesem Etwas finden. Zum Beispiel wächst in Richtung Osten das spontane Verständnis für psychosomatische

Beschwerden. Im westlichen Denken lernt man zu unterscheiden, zu trennen, zu abstrahieren, auch im Blick auf sich selbst: Hier ich, dort mein Körper. Dass man auch anders empfinden kann, ganzheitlich, lässt sich schon erleben, wenn man irgendwo auf dem oft so verachteten Balkan zum Arzt – oder, weit häufiger – zur Ärztin geht. Nie ist sie in einem Satz vom Symptom bei der Diagnose und im zweiten bei der Therapie. Sie nimmt den Patienten in den Blick. Dass dann der eine ein Medikament kriegt und der andere gegen dieselben Beschwerden keines, muss die Ärztin niemandem erklären. Es wird selbstverständlich hingenommen.

Wenn Denker aus der orthodoxen Tradition den grundsätz lichen Unterschied zum Westen betonen wollen, greifen sie oft noch weiter zurück als nur bis zu Humbert und Michael – bis zu den Philosophen Platon und Aristoteles. Auf die beiden alten Griechen geht ein fortdauernder Streit zurück: Sind nur greifbare, sinnlich erfahrbare Gegenstände real? Oder kommt auch Zahlen, Eigenschaften, Naturgesetzen unmittelbare Realität zu? »Gibt es« die Zahl drei, die Farbe Rot, das Gesetz vom freien Fall, so, wie es einen Teller oder einen Stuhl wirklich gibt? Oder sind das nur Begriffe, die wir konstruiert haben, um die Welt der realen Gegenstände besser in den Griff zu bekommen?

Nach Platon »gibt es« diese Ideen wirklich. Alle Teller oder alle Stühle sehen verschieden aus, aber zum Stuhl oder zum Teller macht sie ihr Zweck, ihre Idee: Man kann darauf sitzen beziehungsweise Suppe daraus löffeln. Die Idee ist für Platon und seine geistigen Erben deshalb wichtiger als die Erscheinung. Einzelne Stühle oder Teller sind nur verschiedene Ausprägungen desselben Konzepts. Spuren dieses Ost-West-Gegensatzes konnte man ausmachen, als Rumäniens sozialdemokratische Regierung jahrelang mit trickreichen Volten und formalen Mätzchen den Anforderungen der EU-Kommission auswich, die auf der Beachtung der Verfassung und der europäischen Verträge bestand. Hinweise darauf, dass deren

»Geist« verletzt würde, wurden in Bukarest nur mit Mühe verstanden. Der »Geist« liegt aus östlicher Perspektive immer im Buchstaben. Trennen lassen beide sich nicht.

Die Gegenposition, die westliche, beruft sich auf Aristoteles. Danach »gibt es« real nur verschiedene Einzelgegenstände. Wir Menschen nutzen unseren Verstand, um die Dinge dann unter bestimmten abstrakten Begriffen zusammenzufassen. Wer so denkt, tritt der Welt viel respektloser entgegen als jemand, der sich an Platons Ideenlehre orientiert. Wenn, wie bei den Platonikern, etwa eine Zahl oder eine Farbe oder eine Eigenschaft ein Stück Wirklichkeit ist und nicht bloß unsere Verallgemeinerung, dann verfügt diese Idee über eine große Autorität. Wir können an ihr nichts ändern. Eine Welt dagegen, in der nur die Einzeldinge real sind, können wir uns nach Belieben neu zusammensetzen. Dass denen im Westen »nichts heilig« ist, dass sie alles hinterfragen wollen, alles immer begründen müssen, ist in einem östlichen Munde kein Kompliment. Wer so plump an die Welt herangeht, kann nur danebengreifen.

Der Streit wurde über viele Jahrhunderte in und zwischen den religiös-kulturellen Gruppen ausgetragen. Im »platonischen« Osten war oder ist es nicht erlaubt, Gott und die Heiligen bildlich oder gar als Skulptur darzustellen, und wenn doch, dann nur in den festgelegten Formen einer Ikone. Wenn das Bild die Ausdrucksform der Idee ist, unterliegt die Darstellung Gottes mindestens strengen Regeln oder ist, wie im Judentum, sogar verboten. Im Islam erstreckt sich das Verbot sogar oft auf Gottes Geschöpfe, auf Menschen und sogar Tiere. Im »aristotelischen« Westen dagegen sind die Idee und das Bild grundsätzlich zweierlei. Sogar Gott Vater, das geheimnisvolle Wesen, durfte in Michelangelos »Erschaffung des Adam« mit Bart, Muskeln und Tränensäcken dargestellt werden, ohne dass es der Ehrfurcht geschadet hätte.

Das Bilderverbot ist dem orthodoxen Osten heute noch anzusehen – indirekt. Das Zentrum von Skopje, der Hauptstadt Nordmazedoniens, hat die höchste Skulpturendichte der Welt.

Alle paar Meter steht dort ein alabasterner Volksheld, Kaiser oder Heiliger und blickt stumm auf die Passanten herab. Krönung des bizarren Ensembles ist ein riesiges bronzenes Reiterstandbild. Vom Parlament bis zum Ploštad Makedonije, dem Hauptplatz, stehen die Statuen enger als auf der Prager Karlsbrücke: Löwen über Löwen, mächtige Reiterstandbilder, Fußgängerfiguren auf kleinem Podest. Sonntagmorgens sind in Skopjes Innenstadt bisweilen mehr bronzene als echte Menschen zu sehen. Aus Lautsprechern dröhnte dazu jahrelang blechern ein düster-dramatisches Potpourri aus Schwanensee und Wagners Ritt der Walküren. Besucher, aber auch viele Mazedonier ließen es an Spott über den grotesken Eventpark nicht fehlen.

Wer den Hintergrund kennt, hätte möglicherweise nicht ganz so herzhaft über den Umbau gelacht, der die Stadt in den frühen Zehnerjahren mit einer Unzahl antikisierender – und gründlich misslungener – Skulpturen überzog. Es war das Projekt des seinerzeitigen nationalistischen Regimes: Die vielen Plastiken sollten die römischen Brunnen und imperiale westliche Hauptstädte spiegeln. Die mazedonische Nation, von der EU immer wieder zurückgestoßen, sollte sich trotzig als europäisch präsentieren. Eine bildhauerische Tradition aber gab es im Land nicht; die erste figürliche Darstellung eines Menschen entstand hier erst in den 1920er Jahren. Entsprechend unbeholfen, beinahe tragisch fiel das Ergebnis aus.

Folgt man dem westlichen Gedanken, dass die gegenständliche Welt nach Belieben nur materiell und also beliebig manipulierbar ist, war die weitere Entwicklung bis zur Aufklärung hin nur konsequent. Immer wieder versuchten Theologen und Philosophen, Glauben und Wissen, Religion und Vernunft miteinander zu versöhnen. Im Osten stellte sich das Problem so nicht. Wenn der äußeren Realität keine Wahrheit zukommt, kommen Glaube und Wissenschaft einander gar nicht ins Gehege. Die Wissenschaft beschäftigt sich mit den oberflächlichen Phänomenen. Soll sie nur! Der Glaube dagegen fragt nach dem Eigentlichen, nach den Ideen, die hinter der platten Wirklichkeit stehen. Nichts hindert einen scharf denkenden Wissenschaftler zu beweisen, dass der Mensch 13,7 Milliarden Jahre nach der Entstehung der Erde entstanden ist, und gleichzeitig am Sonntag zu bekennen, das zwischen dem ersten und dem zweiten Ereignis nur sechs Tage vergangen sind.

Gern wird aus den unterschiedlichen Zugängen ein Grund für die historische Rückständigkeit Osteuropas gegenüber dem Westen abgeleitet. Das ist aber gleich doppelt verfehlt. Gerade wer in der östlichen Tradition steht, kann frei die Phänomene und Gesetze der natürlichen Welt erforschen, ohne befürchten zu müssen, seinem Glauben ins Gehege zu kommen oder bei der Geistlichkeit Anstoß zu erregen. Mit der Eroberung des Weltraums etwa hat der russische Klerus keine Probleme. Nicht weltanschauliche Einschränkungen limitieren die Forschungsleistung im Osten Europas, sondern der allgemeine wirtschaftliche Rückstand.

Mit Versuchen, einen Schritt weiterzugehen und schon den wirtschaftlichen Rückstand aus den unterschiedlichen kulturellen Zugängen herzuleiten, kann man böse auf die Nase fallen. Bis in die 1980er Jahre konnte man im Westen kluge Erörterungen lesen, warum China trotz des sprichwörtlichen Fleißes seiner Bürger nicht auf die Beine kam. Als Begründung musste – anknüpfend an den deutschen Soziologen Max Weber[84] – meistens die Dominanz des Staates und seiner Beamtenschaft herhalten, eine Mentalität, die sich nach zweieinhalbtausend Jahren konfuzianischen Denkens tief in die chinesische Gesellschaft eingegraben hatte. Die Tinte der Analysen war noch nicht trocken, als China seinen beispiellosen Aufstieg vom Entwicklungsland zur zweitgrößten Volkswirtschaft der Welt begann. Wenn Russland es ihm nicht gleichtut, ist der Heilige Geist am wenigsten schuld daran.

***

Hier Platon, dort Aristoteles, hier Glaube, dort Wissenschaft, hier Einfühlung, dort Vernunft: Solche Gegensätze verführen dazu, Ost- und Westeuropa für verschiedene Welten zu halten. Historiker, Theologen und Kulturwissenschaftler bestreiten das aber entschieden. Ihr Befund ist: Keine Entwicklung, keine geistige oder künstlerische, keine Mode, die der Westen durchgemacht hat, ist an Osteuropa vorübergegangen. Was im Westen gedacht, geforscht, gestaltet, entwickelt, produziert wird, ist dem Osten seit jeher in vollem Umfang zugänglich.

Noch im Mittelalter fanden die zerstrittenen Theologen in Ost und West auch immer wieder zusammen, mehrere Male hätten sie ihren Dissens beinahe schon beigelegt. Über die Jahrhunderte sprangen Einflüsse munter hin und her. Byzantinische Baukunst prägte Venedig, die prächtige Hafenstadt an der Adria, und fand ihren Weg bis in die Pfalzkapelle in Aachen, nach Köln, nach Palermo und ins Périgord im Südwesten Frankreichs. Die westliche Renaissance, die Wiederentdeckung der Antike, war nicht möglich ohne Migranten aus dem Osten: Griechen waren es, die die Schriften der antiken Philosophen in den Westen brachten, als ihre Hauptstadt Konstantinopel islamisch wurde.

Auch die Aufklärung des 18. Jahrhunderts war keineswegs ein rein westliches Phänomen. Einer der mächtigsten Fürsprecher ihres neuen Denk- und Herrschaftsmodells war der russische Zar Peter der Große. Auf dem Balkan wirkten große Aufklärer, wie der Rumäne Dimitrie Cantemir oder der Serbe Dositej Obradović.[85] Die Russen Tolstoi und Dostojewski gelten mit den Franzosen Marcel Proust und Émile Zola als die größten Romanciers der Literaturgeschichte. Wer sich auf ihre umfänglichen Werke einlässt, findet darin nichts Fremdes, »Östliches«. Die russische Avantgarde, die kühne Kunst des frühen 20. Jahrhunderts, war der abstrakten Malerei im Westen einen deutlichen Schritt voraus. Und keine Philosophie hat die Verhältnisse im Osten Europas so beeinflusst wie der Marxismus, der ganz in der westlichen Denktradition stand.

Wenn es politisch gerade passt, müssen die geistigen Ost-West-Gegensätze trotzdem immer wieder dazu herhalten, Grenzen zu ziehen. Einen besonders einflussreichen Versuch unternahm in den 1990er Jahren der amerikanische Politologe Samuel Huntington. Inspiriert vom angeblichen Kulturkampf zwischen Kroaten und Serben im zerfallenen Jugoslawien, ordnete Huntington die ganze Welt in acht oder neun »Zivilisationen«, zwei davon in Europa. Durch den Kontinent gehe eine »große historische Scheidelinie«, die er präzise zog. »Im Norden verläuft sie entlang der heutigen Grenze zwischen Finnland und Russland und den baltischen Staaten (Estland, Lettland, Litauen) und Russland, durch das westliche Weißrussland, durch die Ukraine, wo sie den unierten Westen vom orthodoxen Osten trennt, durch Rumänien zwischen Transsilvanien mit seiner katholisch-ungarischen Bevölkerung und dem Rest des Landes, und durch das frühere Jugoslawien entlang der Grenze, die Slowenien und Kroatien von den anderen Republiken trennt.«[86]

Eine solche Scheidelinie kann man zwar ziehen. Aber Scheidelinien gibt es eben eine Menge. Manche verlaufen parallel zu der katholisch-orthodoxen, die Huntington so hervorhob, manche decken sich mit ihr. Andere verlaufen quer dazu. Keine ist »dicker«, ihrer Natur nach wichtiger als die andere. Welche Linie gerade von Bedeutung ist und welche nicht, hängt immer von den Umständen ab. In den 1990er Jahren eignete sich die zwischen Ost-und Westkirche hervorragend dazu, politische Ansprüche zu unterfüttern.

Wenn Kroatiens Kriegspräsident Franjo Tudjman von einer »Wasserscheide« zwischen katholischer und orthodoxer Welt sprach, dann um die politisch und militärisch bedeutenden Westmächte auf seine Seite zu ziehen. Dissidenten in Polen, Ungarn und der Tschechoslowakei hoben ihre Zugehörigkeit zum »westlichen Kulturkreis« hervor, um ihre Länder aus dem sowjetischen Machtbereich zu entlassen. Später eignete sich die Linie, um sich als geborene EU-Mitglieder in Stellung zu bringen und sich von dem schweren wirtschaftlichen Gepäck der südosteuropäischen Länder zu befreien. Dass die angeblich so wichtige und beständige Scheide- oder, wie Huntington sie auch nannte, »Bruchlinie« quer durch die Nationalstaaten Weißrussland, Ukraine, Rumänien und Serbien ging, sogar mitten durch die litauische Stadt Kaunas, wo das Datum teils nach dem alten julianischen, teils nach dem gregorianischen Kalender bestimmt wurde, ohne dass das Zusammenleben darunter gelitten hätte – alles das irritiert die Kulturkreis-Theoretiker nicht. Intellektuelle in den betroffenen Ländern aber macht es richtig gallig. Sie sehen die Gefahren solcher Ideologie für das Zusammenleben in ihren Staaten. »Mitteleuropa!«, schnaubt Cornel Ungureanu, ein bekannter Literat in Timişoara, der Stadt im multinationalen Banat, über die katholischen Kulturtheoretiker. »Was soll das bitte sein? Das ist doch alles nur Politik!«

Schaut man sich die »kulturelle Grenze« genauer an, kann man interessante Entdeckungen machen. Nicht nur im Alltagsleben bemerkt man rasch, dass das Zusammenleben in einem Staat, die gemeinsamen Erfahrungen aus der jüngeren Geschichte, die Erinnerungen an den Kommunismus oder die profanen Umgangsformen viel dominanter sind als die scheinbar so bedeutende Trennlinie. Das gilt sogar für das religiöse Leben. In der serbischen Vojvodina haben die Dorfkirchen keine Kuppeln, wie sonst bei den Orthodoxen, sondern einen spitzen Turm oder einen mit Zwiebelhaube. Wer in der Westukraine, in Ostungarn oder im rumänischen Transsilvanien in eine Kirche geht, braucht einigen Spürsinn, um herauszufinden, auf welcher Seite der angeblich so scharfen Scheidelinie er gerade steht. Wenn Frauen mit schwarzem Kopftuch Ikonen küssen, Gläubige sich mit drei Fingern bekreuzigen, am schwarzen Brett aber hängt ein Spruch von Karol Wojtyła, ist man in einer unierten Kirche gelandet. Nachdem die katholischen Habsburger diese Gebiete erobert hatten, versuchten sie, ihre orthodoxen Untertanen unter das Dach der katholischen Kirche zu locken. Sie durften ihren Ritus behalten. Wer Priester werden wollte, durfte heiraten, musste aber den Papst anerkennen. In ihren religiösen Ansichten unterscheiden diese »Unierten« sich nicht von den »echten« Orthodoxen.

Auf dem Balkan schließlich werden – oder wurden bis vor kurzem – manche Wallfahrtsorte nicht nur gemeinsam von Katholiken und Orthodoxen, sondern auch von Muslimen besucht. Unterscheiden kann man die Gläubigen nur durch die Handhaltung beim Beten. Wer von Kulturkreisen sprechen will, sollte sie sich nicht vorstellen wie abgegrenzte Flächen auf einer Landkarte – eher wie die konzentrischen Kreise, die sich ausbreiten, wenn man einen Stein ins Wasser wirft. Interessant wird es da, wo die Orbits miteinander interferieren.

Dass zwei mächtige Repräsentanten zwischen sich und ihren Weltbildern einen so klaren Trennstrich ziehen würden, wie Humbert und Michael Kerullarios es taten, ist schon lange nicht mehr vorstellbar. Selbst da, wo – meist aus nationalistischen Motiven – konfessionelle Unterschiede wieder sorgsam gepflegt werden, spielen Grundsätze in der Weltauffassung keine Rolle. Gerade zwischen den politisch-nationalen Gegnern überwiegen die Gemeinsamkeiten. Das gilt sogar, wenn es um Religion geht. Die katholische Kirche in Polen oder Ungarn ist mehr am Ritual als an Moral interessiert und hat in ihren Reflexen mit der Orthodoxie oft mehr gemein als etwa mit den Verfassern des liberalen »holländischen Katechismus«. Marianisch orientierte, besonders fromme Priester aus Polen, die verwaiste deutsche Pfarrstellen in Deutschland besetzen sollen, erleben mit ihren Gemeinden denselben »Clash of Civilizations«, den auch ein russischer Pope fürchten müsste. Sogar die protestantischen Prediger im Baltikum und in Ungarn stehen den katholischen und orthodoxen Klerikern an Konservatismus nicht nach. Zu kommunistischer Zeit waren sie regimetreu. Gleich nach der Wende dann versperrten die lettischen Lutheraner erst einmal den Frauen den Zugang zum Pfarramt.

Die polnischen und die kroatischen Katholiken bilden genauso wie die Orthodoxen in ihrer Nachbarschaft regelrechte Nationalkirchen – ganz so, als wollten sie sich dem russisch- bzw. serbisch-orthodoxen Gegenbild maximal anpassen. Die Wawel-Kathedrale in Krakau und der Stephansdom in Zagreb sind nationale Weihestätten. Wie die orthodoxen Serben ihren Gründer-Erzbischof Sava verehren, so verehren die Kroaten ihren Erzbischof Alojzije Stepinac. Wie man in Serbien um den Heiligen Sava eine ganze Theologie gestrickt hat, das »Svetosavlje«, so nennt die katholische Kirche in Kroatien sich gern »Stepinčeva crkva«, Stepinac-Kirche. Die Etiketten differieren, die Inhalte ähneln sich.

***

Im Westen versucht kaum mehr jemand, Ost-West-Unterschiede auf den Begriff zu bringen. Die Scheu rührt aus der Erkenntnis, dass es auf der Welt unendlich viele Unterschiede gibt und dass Versuche, solche Unterschiede zu bündeln und mit einem Etikett zu versehen, meistens mit Ausgrenzung und Abwertung verbunden sind. Nicht von ungefähr stellt die Rede von »Osteuropäern« vielen damit Gemeinten die Nackenhaare auf; wie selbstverständlich gehen sie davon aus, dass damit eine Abwertung verbunden ist. Seit der »Wiedervereinigung Europas« ist auch in der EU die Einteilung in Ost- und Westeuropa verpönt. In Brüssel hört man sie nur hinter vorgehaltener Hand. Regen sich auf europäischer Ebene die »Visegrád Four«, beeilt sich in der Europäischen Kommission jedermann gleich, die beträchtlichen Gegensätze zwischen etwa Ungarn und der Slowakei hervorzuheben und darauf hinzuweisen, dass es in der EU ja weit enger koordinierte Bündnisse gebe – zwischen den baltischen oder den Benelux-Staaten etwa. Ein politisches Osteuropa böte zu viel Sprengkraft, als dass man es beschwören dürfte.

Wenn überhaupt noch jemand offen und selbstbewusst vom

»Osten« und von »Osteuropa« spricht, dann geschieht es im Südosten der EU und jenseits ihrer Grenzen – im Umfeld der orthodoxen Kirchen. Dahinter steckt oft eine politische Absicht. Bei Konflikten mit den größeren, reicheren und mächtigeren Staaten im Westen bietet sich die Kirche als Ideologielieferant und nationaler Identitätsstifter an. Als etwa Rumänien der EU beitreten wollte und dafür allerlei Bedingungen zu erfüllen hatte, war es ein Bischof, der vielen genervten Rumänen aus dem Herzen sprach: Sie würden von den »kolonisierenden« Westeuropäern als »verarmte Primitivlinge« behandelt, schimpfte der Metropolit von Cluj. Die Westler sollten ihr »Überlegenheitsgefühl« abstreifen und einsehen, dass sie allein für das Unglück Rumäniens verantwortlich seien. Rumänien brauche dieses Europa nicht. Vielmehr müsse Europa »Rumänien wieder entdecken«. Vom westlichen »Kolonialismus« hört man zwar auch in Polen und Ungarn reden. Es wird sich aber jeder hüten, eine »östliche« Identität dagegenzustellen. Das tun nur Orthodoxe.

Der konfessionelle Ost-West-Gegensatz lebt in verweltlichter Form oft fort. Auch wenn im angeblich so heiligen Russland gar nur vier bis fünf Prozent der Gläubigen überhaupt je und nur 0,55 Prozent regelmäßig zur Kirche gehen und wenn noch viel weniger Menschen sich mit Theologie befassen: Die orthodoxe Kirche ist es, die die Reflexe und Stereotype gegen den Westen, aber auch die Erinnerung an die schlechten Erfahrungen mit dem Westen und die vergessenen oder verdrängten Vorteile des Ostens gegenüber dem Westen verwaltet. Wie György Konrád es zusammengefasst hat, sehen die großen russischen Autoren den Westen als seelenlose Zivilisation von gefühllosen, schäbigen Rationalisten, geschäftigen Pedanten, von Individualisten, die ihren Mitmenschen und der Gemeinschaft gegenüber spröde sind, als eine Zivilisation, in der es Wohlstand und Technik gibt, jedoch kein Glück und kein Heil, in der es Normalität gibt, jedoch keine Exzentrizität« – mit einem Wort: als eine Welt böser Spießer.[87]

Die Vorbehalte aus vielen Jahrhunderten sind nach 1990 nicht verschwunden, und sie machen an der Konfessionsgrenze auch nicht halt. Sie schlummern im Schoß der orthodoxen Kirche, und manchmal weckt ein schräger Ton sie auf. Deshalb lohnt es sich, auf die im Westen unbekannte Institution einmal einen genaueren Blick zu werfen. Dass nämlich die Orthodoxie bloß eine besonders strenge oder besonders konservative Form des Katholizismus sei, wie viele im Westen annehmen, geht in die Irre.

***

Wer als Tourist in Russland, Rumänien oder Serbien einen sonntäglichen Gottesdienst besucht, fühlt sich leicht um Jahrhunderte in die Vergangenheit versetzt. Feierliche A-cappella-Gesänge erfüllen den hohen Kirchenraum. Von den Wänden blicken stumm und starr lange, stilisierte Heiligenfiguren ins Leere. Männer mit langen Bärten und prächtigen Gewändern versprühen Weihrauch und verschwinden durch einen Vorhang in einen nicht einsehbaren Altarraum. Gläubige kommen und gehen, küssen ausgestellte Ikonen und bekreuzigen sich unablässig.

Wer aber nach der oft stundenlangen Liturgiefeier noch ein wenig dableibt, kann auch Szenen beobachten, die zu dem weltentrückten Ambiente schlecht zu passen scheinen. An einem Weihwasserbecken streitet eine junge Frau mit Baby auf dem Arm mit einem Popen in schwarzer Soutane offen über den Preis für einen Segen. »Zwanzig Lewa? Du spinnst wohl!« Der Bärtige bleibt ungerührt: »Ich bitte dich! Nebenan bei Sankt Pantaleon nehmen sie fünfundzwanzig.«

Schon auf den zweiten Blick sieht die Orthodoxie ganz anders aus als auf den ersten. Kleriker, die wirken, als schwebten sie in himmlischen Sphären, stehen bei näherem Hinsehen fest auf dem Boden der Realität. Priester tragen unter dem schwarzen Obergewand bisweilen gewöhnliche Arbeitskleidung. Die meisten haben kaum eine theologische Ausbildung genossen, manche gehen ihrem Priestertum nur im Nebenberuf nach. Ihr Sozialprestige ist eher niedrig. Die Aufstiegschancen sind gleich null; zum Bischof bringen es nur Mönche.

Nicht der Stadt-Land-Gegensatz oder die ärmliche Herkunft vieler Popen sind der Punkt dabei. Auch auf höherer Ebene sind Weltliches und Religiöses oft in einer Person vereint. Theologisch hochgelehrte orthodoxe Bischöfe, die an einer angesehenen Hochschule promoviert haben und die Debatten mit Philosophie-Professoren nicht scheuen müssen, verblüffen andererseits immer wieder mit ausgefuchsten politischen Argumenten, zeigen sich jedem Intrigenspiel gewachsen. Während der Kriege im früheren Jugoslawien fiel es westlichen Diplomaten und westlichen Kirchenvertretern oft schwer, sich auf die scheinbar doppelgesichtigen Orthodoxen einen Reim zu machen. Waren diese Würdenträger so vergeistigt, wie sie wirkten, oder taten sie nur so?

Tatsächlich gab es, was Politik betrifft, unter den orthodoxen Geistlichen eine ebenso breite Palette wie in der Gesamtbevölkerung: Rechte wie Linke, Unpolitische und nachrichtensüchtige Polit-Freaks. Der uralte Patriarch der serbisch-orthodoxen Kirche war in politischen Dingen von einer schwer vorstellbaren Naivität und unterschrieb in der schlimmen Zeit der jugoslawischen Kriege arglos jedes Papier, das man ihm unterschob. Einige seiner Bischöfe dagegen mischten auf höchster politischer Ebene kräftig mit. Politik und Glaube blieben aber auch für sie zweierlei. Wer meinte, aus dem geistlichen Stand auf die politische Meinung oder nur auf einen besonderen Zugang zur Politik schließen zu können, verriet nur seine westliche Sicht.

Geistliche im Westen kennt man anders. Von ihnen ist man gewöhnt, dass sie Religiöses und Weltliches miteinander verweben – also politische Einstellungen etwa mit dem Gebot der Nächstenliebe begründen. In den Ostkirchen ist solche Verknüpfung wenigstens keine Selbstverständlichkeit. Heiliges und Profanes, auch sehr Profanes, koexistieren, ohne dass jemand Anstoß daran nehmen würde. Von einem katholischen oder evangelischen Seelsorger oder einer Seelsorgerin erwartet die Gemeinde, dass er oder sie Rat in allen Lebenslagen weiß. Von einem orthodoxen Priester nicht unbedingt; er sollte vor allem die Rituale beherrschen. Als Tröster in allen Lebenslagen würde er sich überfordert fühlen. Der westliche Seelsorger ist es oft ebenso. Nur gibt er es, anders als sein orthodoxer Kollege, nicht gern zu.

Misst man sie an den moralischen Standards, die im Westen an Religionsgemeinschaften angelegt werden, schneiden die östlichen Kirchen naturgemäß schlecht ab. Staat und Kirche stehen in der Orthodoxie traditionell in einem anderen Verhältnis zueinander als im Westen. Christlich-demokratische Parteien, wie im Westen, gibt es in keinem orthodoxen Land. Soziale Hilfen sind in der gesellschaftlichen Arbeitsteilung zunächst und vor allem Angelegenheit des Staates. Vertreter christlicher Hilfsorganisationen aus dem Westen, die sich in Osteuropa engagieren, sind oft schockiert, wenn sich die Kirchen dort wenig für karitative Zwecke einsetzen. Manche von ihnen, wie die bulgarische, zeigen sich gänzlich desinteressiert. In Griechenland dagegen unterhält jede Pfarre einen Fonds zur Unterstützung der Armen. »Caritas«, Wohltätigkeit, ist auch für die orthodoxen Kirchen ein Auftrag. Aber es ist nicht ihr Kerngeschäft.

Die Anforderungen, die von kirchlich-orthodoxer Seite an Persönlichkeiten des öffentlichen Lebens gestellt werden, sind schlicht und spärlich: Politiker sollen sich bekennen und die unmittelbaren Interessen der Kirche schützen. Oligarchen sollen großzügig spenden. Das geht bis zu Extremfällen. Zu den eifrigsten Spendern und Förderern der rumänisch-orthodoxen Kirche etwa gehörte der rechtsradikale Multimillionär Gigi Becali, Eigentümer des Fußballvereins Steaua Bukarest sowie einer Munitionsfabrik und wegen vulgärer Hassreden und Freiheitsberaubung mehrfach verurteilt.

Kurz und brutal formuliert: In westlichen Augen sind die östlichen Kirchen theologisch unterbelichtet und moralisch schwach. Solch harte Urteile kann man im Umfeld der katholischen Kirche sogar von Experten hören. Auch in den orthodoxen Ländern selbst hagelt es regelmäßig Kritik, wenn der Klerus seine Mittel lieber für pompöse Kirchenbauten als für soziale Zwecke verwendet. Wer das Urteil über die schwache Moral mit Fakten untermauern will, wird immer leicht fündig werden. So mangelt es in den östlichen Kirchen nicht an Missbrauchs- und Finanzskandalen, wie sie auch die katholische Kirche regelmäßig erschüttern. Bei der Aufklärung der Affären wird meistens noch fester gemauert als in der römischen Priesterschaft. Diesen Unterschied wenigstens darf man aber nicht den Kirchen und ihrer Grundeinstellung zurechnen. Intransparent und skandalträchtig ist in den Ländern, in denen die Orthodoxie verbreitet ist, das öffentliche Leben generell, und das nicht mehr und nicht weniger als in den katholischen und den muslimischen Nachbarstaaten.

Westliche Kritiker drehen die Schraube gern noch ein wenig weiter und führen nicht nur, wie oben dargelegt, den wirtschaftlichen Rückstand, sondern auch die politischen und wirtschaftlichen Missstände auf die kulturelle Grundierung zurück. Wer aber von der Konfession so umstandslos auf die gesellschaftlichen Verhältnisse schließen will, kriegt genauso leicht Probleme mit den Fakten wie bei der Deutung der Wirtschaftskraft: Das orthodoxe Rumänien steht auf dem weltweiten Korruptionsindex sogar ein bisschen besser da als Ungarn, von dessen Autoritarismus und Nationalismus ganz zu schweigen. Dabei ist das nordwestliche Nachbarland überwiegend katholisch und darüber hinaus stark von einer protestantischen Minderheit geprägt, der auch Viktor Orbán angehört. Sie rechnet sich dem Calvinismus zu – ausgerechnet der Konfession also, die seit den Forschungen von Max Weber als Inbegriff von Redlichkeit und Tüchtigkeit gilt.

Auf östlicher Seite sieht die Rechnung ganz anders aus. Dass westliche Theologen die göttlichen Gebote so locker in ethische und sogar in politische Entscheidungen übersetzen, trägt ihnen bei Orthodoxen den Vorwurf der Anmaßung und der Selbstgerechtigkeit ein. Woher wollen die westlichen Kollegen so genau wissen, was Gott will? Verpacken sie nicht ihre politischen Ansichten religiös, um sie der Kritik zu entziehen?

Dass vor allem Protestanten ausgiebig und differenziert über moralische und politische Fragen streiten, nötigt Orthodoxen keine Bewunderung ab. Sie finden den Zugang eher frech. Wie können die westlichen Christen sich einbilden, mit ausgesuchten Bibelstellen und flotten Analogieschlüssen gültig festzustellen, wie man leben soll? Eine Kirche, die sich als Tugendwacht ausgibt, verfehlt aus östlicher Sicht ihren Job. Es sei nicht Aufgabe der Kirche, im Menschen »eine einfache Verbesserung oder moralische Perfektionierung« herbeizuführen, hat der Patriarch von Konstantinopel, Bartholomäus, es einmal ausgedrückt. Die Heiligen der Ostkirche seien »nicht einfach nur eine Art Sozialarbeiter, Menschenfreunde oder Wunderheiler«.

Ein Anspruch auf weltliche Macht ist aus der orthodoxen Sicht nicht abzuleiten, auch kein moralischer. »Gebt dem Kaiser, was des Kaisers ist, und Gott, was Gottes ist«, lauten das zu dieser Sicht passende Jesuswort aus dem Matthäus-Evangelium oder der Satz des Apostels Paulus, jede Obrigkeit sei von Gott. Wer dem göttlichen Willen näherkommen will, meditiert lieber und hofft auf ganz persönliche Einsichten, statt zu vernünfteln und zu moralisieren. Ein guter Christ hält sich nach östlicher Auffassung mit forschen Urteilen zurück, übt sich in Demut und beachtet zunächst die klaren, einfachen Gebote.

Westlich sozialisierte Christen kritisieren diese Haltung als Gleichgültigkeit gegenüber ungerechten Verhältnissen und Willfährigkeit gegenüber autoritären Machthabern. Die Ostkirche gibt den Vorwurf zurück. Die Orthodoxen hätten jedenfalls nie nach weltlicher Macht gestrebt, entgegnete der

Patriarch Bartholomäus einmal und warf den römischen Katholiken »geistlichen Autoritarismus« vor. Nicht nur im Dogma von der Unfehlbarkeit des Papstes, sondern schon in der Vorrangstellung des »Stuhls Petri« gegenüber den anderen Aposteln sieht die Orthodoxie einen Machtanspruch.[88]

Katholiken und besonders Protestanten begreifen sich ganz anders. Die westlichen Christen stören sich an den Verhältnissen auf der Welt und erwarten von der Kirche, dass sie sich dagegenstellt und dazu auch ihre Macht ausspielt. Wenn dagegen östliche Geistliche sich in die Politik einmischen, tun sie es ihrem eigenen Verständnis nach nicht im göttlichen Auftrag. Vielmehr agieren sie offen als Interessenvertreter für ihre Organisation und allenfalls noch für ihre Gläubigen. Dass sie mit ihrer unpolitischen Haltung oft die Mächtigen umschmeichelt und gesegnet haben und dass sie auch heute gern den Nationalismus befeuern, müssen sie theologisch gar nicht begründen. Im Kirchenvolk kommt das oft schlecht an. Auch wer sich als unpolitisch versteht, entfaltet schließlich politische Wirkung. Nach der großen Wende von 1990 gerieten gerade die orthodoxen Kirchen wegen ihrer Nähe zu den KPen schwer in die Kritik.

Gibt es gute und böse Politik, christliche und unchristliche? Können wir wirklich für jeden Lebensbereich sagen, was richtig und was falsch ist? Oder, in der Sprache der Religion ausgedrückt: Wie genau lässt sich Gottes Wille ergründen? Der alte Streit lässt sich in der aktuellen Politik und sogar im Alltagsleben wiederfinden. In der Europäischen Union sind es immer die Politiker und Diplomaten aus dem Westen, die moralische Anforderungen an die Kollegen im Osten stellen. Für eigenes Fehlverhalten dagegen finden sie Rechtfertigungen oder formulieren, seltener, überzeugende, anscheinend ehrlich empfundene Entschuldigungen. Ihre Eloquenz in der Analyse steht in einer langen Geschichte des moralischen Diskurses und der peinlichen Gewissenserforschung – des deutschen Pietismus etwa, der amerikanischen Quäker, der holländischen

Reformierten, der katholischen Jesuiten – einer Geschichte, die in Osteuropa kaum eine Parallele hat.

Im modernen Alltag setzt der Gegensatz sich fort. »In Deutschland genügt es nicht, dass du so handelst, wie sie es für richtig halten«, erzählt die Soziologin Barbara Thériault, die aus Kanada stammt, ihre Beobachtungen und Erfahrungen in Ostdeutschland, Polen und in der Ukraine gesammelt hat und nun mit Ostblick nach Westen schauen kann. »Du musst auch ›innerlich‹ davon überzeugt sein. Entscheidungen, die nicht ›von innen‹ kommen, sind nichts wert.« Im Osten wird das nicht verstanden. Was soll das auch heißen, von innen? Entscheidend ist, was einer tut, vielleicht auch, was einer sagt. Was einer insgeheim denkt, lässt sich nicht fixieren und taugt nicht für die Kommunikation. Als wenn die Gedanken im Kopf nicht ständig wechseln würden! So erklärt sich Thériault auch, warum so vielen Deutschen die Mülltrennung wichtiger ist als die Frage, was nach der sauberen Trennung mit dem Müll genau geschieht. Nicht die Ökobilanz gibt den Ausschlag. Entscheidend ist vielmehr die innere Haltung. »Nur wer richtig Müll trennt, zeigt, dass er es wirklich begriffen hat.«

***

Die ausgefeilten, moralisch präzise aufeinander abgestimmten Gebote der katholischen Kirche sind am Rechtssystem des Römischen Reiches geschult. Alle Entscheidungen haben sich vor bestimmten Grundsätzen zu rechtfertigen. Festgehalten und ausbuchstabiert ist das System von Tugenden und Lastern in einem kirchlichen Gesetzbuch mit 1752 Paragrafen. Über strittige Fragen führt die römisch-katholische Kirche wie eine staatliche Justiz bis heute richtige Prozesse, etwa um die Heilig- oder Seligsprechungen. Eine »Kongregation für die Glaubenslehre« beim Vatikan setzt verbindlich fest, was im Namen der Kirche gelehrt werden darf und was nicht. Genau wie die EU verfügt sie über einen »Acquis communautaire«, eine Fülle aus Regeln und Verordnungen, die alle bis in Feinste aufeinander abgestimmt sind.

Das heißt nicht, dass die östlichen Kirchen sich in moralisch-politischen Fragen nicht zu Wort melden würden. Aber der Kreis ihrer Themen ist eng: Meistens geht es um Fragen, die mit Fortpflanzung und Geschlecht zu tun haben, um Ehe, Abtreibung und Homosexualität. Dabei sind ihre Positionen noch apodiktischer als bei den katholischen Kollegen. Zugleich sind die Ostkirchen aber flexibler. Zwar gilt etwa die Ehe nach orthodoxem Kirchenrecht als unauflöslich. In der Praxis können Gläubige aber bis zu drei Mal heiraten. Der theologische Begriff für solche Großzügigkeit ist »Ökonomie«. Zu Deutsch: Wirtschaftlichkeit. Weil die Gnade Gottes keinen festen Regeln gehorcht und wenn doch wir Menschen sie nicht genau kennen können, ist es nur recht und billig, die kirchlichen Regeln nicht starr und streng, sondern eben ökonomisch, dem Zweck gemäß, einzusetzen und mit ihrer Anwendung hauszuhalten.

Wirklich streng dagegen sind die orthodoxen Kirchen, wenn es um die formalen Regeln der Liturgie geht. Sie gehören akribisch befolgt. Selbst kleinste Abweichungen vom vorgeschriebenen Ritus lösen heftige Debatten aus. Streitigkeiten um solche Formalia sind für die größten Abspaltungen in der Geschichte der orthodoxen Kirchen verantwortlich. Im 17. Jahrhundert protestierten in Russland die sogenannten Altgläubigen gegen eine Reform der Liturgie, wurden aus der Kirche ausgestoßen und grausam verfolgt. Zu einer ähnlichen Spaltung kam es noch 1924, als der Patriarch von Konstantinopel auf den 10. gleich den 24. März folgen ließ, um den Kalender besser an den Gang der Sonne anzupassen.

Vergleicht man, welcherart Konflikte in Ost und West das größte Spaltpotenzial in sich tragen, wird der Unterschied deutlich: In der westlichen Reformation ging es um die Frage, ob die Menschen nur durch den Glauben oder auch durch gute Werke vor Gott bestehen können. Die Ostkirche entzweite sich dagegen über die Frage, wie oft man sich vor dem Altar zu verneigen hat und ob man neben dem Kreuz mit acht Enden auch eines mit vier Enden verwenden darf. Daran hat sich in tausend Jahren nichts geändert. In der Corona-Krise wurde im Westen darüber gestritten, ob die Kirchen nicht mehr Orientierung, mehr Trost hätten anbieten müssen. In der Ostkirche ereiferten sich Bischöfe über die Frage, ob man das Abendmahl weiter, wie üblich, mit einem von allen Gläubigen gemeinsam abgeleckten Löffel darbieten dürfe. Dürfe man ruhig, befand etwa der griechische Synod. Der erzkonservative Bischof von Piräus erklärte: »Wer an der Heiligen Kommunion teilnimmt, ist Gott nahe, und der hat die Kraft zu heilen.«

Der eine beharrt stur auf seinen moralischen, der andere ebenso stur auf seinen liturgischen Regeln. Was den Konflikt zwischen Humbert, dem Papstgesandten, und Michael, dem Patriarchen, befeuerte, macht nicht nur den Unterschied zwischen Ost- und Westkirche aus. Es trennt auch deren säkulare Erben.

Im Osten kommt es auf die Form, im Westen auf den Inhalt an: Die eingängige Faustformel trägt weit. Sie unterschlägt aber, dass Form und Inhalt im Osten, anders als im westlichen Denken, nicht klar getrennt sind. Wenn zum Beispiel ökumenisch orientierte Katholiken betonen, dass die verbliebenen Unterschiede zur Orthodoxie sich größtenteils gar nicht auf Grundsätze des Glaubens, sondern »nur« auf organisatorische Fragen beziehen, liegt der Irrtum in diesem »Nur«. Was im Westen als zweitrangig gilt, ist dem Osten gerade wichtig. Das Missverständnis setzt sich in die moderne Welt fort.

Im Westen, wo der Pluralismus erfunden wurde, unterscheidet man Katholiken und Protestanten und unter Letzteren wiederum verschiedene Kirchen mit je unterschiedlichem Glauben. Wer von diesem Hintergrund aus nach Osten blickt, entdeckt dort noch eine dritte Konfession: die Orthodoxie. Aus der entgegengesetzten Blickrichtung dagegen geht die Spaltung der Christenheit so tief nicht. Es gibt noch immer nur eine einzige Kirche – die Urkirche. Der Papst in Rom gehört an sich zu dieser Kirche dazu. Er ist nach der orthodoxen Auslegung einer von fünf Patriarchen, die direkt in der Nachfolge eines Apostels stehen. Leider hat er sich allerdings vor langer Zeit vom rechten Glauben abgekehrt. Formal haben auch die römischen Katholiken erst sehr spät mit der Sichtweise von der gemeinsamen »Urkirche« gebrochen. Noch bis zum Jahr 2006 trugen die Päpste selbst noch den Titel eines Patriarchen von Rom. Erst der Deutsche Benedikt XVI. legte ihn ab. Im Osten hat seine Rolle sich nicht geändert: Der Westen ist ein Teil der einen Christenheit; allerdings ein degenerierter.

Gemildert wird die antiquierte Systematik wiederum durch Pragmatismus. Die Evangelischen haben sich aus orthodoxer Sicht vom rechten Glauben zwar noch weiter entfernt als die römischen Katholiken. Das hindert sie aber nicht daran, sich mit den Evangelischen im Weltkirchenrat auszutauschen. Der katholischen Kirche mit ihrem strikten Rechtsdenken ist das fremd. Sie beharrt – ganz juristisch – auf ihrem Alleinvertretungsanspruch und kann deshalb nicht als ein Mitglied unter vielen einer Dachorganisation beitreten. So kommt es, dass sich die christlichen Extreme, Orthodoxe und Protestanten, in der Praxis oft besser miteinander vertragen als mit den Katholiken. Schon während der Reformation tauschten Orthodoxe sich mit Philipp Melanchthon aus, einem Mitstreiter Martin Luthers – über theologische Fragen, nicht bloß aus gemeinsamer Feindschaft zu den Katholiken. Später bekam die russische Kirche sogar ein kollektives Leitungsgremium nach holländisch-reformiertem Vorbild: den »Heiligen Synod«.

Aus westlicher Sicht unterscheiden sich die christlichen Gemeinden durch ihr Bekenntnis. Aus östlicher Sicht unterscheiden sie sich vor allem durch den Ort. Nicht was du denkst ist das Wichtigste, sondern wo du hingehörst: Auch dieser Gegensatz lässt sich in der profanen Welt von heute wiederfinden. Ob jemand von der Umwelt den »Roten« oder den »Blauen« zugerechnet wird, dem Umfeld der Partisanen oder deren Gegnern, entscheidet für die Umwelt im früheren Jugoslawien oft der Heimatort der Familie. Vor allen Glaubensstreitigkeiten unterscheiden sich die Christen aus östlicher Sicht durch die Zugehörigkeit zu diesem oder jenem Patriarchat. Jedes von ihnen hat sein Gebiet, sein Territorium. Was heute als römisch-katholische Kirche betrachtet wird, ist eigentlich nur das Gebiet des Patriarchats von Rom. Durchhalten ließ sich dieser Blickwinkel natürlich nicht, nachdem sich die römische Kirche über die ganze Welt verbreitet hat und heute mindestens elf Mal so viele Anhänger hat wie alle orthodoxen Kirchen zusammen. Aber das Wissen darum hilft, aktuelle Konflikte zwischen Ost und West zu verstehen.

Orthodoxe Kirchen achten mehr auf Gebietsschutz als auf die individuelle Glaubensüberzeugung ihrer Mitglieder. Sie reagieren allergisch, wenn andere Kirchen in »ihren« Ländern missionieren: Es ist ein Übergriff. Seit sich im 19. Jahrhundert in Osteuropa die Nationen entwickelt haben, hat sich der exklusive Anspruch vom Gebiet auf die nationalen Gemeinschaften verlagert. Auch noch jeder der neuen Staaten, die seit 1990 im Osten Europas entstanden sind, verlangte bald auch nach einem eigenen Patriarchat, einem »eigenen Haupt« – oder, mit dem griechischen Wort, nach »Autokephalie«. Wer sich einer anderen Nationalität zurechnet, kann im Gebiet des Patriarchen ungestört seinen anderen Glauben pflegen. Selbst die strengsten Kirchenfürsten und auch nationalistische Politiker geben sich da tolerant. Aber dass ein rumänischer Christ zur serbisch-orthodoxen Kirche »übertritt«: das ist schon definitorisch ausgeschlossen.

Der Unterschied ist relevant und wird immer wieder aktuell. Nicht nur in den orthodoxen Ländern, sondern in ganz Osteuropa und bis nach Asien hinein werden Konfessionen nicht unbedingt als Zusammenschlüsse von Individuen gleichen Glaubens verstanden. Viele Albaner sagen zum Beispiel, sie seien – in ihrer Eigenschaft als Albaner – »eigentlich« Katholiken, auch wenn sie aus muslimischer Tradition kommen und vom Katholizismus nichts wissen. Ihnen genügt, dass ihre größten Nationalhelden, der Fürst Skanderbeg und Mutter Teresa, katholisch waren. Im gleichen Sinne erzählen einem viele national bewusste Tschechen, sie und ihre Landsleute seien »eigentlich« Hussiten, Anhänger von Jan Hus, der vor 600 Jahren auf dem Scheiterhaufen endete. Dass die katholische Gegenreformation später alle »Ketzerei« beseitigte, dass es im Land vor katholischen Barockkirchen nur so wimmelt und die neu gegründete hussitische Glaubensgemeinschaft keine 40 000 Mitglieder hat, tut der Zuordnung keinen Abbruch.

Glaube und Konfessionszugehörigkeit müssen sich nicht decken. Fast achtzig Prozent aller Russen bekennen sich zur Orthodoxie. Aber nur die Hälfte von ihnen gibt in Umfragen an, überhaupt an Gott zu glauben. Wer nicht glaubt und sich trotzdem als orthodox bezeichnet, bekundet damit nur seine Zugehörigkeit, seine Identität. Es kann sogar sein, dass die »virtuellen« Hussiten oder Katholiken von heute einen positiven Blick auf die Zwangskonversion ihrer Vorfahren pflegen. Wären sie nicht Muslime geworden, hätten die christlich-orthodoxen Nachbarn sie wahrscheinlich assimiliert, kann man von manchen national denkenden Albanern hören.

Das östliche Verständnis dessen, was im Westen »Konfession« heißt, Bekenntnis also, führt geradewegs in einen unverstandenen Ost-West-Konflikt: den um Toleranz. Der Begriff wird unterschiedlich, manchmal sogar gegensätzlich verstanden. Und das Problem dabei liegt nicht nur im Begriff.

Im Basarviertel von Sarajevo gehören zu den beliebten Souvenirs große, bemalte Kaffeetassen, die die Stadt als multikulturelles Vorbild zeigen, als Heimat der religiösen Toleranz. Eine Moschee, eine orthodoxe und eine katholische Kirche sowie eine Synagoge sind darauf zu sehen, überschrieben mit dem Spruch: »Die einzige Stadt mit vier Weltreligionen«. Wer nur den Westen kennt, wird sich darüber wundern. Leben nicht in jeder britischen, französischen, deutschen oder italienischen Kleinstadt Angehörige von noch mehr Religionen und

Dutzender Nationalitäten? Das ist auch bosnischen Porzellan-
malern klar. Sie meinen aber etwas anderes.

Nicht nur Sarajevo, auch das autoritäre Russland erkennt
vier »traditionelle« Religionen an. Außer der Orthodoxie sind
das das Judentum, der Islam und der Buddhismus. Der Katholizismus gehört nicht dazu. Nicht wie nah oder wie fern
eine Religion dem Glauben der Mehrheit steht, entscheidet
über ihre Anerkennung, sondern ihre Verankerung in einer
bestimmten Volksgruppe. Der Islam in seiner sunnitischen
Variante genießt in Russland Respekt, weil er die Religion der
Tataren ist, der tantrische Buddhismus als die Religion der
Burjaten. Muslime und Buddhisten sind fremd genug, den
Zusammenhalt der orthodoxen Nationalkirchen nicht zu
gefährden. Für Katholiken gilt das nicht; sie sind potenzielle
Konkurrenten für die eigene, die orthodoxe Domäne. Am allerwenigsten Toleranz verdienen die sogenannten Unierten,
die hybride Konfession im früheren Österreich-Ungarn. Das
Verhältnis von »echten« Orthodoxen zu den »Griechisch-
Katholischen« blieb immer gespannt. Noch heute streiten Orthodoxe und Unierte in der Ukraine und in Rumänien um Kir-
chengebäude.

Im russischen Reich musste man nicht orthodox sein; aber
es war verboten, den ererbten orthodoxen Glauben abzulegen.
Nicht der andersgläubige Fremde ist gefährlich, sondern der
Konvertit: Die Sicht ist nicht auf die Orthodoxie beschränkt;
man findet sie auch in der Türkei, im Libanon, in Syrien, im
Irak. Selbst im Iran, dem islamischen Gottesstaat, gibt es christliche Klöster, in denen die Mönche unbehelligt ihren Glauben
pflegen. Mitten in Isfahan steht eine große christliche Kathedrale. Auf dem weitläufigen Gelände darf man sogar Alkohol
trinken – unter dem Vorwand, dass Messwein zur christlichen
Liturgie gehört. Allerdings kennt die Toleranz eine wichtige
Einschränkung: Die Klöster und die Kathedrale gehören zur
Armenisch-Apostolischen Kirche und sind allein Armeniern
vorbehalten. Es ist östliche Toleranz in Reinform: Auf die Her-

kunft kommt es an. Muslime, die zum Christentum übertreten, können strafrechtlich verfolgt werden. Wer dagegen unter Muslimen missioniert und sie zum Christentum bekehren will, muss sogar die Todesstrafe fürchten – östliche Intoleranz, auf die Spitze getrieben.

***

Westen und Osten finden auch in EU-Europa häufig Gründe, einander als intolerant wahrzunehmen – ein typischer Bruchpunkt. Im Westen etwa schockiert es, wenn im Osten Flüchtlinge mit muslimischem Hintergrund kategorisch ausgesperrt werden. Den Osten dagegen regt es auf, wenn der Westen sich nicht mit der Einhaltung formaler Umgangsformen und Absprachen zufriedengibt und immer wieder wissen will, ob alle im Osten das, was hinter solchen Formen steht, auch aus innerer Überzeugung akzeptieren. Hinter den Bekundungen von Toleranz können sich, wie es scheint, ganz unterschiedliche Gedanken und Gefühle verstecken.

Seit islamistischer Terror und Rechtsextremismus sich ausgebreitet haben, wird im Westen wieder viel über das sogenannte Toleranz-Paradoxon gesprochen. Wie tolerant darf oder muss man sich zeigen gegen fundamentalistische Ideologien und autoritären Nationalismus? »Uneingeschränkte Toleranz führt mit Notwendigkeit zum Verschwinden der Toleranz«, schrieb Karl Popper in dem schon zitierten Buch über die »offene Gesellschaft und ihre Feinde«. »Wir sollten daher im Namen der Toleranz das Recht für uns in Anspruch nehmen, die Unduldsamen nicht zu dulden.«

In Gesellschaften des östlichen Musters würde das Paradoxon umgekehrt formuliert: Wer die Unduldsamen nicht mehr tolerieren will, toleriert am Ende nur noch, was gar nicht toleriert werden muss: sich selbst und seinesgleichen. Er entspricht dem Gleichnis von dem Herrscher, der sich selbst als tolerant rühmt, weil er »Menschen mit großen Ohren« immer alle Frei-

heiten gewährt habe. »Was hast du gegen Menschen mit großen Ohren?«, fragt ihn ein weiser Mönch. »Nichts natürlich!«
»Dann kannst du ihnen gegenüber nicht tolerant gewesen
sein.«

Wer Toleranz nach dem westlichen Muster pflegt, wird darauf achten, dass sich in keiner Glaubens- oder Gesinnungs-
gemeinschaft Fundamentalisten durchsetzen. Deshalb gilt es,
die Andersdenkenden und Andersgläubigen immer wieder in
Debatten einzubeziehen, sie wenn nötig zur Rede zu stellen,
ihre Art zu denken zu studieren, sie zu überzeugen, Brücken
zu bauen, Integrationschancen anzubieten. Nach dem östlichen Muster einigt man sich mit der je anderen Gemeinschaft
dagegen auf bestimmte Verkehrsformen, ohne groß nach deren innerer Verfasstheit und deren Willensbildungsprozessen
zu fragen. Die Erfahrung lehrt, die anderen einfach zu nehmen,
wie sie sind.

Kommt es zum Konflikt, weiß man aus der Geschichte,
wird er nicht zwischen den toleranten Gemäßigten jeder Couleur auf der einen und Extremisten auf der anderen Seite ausgetragen, sondern zwischen Gemeinschaft A und Gemeinschaft B. Im Krieg in Bosnien kämpften nicht die Vernünftigen
gegen die Extremisten aller Schattierungen, sondern Serben
gegen Kroaten und Muslime. In Ost-West-Konflikten in der
EU nehmen »illiberale« Regime das östliche Toleranzmuster
auch für sich selbst in Anspruch. Wie wir denken, wie wir uns
intern organisieren geht die im Westen und die in Brüssel
nichts an! Wären sie wirklich tolerant, würden sie sich für die
Pressefreiheit bei uns in Ungarn gar nicht interessieren. »Das
Unglück besteht darin, dass sie nicht miteinander reden können«, hat György Konrád einmal gesagt, »dass sie sich nicht
verstehen. Der Westler fühlt sich immer in seiner Logik, der
Ostler immer in seiner Würde verletzt.«[89]

∗∗∗

Wer fremd ist, kann zum Feind werden. Aber wegen seiner Andersartigkeit oder Lebensweise beschämt, verspottet oder nur schief angesehen zu werden, bleibt ihm in einer osteuropäischen Gesellschaft meistens erspart. Fremdes mag abgelehnt werden, findet aber Anerkennung. Das ist vielleicht die überraschendste Erfahrung, die machen kann, wer in Osteuropa Bekanntschaften schließt. Der Respekt beschränkt sich nicht auf Prestige-Ausländer aus reichen, glücklichen Ländern. Er ist echt. Mit »political correctness« oder »Gutmenschentum«, als die die zuweilen gekünstelten Respektbezeugungen gegenüber Fremden in westlichen Gesellschaften neuerdings denunziert werden, hat er nichts zu tun. Wer fremd ist, wer nicht zur empfundenen »Familie« gehört, darf anders fühlen, denken, handeln. Nicht mit Ablehnung muss er rechnen, sondern mindestens mit höflicher Distanz und bestenfalls freundlicher Neugier.

Das Verhältnis gilt nicht nur gegenüber Zuwanderern, sondern auch gegenüber »Fremden« aus dem eigenen Land – Andersgläubigen und Angehörigen anderer Volksgruppen zum Beispiel. Ein verbreitetes Ost-West-Missverständnis betrifft das Verhältnis zu den Roma. Werden sie nicht im Osten besonders stark diskriminiert, wenn nicht verfolgt? Unzweifelhaft sind Roma in den armen Staaten Südosteuropas größerem Elend ausgesetzt. Aber in Rumänien und in den Balkanländern, wo die meisten von ihnen leben, herrscht sowohl auf offizieller Ebene als auch im Alltag der größere Respekt. Anders als in den durchregulierten Ländern des Westens ist in den fragmentierten Balkangesellschaften mit ihren Minderheiten im Gefühl der Mehrheit für Roma ein Platz reserviert – kein gleichberechtigter zwar, aber ein fester. Im früheren Jugoslawien wurden die Roma als »Nationalität« anerkannt und gefördert. Das Verhältnis hat sich über den Zerfall des Staates hinaus erhalten. Dass Roma vor Lokalen einfach weggescheucht werden wie lästige Fliegen, wird man auf dem Balkan kaum sehen. Zwar gibt es Auseinandersetzungen, mitunter auch gewaltsame. Es sind aber nicht selten Auseinandersetzungen auf Augenhöhe. Im Westen werden solche Konflikte oft falsch interpretiert; nicht immer sind Roma dabei das Opfer. Je weiter man nach Westen kommt, desto mehr nimmt diese traditionelle, östliche und vor allem balkanische Form der Toleranz ab. An ihre Stelle tritt Verachtung, Spott oder deren selbstgerechtes Pendant: das Mitleid.[90]

Dort, wo traditionell verschiedene Volksgruppen leben, zeremoniellen Umgang miteinander pflegen und wo der Staat sich in deren innere Verhältnisse nicht einmischt, ergibt das, was man im Westen unter gesellschaftlicher Ausgrenzung versteht, keinen Sinn. Die eine, homogene Gesellschaft, zu der einigen der Zutritt verwehrt ist, gibt es nicht. So konnte auf dem Balkan auch der Antisemitismus nicht wirklich Fuß fassen. Albanien war das einzige unter den von Deutschland besetzten oder mit ihm verbündeten Ländern, in dem nach dem Zweiten Weltkrieg mehr Juden lebten als vorher. Noch unter italienischer Besatzung diente das Land für viele europäische Juden als Brücke nach Übersee. Selbst als 1943 die Wehrmacht einrückte und eine Marionettenregierung installierte, weigerten sich die Behörden, Juden auszuliefern; viele fanden Unterschlupf auf dem Lande. Antifaschismus war nicht der Grund; man war nur einfach nicht bereit, den Besatzern zu Gefallen das Gastrecht zu verletzen. Auch im mit Deutschland verbündeten Bulgarien regte sich gegen die Auslieferung der Juden erheblicher Widerstand, unterstützt vom König ebenso wie vom orthodoxen Patriarchen.

Wer in einer westlichen Gesellschaft Respekt genießen will, sollte danach trachten, möglichst nicht als fremd angesehen zu werden. Nach dem östlichen Muster dagegen ist es gerade Fremdheit, die vor Übergriffen und Erniedrigungen schützt. Auf dem Balkan, wo Christen und Muslime dicht an dicht zusammen leben, kommen, anders als im Westen, Übergriffe auf Frauen mit Kopftuch so gut wie nicht vor, und auch verbaler Alltagsrassismus ist wenigstens face to face eine große Seltenheit. Stattdessen wird Toleranz geradezu zelebriert – etwa mit gegenseitigen Besuchen zu religiösen Feiertagen. In einem kleinen Städtchen in Nordmazedonien nutzen Muslime und Christen für ihre Gottesdienste sogar gemeinsam ein Gebäude. Nach dem Freitagsgebet werden die Teppiche eingerollt und Ikonen an die Wände gehängt. Was gestern noch eine Moschee war, ist heute eine Kirche und bereit zur Sonntagsmesse.

Inhaltliches wird bei solchen Begegnungen ausgeklammert. Wird doch einmal disputiert, geschieht es vorsichtig und betont respektvoll. Eine ungeschriebene Regel auf dem Balkan besagt, dass bei der Erörterung strittiger Fragen die Zugehörigkeit des je anderen zu seiner Konfession oder Volksgruppe ignoriert wird. Einem Muslim wird grundsätzlich nicht vorgehalten, was ein anderer Muslim, einem Christen nicht, was ein anderer Christ gesagt hat. »Es geht nicht darum, wer du bist«, erklärt es ein sunnitischer Gläubiger bei der Moschee-Kirche in dem nordmazedonischen Städtchen. »Man fragt nicht, was einer ist. Solche Fragen töten das Gespräch.« Man kennt und respektiert die Identität des anderen und meidet alles, was zum Streit führen könnte. Will man sich aber auseinandersetzen, verlassen beide Disputanten für die Dauer des Gesprächs den Schutz ihrer Identität und begeben sich in eine abstrakte Sphäre.

Im Westen Europas oder in den USA ist die balkanische Toleranzkultur so gut wie unbekannt. Das hat schon einmal zu einer gewaltigen Fehlsteuerung von Hilfsmitteln geführt. Nach den Kriegen im früheren Jugoslawien finanzierten westliche Regierungen, Stiftungen und NGOs in großer Zahl Seminare, auf denen die scheinbar so fanatischen Religions- und Kulturkrieger einen toleranten Umgang miteinander lernen sollten. Die meist jungen und idealistischen Trainer ahnten nicht, dass die Trainees im Verkehr mit Andersgläubigen über entwickelte Techniken und die weitaus größere Routine verfügten.

***

Wer anders ist, verdient Respekt. Aber um sich Respekt zu verdienen, muss man erst einmal als anders empfunden werden. Der Mechanismus kann erklären helfen, warum es in der Osthälfte Europas so viele verschiedene Identitäten gibt. Am besten verstehen lässt sich das dahinter stehende Prinzip der »friedlichen Koexistenz« auf dem Balkan. Exemplarisch studieren ließ es sich noch in diesem Jahrhundert im kleinsten Land Osteuropas: in Montenegro. Zur Verdeutlichung bietet sich ein weiter westlich gelegener Vergleichsproband an: Österreich. Es wird ein kleiner gedanklicher Ausflug in ein weithin unbekanntes Gebiet. Er verspricht aber reiche Erkenntnis.

Soweit sie orthodoxen Glaubens waren und eine südslawische Sprache sprachen, betrachteten sich die Bewohner des Berglands im Hinterland der Adria traditionell als Serben. Kirchlich rechneten sie sich dem Patriarchen in Belgrad zu, und ihre Sprache nannten sie Serbisch. Dass Montenegro erst de facto und später auch de jure ein eigener Staat war, tat dabei nichts zur Sache: Staatsangehörigkeit und »Nationalität« müssen einander im Osten Europas bekanntlich nicht decken.

So wie die Montenegriner, sofern sie Serbisch sprachen, sich als Serben verstanden, betrachteten sich die Österreicher bis nach dem Zweiten Weltkrieg, sofern sie Deutsch sprachen, im nationalen Sinne als Deutsche. Aus verschiedenen Gründen, aber etwa um die gleiche Zeit und unter ähnlichen Umständen begann sich das nationale Selbstgefühl sowohl in Montenegro als auch in Österreich zu ändern. Das kleine, aber selbständige Land wurde, nachdem es zuvor politisch ununterscheidbar im neu gebildeten Jugoslawien aufgegangen war, nach dem Zweiten Weltkrieg immerhin wieder zu einer Teilrepublik mit eigener Verfassung, eigenem Parlament und eigener Regierung. Ähnlich Österreich: Es wurde, nachdem Nazi-Deutschland es für sieben Jahre ebenso ununterscheidbar »angeschlossen« hatte, wieder zu einem selbständigen Staat. Im kommunistischen Jugoslawien wurden die meisten Menschen in Montenegro nun Montenegriner genannt und deklarierten sich bei Volkszählungen auch selbst so. In Österreich sagten von Jahr zu Jahr mehr Menschen von sich, sie seien Österreicher und nicht Deutsche – auch das eine Parallele.

Als Jugoslawien zerfiel, blieb das kleine Montenegro als einziger Teilstaat bei Serbien und bildete mit dem viel größeren Nachbarland eine Föderation. Zu eng waren die Bindungen, und zu schwach war das eigene Nationalgefühl der Montenegriner, als dass das Land für eine Abspaltung schon reif gewesen wäre. Das änderte sich allmählich, als Serbien alle seine Kriege verloren hatte und international isoliert war – wieder eine Ähnlichkeit mit Österreich, dessen Bevölkerung nach dem verlorenen Zweiten Weltkrieg von der Identifikation mit Deutschland kuriert war. Fünfzehn Jahre nach dem Zerfall Jugoslawiens stimmten in einer Volksabstimmung mehr als 55 Prozent der Bevölkerung Montenegros für die Unabhängigkeit ihres Landes von Serbien.[91]

Für eine gewisse Zeit hatte sowohl in Montenegro als auch in Österreich Unsicherheit darüber geherrscht, was man nun war. Die einen dachten, sie seien eine eigene Nation, und die anderen, sie seien ein Teil der größeren im Nachbarstaat. Es war ein rein politischer Dissens, kein nationaler oder »ethnischer« Unterschied stand dahinter. Österreicher, die sich selbst für Deutsche hielten, bezeichneten auch alle anderen deutschsprachigen Österreicher als Deutsche, auch wenn diese sich selbst nicht so betrachteten. Montenegriner, die sich als Serben deklarierten, hielten nach dem gleichen Prinzip auch diejenigen Montenegriner für Serben, die das selbst nicht so sahen. Das galt in beiden Ländern auch umgekehrt: »Nur-Österreicher« und »Nur-Montenegriner« betrachteten die »Deutschen« bzw. die »Serben« im eigenen Land durchaus nicht als Angehörige eines anderen Volkes. Wie wäre das auch möglich gewesen? Schließlich konnte sich von zwei Schwestern die eine als Montenegrinerin und die andere als Serbin verstehen. Sie unterschieden sich weder durch Abstammung noch durch Kultur, Religion oder Weltanschauung.

Als das Thema nach dem Jahr 2000 akut wurde, schieden sich die Geister an einer politischen Frage: Sollte Montenegro unabhängig werden oder nicht? Hier endet die Parallele zwischen dem östlichen Montenegro und dem westlicheren Österreich. In Österreich hatte sich der Dissens zwischen den sogenannten »Deutschtümlern« und den »Österreich-Patrioten« noch eine Weile hingezogen, war aber immer politischer Natur geblieben. Anders in Montenegro: Aus den Gegnern und den Befürwortern der Unabhängigkeit wurden allmählich zwei unterschiedliche Volksgruppen.

Noch 1991 hatten 62 Prozent der Einwohner sich bei der Volkszählung als »Montenegriner« deklariert und gut neun Prozent als »Serben« – diese Letzteren aber nicht aus politischen Gründen, sondern weil es in einer bestimmten Gegend so Tradition war. Bei der nächsten Zählung zwölf Jahre später hatte das Land, ohne dass es zu größeren Bevölkerungsbewegungen gekommen wäre, auf einmal 32 Prozent »Serben« und nur noch 43 Prozent »Montenegriner«. Die Selbstdeklaration mitten im Streit um die Unabhängigkeit war natürlich ein politisches Zeichen: Wer für den Verbleib bei Serbien war, bezeichnete sich jetzt als Serbe.

Als drei Jahre später aber die Schlacht um die Unabhängigkeit geschlagen war, wurde aus politischer Überzeugung tatsächlich nationale Identität. Unter denen, die dagegen gewesen waren, bildete sich eine Partei, die jetzt Rechte für die »serbische nationale Minderheit« forderte. Als auf der anderen Seite die Mehrheits-Montenegriner ihre Sprache »Montenegrinisch« zu nennen begannen, forderten die »Serben« die Simultanübersetzung von Parlamentssitzungen ins Serbische. Linguistisch ist das ein Witz, da das Serbische sich in der Standardform nur minimal und in der im Land verwendeten Variante überhaupt nicht vom »Montenegrinischen« unterscheidet. Aber niemand lacht, oder wenigstens nicht öffentlich. Es geht um Identität.

Über politische Fragen kann man streiten – zum Beispiel

über die, ob man das eigene Land dem größeren Nachbarn anschließen sollte oder ob es einen eigenen Staat braucht. Über Identität streiten kann man nicht. Dass einer anders *denkt,* ist einer Auseinandersetzung zugänglich. Dass einer anders *ist,* kann man dagegen nur akzeptieren. Anderssein schützt so vor Verfolgung. Ein Grund, das östliche Toleranzmuster zu idealisieren, ist das allerdings nicht; nicht zufällig haben die Volks- und Konfessionsgruppen, die einander im Alltag so respektvoll begegnen, noch bis an die Schwelle zum 21. Jahrhundert Krieg gegeneinander geführt. Akzeptiert man den »anderen« in seiner Identität nämlich nicht, gibt es nichts zu verhandeln, nichts auszutragen. Es bleibt nur die Alternative du oder ich, deine Identität oder meine. Es ist das Muster für einen Verdrängungskrieg.

Das bedeutet nicht, wie man meinen könnte, dass das montenegrinische Modell besonders gewaltträchtig wäre. Zunächst bietet es gerade einen Weg, Konflikte zu vermeiden: Die unterlegene Minderheit flüchtet sich in eine Sonderidentität und darf damit erwarten, von den anderen respektiert zu werden. Wo Streitigkeiten dagegen ausgetragen werden müssen, wie nach westlichem Verständnis, werden Sonderidentitäten weit weniger geduldet. Zeugnis davon legen die mittelalterlichen Feldzüge gegen Ketzer ab, die Religionskriege des 16. und 17. Jahrhunderts, aber auch der amerikanische Bürgerkrieg. Muss jeder Andersdenkende sich vor einer allumfassenden Autorität rechtfertigen, vor Gott, vor der Kirche oder auch vor der Vernunft, bietet sich kein solcher Ausweg. Es ist das Muster für einen Glaubenskrieg.

Verdrängungskriege laufen auf Vertreibungen, Glaubenskriege auf Vernichtung hinaus – nicht unbedingt auf physische, aber doch auf die Liquidierung der unterlegenen Partei als Kollektiv. Was schlimm und was noch schlimmer ist, gilt als eine philosophische Frage und ist empirisch wohl nie zu beantworten. Am schlimmsten jedenfalls wird es da, wo die beiden Muster zusammenkommen. In Deutschland bildete sich aus beiden, dem östlichen und dem westlichen, eine besonders giftige Mischung. Für die antisemitische öffentliche Meinung konnten Juden nicht Deutsche werden, auch nicht, wenn sie sich taufen ließen. Sie wurden – nun wiederum nach dem östlichen Muster – in eine Sonderidentität gezwungen, zu »Fremden« gemacht und später dahin vertrieben, wo sie als solche hingehörten – in die Fremde eben. Das westliche Muster hätte sie dagegen genötigt, sich rückstandslos anzupassen. Im »Dritten Reich« wurden die Juden beiden einander widersprechenden Zwängen ausgesetzt. Erst wurden sie als »andere« vertrieben und dann, weil es »andere« gar nicht geben durfte, ermordet. Die gleiche Ambivalenz, die hinter der Vertreibung und Vernichtung der Juden stand, charakterisierte auch den »Generalplan Ost«, mit dem aus den eroberten Ländern in Osteuropa zwischen 50 und 85 Prozent der Polen, Tschechen und Russen »ausgewiesen«, also vertrieben, oder vernichtet werden sollten.

***

Dass gerade der Osten Europas ein Vorbild für Toleranz sein könnte, ist für einen liberal empfindenden Westeuropäer schwer nachvollziehbar. Herrscht denn nicht überall in der Region eine unüberwindliche Abneigung gegen die Aufnahme von Flüchtlingen? Wie erklärt sich der offenkundige Hass, der nicht bloß radikale Randgruppen, sondern sogar Menschen aus der Mitte der Gesellschaft dazu treibt, Homosexuelle auszugrenzen und bei ihren Umzügen Jagd auf sie zu machen? Warum gefallen sich so viele Politiker darin, abschätzig über Minderheiten zu reden, wenn nicht in der Hoffnung auf Applaus in ihrer Wählerschaft?

Die hässlichen Emotionen sind keine dauerhaften Charakteristika osteuropäischer Gesellschaften, eher schmutzige Schaumkronen auf einer langen, heftigen Welle des Nationalismus, die nicht nur über die Region, sondern über die ganze

Welt zieht. Dennoch verraten sie über die aktuelle Konjunktur hinaus auch etwas über das Ost-West-Verhältnis in Europa.

Um Toleranz ging es beim ersten ideologischen Riss zwischen Ost und West in Europa nach dem Ende der Blockkonfrontation: um Toleranz gegenüber Schwulen. Gerade nationalistische Politiker in osteuropäischen Ländern, die das eigene Volk als tolerantes Gegenstück zum »übergriffigen« und missionarischen Westen priesen, vertraten nun offensiv maximale Unduldsamkeit. »Sei intolerant, sei normal!«, stand auf den Plakaten einer rechtsextremen Partei in Bulgarien. Nicht alle Schwulenfeinde hätten es so brutal auf den Punkt gebracht. Wer bezeichnet sich schon selbst gern als intolerant? Aber die Partei traf einen Nerv.

Noch die ganzen Neunzigerjahre über hatten Regierungen, Parteien und Gesellschaften nicht nur im Osten Europas bereitwillig die Werte und Prinzipien aufgenommen, die in den westlichen Demokratien als universell gültig betrachtet wurden, und sie in ihren Verfassungen und Gesetzen umgesetzt. Zum Eintritt in die westliche Wertegemeinschaft schafften alle zunächst die Todesstrafe ab. Dabei störten sie sich auch nicht daran, dass die Gemeinschaft gerade in dieser Frage zwischen Europa und den USA krass gespalten war. Wenn es nicht schon längst erledigt war, wurden homosexuelle Kontakte straffrei gestellt – was überall auch geschah, wenn auch zuweilen, wie in Rumänien, erst nach einigem Widerstand.

Ging es um Werte, herrschte nach der Wende rund ein Jahrzehnt lang zwischen Ost und West große Einigkeit. Es war die hohe Zeit des Multilateralismus. Bis weit nach Zentralasien hinein unterwarfen neue Staaten sich der Kontrolle ihrer Wahlen durch ein eigens dafür geschaffenes Institut der Organisation für Sicherheit und Zusammenarbeit in Europa (OSZE) in Warschau. Ein »Medienbeauftragter« in Wien, ein Deutscher, wachte über die Pressefreiheit in den Mitgliedsländern. Eine Juristenkommission des Europarats, dem Zusammenschluss der demokratischen – bis 1990 ausschließlich westlicher –

Staaten, prüfte Verfassungsentwürfe darauf, ob sie den Prinzipien der liberalen Demokratie genügten, und schlug Alarm, wenn Verfassungsänderungen die Prinzipien zu verletzen drohten. Wer in einem Mitgliedsland des Europarats lebt, auch etwa in Russland oder in Aserbaidschan, kann Urteile seiner nationalen Gerichte durch den Europäischen Gerichtshof für Menschenrechte in Straßburg prüfen lassen. Beachtet und umgesetzt werden müssen dessen Urteilssprüche dann wiederum von den nationalen Behörden und Gerichten. Anfangs geschah das auch, später immer weniger.

Intoleranz ist keine östliche Eigenheit, und gerade Homophobie ist es nicht. In Sachen sexueller Orientierung hat in Osteuropa traditionell mehr Toleranz geherrscht als etwa in Deutschland oder Großbritannien. Es waren westliche Länder, die im bürgerlichen Zeitalter die großen historischen Skandale um »Unzucht unter Männern« inszenierten: In England waren es die Affären um Oscar Wilde und in den 1950er Jahren um Peter Wildeblood, in Deutschland um den Fürsten zu Eulenburg zur Kaiserzeit, in der Nazi-Zeit um den SA-Führer Röhm und noch in den 1980er Jahren um den Bundeswehr-General Kießling.

In Osteuropa wurde das Thema nie so wichtig genommen. Strafen für Sex unter Männern hat es etwa in Polen, seit das Land 1918 unabhängig geworden war, so wenig gegeben wie in Frankreich oder Italien. In der Sowjetunion schied das Thema die Stalinisten und Nationalbolschewiken von den Reformern und den Revolutionären: Unter Lenin wurden Strafen abgeschafft, unter Stalin wieder eingeführt. Die tschechoslowakischen Kommunisten wollten Homosexualität schon 1950 entkriminalisieren, mussten sich aber einem Veto aus Moskau beugen. Schon 1957 wurde Sex zwischen erwachsenen Männern in der DDR straffrei, 1961 in Ungarn und im Jahr darauf endgültig auch in der Tschechoslowakei. Großbritannien dagegen war erst 1967 so weit, die Bundesrepublik Deutschland 1969 und Österreich 1971.

Wenn es historisch in Fragen sexueller Toleranz je eine Scheidelinie über den Kontinent gab, dann trennte sie allenfalls einen toleranteren Osten und Südwesten von einem intoleranten Nordwesten. Auch nach der großen Wende mit ihren vielen Neuerungen und Umbrüchen wurde dem Thema zunächst keine besondere Aufmerksamkeit geschenkt. Als im Jahr 2000 die EU die Diskriminierung von Homosexuellen am Arbeitsplatz verbot, regte sich im katholischen Polen, das damals vom evangelikalen Jerzy Buzek regiert wurde, leiser Unmut. Aber hinhaltender Widerstand gegen solche Regelungen war unter Konservativen überall in Europa gang und gäbe; Polen war da keine Ausnahme.

Dann aber wurde aus dem Streit um die Gleichstellung von Schwulen und Lesben, um eingetragene Partnerschaft und Homo-Ehe ein ost-westlicher Kulturkampf mit hohem Mobilisierungspotenzial – der erste seit 1989. Als 2001 die Niederlande als erstes Land der Welt gleichgeschlechtlichen Paaren die Eheschließung erlaubten, wurde tausend Kilometer weiter östlich gegen die Entscheidung demonstriert: vor dem niederländischen Konsulat in Posen. Erste Gay-Pride-Paraden in Warschau waren von der Öffentlichkeit noch gleichmütig zur Kenntnis genommen worden. Jetzt jedoch, als das Verhältnis zum Westen zum Thema wurde, untersagte der Bürgermeister die Veranstaltung – Lech Kaczyński, der Zwillingsbruder des späteren Präsidenten. Sein Moskauer Kollege Juri Luschkow tat es ihm nach.

Mehr als ein Jahrzehnt lang erhitzte der Krieg um die »Prajd« fast überall in der Region die Gemüter. Den blutigen Auftakt gaben Hooligans in Belgrad, als sie unter dem Ruf »Töte, töte, töte den Schwulen« Dutzende Teilnehmer einer Demonstration krankenhausreif schlugen. Im kroatischen Split warfen ganze Familien, Vater, Mutter, Kinder, Steine auf die Teilnehmer, in Riga schmissen empörte Bürger Beutel voller Exkremente. Besonders aggressiv verhielten sich rechte Gegendemonstranten, aber auch die Polizei in Moldau. Mancherorts in Osteuropa versuchten Behörden, die Demonstrationsfreiheit durchzusetzen. Manche aber untersagten oder behinderten die Paraden, manchmal um die Teilnehmer zu schützen, manchmal aus heimlicher Sympathie mit den schwulenfeindlichen Gegnern.

Klassisch patriarchalische Verhältnisse, wie sie oft mit Homophobie einhergehen, können die Wut und die Verve nicht erklären. Zu kommunistischer Zeit korrespondierte die Haltung der jeweiligen Partei zu gleichgeschlechtlichem Sex meistens mit den überkommenen Positionen in der Gesellschaft – je ländlicher, östlicher, desto konservativer. Ein Reizthema aber, wie jetzt, war es nie gewesen, auch in Russland nicht. Schwule Paare bekamen in den 1960er Jahren in Budapest oder Warschau leichter ein Hotelzimmer als in Lyon oder München. Der kroatische Historiker Franko Dota hat über die Haltung der Bevölkerung und der Behörden zur Homosexualität in Jugoslawien geforscht und nachgewiesen, dass sie liberaler war als im späteren Kroatien. Zwischen 1945 und 1977, im Zeitraum seiner Untersuchung, wurden in Jugoslawien rund 1500 Männer wegen homosexueller Handlungen verurteilt. In Italien waren es im gleichen Zeitraum 20 000, in England 30 000 und in der Bundesrepublik Deutschland zwischen 50 000 und 70 000.

Selbst die orthodoxen Kirchen, in ihren Stellungnahmen oft noch homophober als die katholische, pflegten gegenüber Schwulen und Lesben ihren bekannten Pragmatismus. So sprachen Priester schon einmal zwei Männer oder zwei Frauen zu »Brüdern« oder »Schwestern« – eine Homo-Ehe, bevor es den Begriff überhaupt gab.

Ausgelöst hat die Kontroverse um Homosexualität eine westliche Neuerung. Dass seit der Weltfrauenkonferenz in Peking 1995 weltweit zwischen »sex« und »gender«, dem biologischen und dem sozialen Geschlecht, ein Unterschied gemacht wird, hat mit einigen Jahren Verzögerung in allen liberalen Demokratien eine neue Sicht und eine neue Gesetzgebung befördert. Schwul oder lesbisch zu sein ist nicht mehr nur nicht verboten, sondern gilt auch nicht mehr als Abweichung von der Normalität. In Deutschland kann, wer sich nicht einem Geschlecht zuordnen lassen will, den Personenstand »divers« führen.

Im Westen Europas, von Großbritannien über Deutschland bis ins katholische Spanien, ging die Veränderung ohne große Aufregung über die Bühne. Nur in Frankreich brachten Anhänger der katholischen Kirche bis zu einer halben Million Menschen gegen die Einführung der gleichgeschlechtlichen Ehe auf die Straße. »Manif pour tous«, Demo für alle, nannte sich die Aktion, eine Antwort auf den Slogan der Befürworter, die eine »mariage pour tous«, die Ehe für alle, gefordert hatten. Das war ein gewagter Titel für die Demo, da sie ja gerade nicht »für alle« eintrat und sich überdies gegen die Meinung einer satten Bevölkerungsmehrheit richtete. Die Wahl des Slogans verriet aber, was die Unterstützer meinten, wenn sie »alle« sagten: »Wir sind ja alle von einer Mutter und einem Vater geboren«, argumentierten sie. Das galt ihnen auch für die nächste Generation als Auftrag.

Im ewigen Rechts-links-Streit um die Frage, ob gesellschaftliche Verhältnisse von der Natur determiniert oder aber durch Erziehung veränderbar sind, in der Debatte um »nature« oder »nurture«, war der Gender-Diskurs für die Rechte ein herber Rückschlag. LGBT oder LGBTIQ[92] wurde in den Augen einer bestimmten rechten Strömung zu einer Chiffre für den Anspruch, sich über die Natur zu erheben oder sie zu ignorieren. Aber es ist nicht die einzige Strömung. In den Niederlanden war es ein bekennender Homosexueller, Pim Fortuyn, der eine rechtspopulistische Partei zu ersten Erfolgen führte. An die Spitze der rechtsradikalen Alternative für Deutschland gelangte die lesbische Alice Weidel, und in den USA sind »Gay Conservatives« eine feste Größe. Sie repräsentieren eine zweite, gegensätzliche Strömung in Europas Neuer Rechter: die moderne, wohlstandschauvinistische mit ihrer Grundstimmung des »anything goes«.

In den Genuss der spezifischen östlichen Toleranz können die Schwulen nicht kommen. Sie gehören schließlich zur Familie; eine eigene »Volks-« oder sonst eine Identitätsgruppe, wie die Serben in Montenegro, können sie deshalb nicht aufmachen. Sie bedrohen das eigene Selbstbild, spalten die Nation. Im Osten Europas verband das Thema Homo-Ehe und LGBT den politischen Rechts-links-Gegensatz mit dem kontinentalen Ost-West-Gegensatz und schied, so trennscharf wie keine andere Frage, die Liberalen von den Nationalisten, die Westler von den Identitären. Homosexualität wurde in der öffentlichen Debatte binnen kurzer Zeit zum Ausweis westlicher Dekadenz; Europa-Feindlichkeit, Nationalismus, Hass auf Roma und Homophobie wurden zu einem festen ideologischen Cluster. Die russisch-orthodoxe Kirche wetterte gegen »Euro-Sodom«. Rechtsradikale Politiker wie der ungarische Orbán-Gefolgsmann László Kövér, der Lette Ainārs Šlesers oder der Pole Roman Giertych machten Homophobie zu ihrem Hauptthema. Tschechiens Präsident Miloš Zeman, ein Sozialdemokrat, weigerte sich, einen homosexuellen Literaturwissenschaftler zum Professor zu ernennen, und sein rechtsliberaler Amtsvorgänger Václav Klaus stritt gegen die eingetragene Partnerschaft. Der Kroate Ivo Sanader, der für den EU-Beitritt seines Landes eintrat, wurde auf unzähligen Graffiti als schwul denunziert. In Russland stellte es die Duma 2013 »aus Jugendschutzgründen« unter Strafe, Homosexualität öffentlich nur zu thematisieren.

In Polen wurde Homosexualität sogar zu einem beherrschenden Wahlkampfthema und half der Partei Recht und Gerechtigkeit zum Sieg. Vorbereitet hatte die Mobilisierung die national-klerikale und anti-europäische Liga polnischer Familien. Die Partei trug eine schon hysterische Homophobie vor sich her; sie schaffte es damit, aus ihrem traditionalistischen Milieu auszubrechen, und gewann bei einer Europawahl einmal jede sechste Stimme. Eine Abgeordnete der Partei, zugleich Kinderrechtsbeauftragte der Regierung, erlangte welt-

weite Berühmtheit, als sie die Kleinkinder-Fernsehserie Tele-
tubbies »überprüfen« wollte: Weil die männliche Figur Tinky
Winky ein rotes Handtäschchen trug, könne sie möglicher-
weise schwul sein. Für ihren Vorstoß verlieh die *Washington
Post* der Politikerin den Titel »Idiot of the Year«. Vorläufiger
Höhepunkt im Streit um das Thema war die Einrichtung von
»LGBT-Ideologie-freien Zonen« durch die Parlamente ganzer
Wojwodschaften im konservativen Südosten, einem Viertel des
Landes.

Dabei blieb Homosexualität das Thema von Politikern. Es
eignete sich, Stimmungen zu erzeugen und zu nutzen. Zum
ersten Mal zog es eine klare Linie zwischen den politischen La-
gern, die einander von nun an unversöhnlich gegenüberstan-
den: den Nationalen und den Pro-Westlichen. In Ländern, wo
das Thema als »Proxy« gebraucht und genutzt wurde, als stellvertretend für das abgekühlte Verhältnis zum Westen, sank die
Akzeptanz für Schwule und Lesben signifikant – in Russland,
Polen, Slowenien. Wo nicht, stieg die Akzeptanz sogar, ähnlich wie zu gleicher Zeit im Westen: in Rumänien, der Ukraine, in Georgien – alles Länder, in denen bei der großen Mehrheit das Bild vom Westen ungetrübt blieb.

Polen blieb auch in der Sex-Frage politisch gespalten: In
Słupsk (früher Stolp) wurde der offen schwule Robert Biedroń
zum Bürgermeister gewählt. In Umfragen sprechen sich zwar
die meisten Polen gegen die Homo-Ehe, aber doch 60 Prozent
für eine eingetragene Partnerschaft aus. Die ungarischen So-
zialisten scheuen sich nicht, bekennende Homosexuelle in ihren Reihen um Stimmen werben zu lassen. Am Alltag änderte
sich durch die schwulenfeindliche Agitation so viel offenbar
nicht. Russlands Schwulen-Szene genießt in der internationalen Community wegen ihrer riesigen Partys einen legendären
Ruf. Umfragen signalisieren, dass das Thema knapp der Hälfte
der russischen Bevölkerung völlig gleichgültig ist; je ein Viertel ist homophob, ein weiteres tolerant. In Tschechiens Öffentlichkeit schließlich war Homosexualität nie ein Problem; seit

der Jahrtausendwende ist die Akzeptanz, ganz wie im Westen, sogar noch gestiegen und ist deutlich höher als etwa in den USA.

Paradoxerweise waren es die politischen Konnotationen, die das Thema so »sexy« machten, nicht umgekehrt. Die Popkultur griff es kritisch oder ironisch auf. In Russland spielte das Girl-Duo »t.A.T.u.« mit Homo-Assoziationen, in Serbien gewann die Sängerin Marija Šerifović damit den Song Contest und wurde zur nationalen Ikone. Wenig später bekam das Land von Gnaden eines autoritären Präsidenten sogar eine homosexuelle Regierungschefin. Gerade für Serbien war das eine Gelegenheit, Ambivalenz auszudrücken: Mit ikonischen Lesben kann man Offenheit zeigen, ohne die patriarchalischen Rechten mit ihren Starke-Männer-Kulten über Gebühr zu reizen. Die Spannung hält aber an. Szene-Kneipen müssen sich tarnen. Schwulenverbände und Bürgerrechtler kämpfen überall in der Region zäh darum, in möglichst vielen Städten Gay-Pride-Umzüge möglich zu machen. Jede trotz Angriffen abgehaltene Parade wird als Sieg gefeiert. Wo es besonders schwierig oder sogar gefährlich ist, sich zu outen, wie in manchen Balkanländern, marschieren manchmal westliche Politiker oder Diplomaten dem Zug voran – und stützen damit unfreiwillig die Behauptung, dass Homosexualität aus dem Westen komme und dem eigenen Volk fremd sei.

***

Was wird da verhandelt? Argumente werden für den Streit kaum benötigt. Wenn doch, wird gegen Homosexualität meistens der »Bestand der Nation« ins Feld geführt. Der einstige rumänische Parlamentspräsident Ovidiu Gherman, ein Physiker, nahm den dritten Hauptsatz der Thermodynamik zu Hilfe und warnte vor dem Gesetz der Entropie: Das generative Verhalten der Bevölkerung könnte einem ungeregelten Herumschmusen aller mit allen Platz machen, mit schlimmen Folgen für die Geburtenrate. Serbiens engagiertester Kämpfer gegen die »pederi«, der Politiker Dragan Marković, wiederum fürchtet um den Fortbestand der Nation und schwört, dass es in seiner Heimatstadt niemals einen »Päderasten« gegeben habe.

»Was da angeführt wird: Bestand des Volkes, Demoralisierung der Armee, Bedrohung der Ehe: Das sind alles nur Rationalisierungen«, sagt der Berliner Sexualforscher Martin Dannecker. Die Ehe etwa werde durch homosexuelle Heiraten streng genommen sogar aufgewertet. Dannecker deutet Homophobie, auch die aktuelle östliche, psychologisch. Hinter der Feindseligkeit stehe ein tiefer »Zweifel über die Kohärenz der Werte«. In Zeiten der Unsicherheit liefert nur »die Natur« noch unverrückbare Gewissheit – scheinbar wenigstens. Um dem schwachen, unsicheren Staat Autorität zu verleihen, würden Staat und Familie immer in einem Atemzug genannt.

In Wahrheit aber werde die »natürliche« Norm, auf die man sich berufe, als brüchig angesehen. Das sehe man schon daran, dass man sich, um ihr zu genügen, ständig »am Riemen reißen« müsse. Schwule und andere sexuelle Minderheiten ließen offenbar die nötige Disziplin vermissen. Wozu aber muss man sich am Riemen reißen, wenn sich das richtige, natürliche Verhalten eh von selbst versteht? Dem Widerspruch entkommt niemand, der für die traditionellen Geschlechterrollen und gegen »widernatürliche« Sexualität streitet: Wenn die Natur alles so fest vorgibt, wie die Homophoben behaupten, lassen die Geschlechtsidentitäten sich eben auch durch keine Lebenswirklichkeit, keine Gay-Pride-Parade und keine »homosexuelle Propaganda« verwischen. Eigentlich also könnten sie dem Treiben ganz gelassen zusehen.

Gehasst würden Schwule, so Dannecker, »weil sie für Passivität stehen«. Nicht nur persönlich machen viele Menschen in Osteuropa die Erfahrung, zur Passivität verdammt zu sein. Vielmehr teilt die ganze Nation, mit der man sich doch identifiziert, dieses kränkende Schicksal. Sie wird belehrt, gegängelt, im Verhältnis zum Westen, der sich als gebender, spendender

Teil inszeniert, zur passiven Empfängerin gemacht – mit einem Wort: zur Frau. Schwule lassen »es mit sich machen«; daran entzündet sich der Hass. »Sie verraten die ganze Innung«, drückt Dannecker es aus. Zudem werde der soziale Abstieg, den viele Menschen erleiden mussten, als Potenzverlust erlebt.

Nicht nur in der homophoben Welle nach dem Jahr 2000, auch in der Geschichte des Umgangs mit Homosexualität macht Dannecker zwischen Ost und West einen Unterschied aus. Im Westen, namentlich in England und Deutschland, habe nach einer langen Phase der Problematisierung eine Art »negative Aufklärung« stattgefunden. Statt sie einfach weiter als Sünde zu verdammen, habe man über lange Zeit versucht, Homosexualität zu psychopathologisieren, als seelische Verirrung oder als Neurose zu deuten. Man wollte, ganz westlich, »Gründe« finden, warum einer homosexuell war. »Man fand aber nichts«, so Dannecker. Als letzter Ausweg blieb nur noch die Akzeptanz.

Im Osten dagegen, besonders in Russland, wo in orthodoxer Tradition die Handlung vor der »inneren Motivation« rangiert, ging es nicht um das, was einer fühlte, sondern um das, was einer tat. Umso aggressiver reagierten weite Teile der Öffentlichkeit auf das demonstrative, exhibitionistische, belehrende Element in der Bewegung für LGBT-Rechte. Selbst der Soziologe Igor Kon, verdienstvoller Kämpfer für die Anerkennung von Homosexuellen in Russland, ließ angesichts der Paraden Irritation erkennen: »Einige fühlten sich an studentische Propagandatrupps aus der früheren Sowjetunion erinnert, die Kolchosarbeiter das Ernten lehren sollten.«

Und das kam gar nicht gut an.

Osterweiterungen

Wie der Westen erst über den Rhein und dann über die Oder kam

Machen wir benachbarte Nationen glücklich, wenn wir ihnen helfen, sich nach unserem Bilde zu entwickeln? Eine sehr grundsätzliche Frage, allzu grundsätzlich für eine Zeit, in der die Ereignisse sich gerade überstürzten. So wurde sie nur kurz mal diskutiert. »Keine Frage«, meinte einer aus dem Westen, der es wissen musste, denn er befand sich vor Ort: »Die hier im Osten sind alle für uns.« Damit das auch so bleibe, müsse man »brüderlich« mit ihnen umgehen und ihnen zeigen, dass man nichts gegen sie habe. Sie seien schließlich die Unterdrückten, und man habe nur etwas gegen ihre Unterdrücker. Wenn die Menschen im Osten das verstanden hätten, würden sie sich uns anschließen.

Es gab auch Skeptiker. Ob sie da im Osten unsere mächtigen Abgesandten wohl wirklich als »Missionare der Verfassung« willkommen heißen würden? Vielleicht würden sie uns ja auch bald schon gar nicht mehr als Verbündete wahrnehmen. Möglicherweise würden sie uns auch von vornherein gar nicht so sehr mit Demokratie und Rechtsstaat assoziieren, sondern sich vielmehr an die dunkle Seite unserer gemeinsamen Geschichte erinnert fühlen, an die Zeit, als Invasoren aus dem Westen den Osten ausplünderten.

Wie gesagt, groß diskutiert wurde das nicht. Wir kamen, sahen, siegten. Der westlichste Teil des gefallenen Imperiums im Osten bekam die einmalige Chance, Teil unseres eigenen Staatswesens zu werden. Was weiter östlich lag, beschenkten wir mit unserer Staatsform.

»Beschenkten«: Das klingt ironisch; aber die Ambivalenz ließ sich nicht vermeiden. Es war ja tatsächlich so, dass unsere Gesetzlichkeit der ihren überlegen war. Etwas Besseres war nirgends auf dem Markt. Das mussten sie im Osten einsehen, und die meisten – längst nicht alle, wie sich erst später herausstellte – sahen es auch ein. Trotzdem hinterließ das Lehrer-Schüler-Verhältnis, das sich da notwendig ergab, im Osten bei so gut wie allen ein Gefühl des Unbehagens. Als sich dann erwies, was uns im Westen eigentlich eh bekannt war: dass wir, die »Missionare der Verfassung«, keine engelsgleichen Wesen, sondern Menschen mit höchst irdischen Bedürfnissen waren, dass unsere Ideale und unsere Interessen ein unentwirrbares Knäuel bildeten, da nahm man es uns übel.

Das war unfair. Ganz unschuldig daran waren wir aber nicht. Als Sieger der Geschichte hatten wir uns über das Maß moralisch aufgeblasen. Statt uns offen mit unseren eigenen Widersprüchen auseinanderzusetzen, hatten wir in Selbstzufriedenheit gebadet. Oder besser: Wir wurden darin gebadet. Denn die im Westen am kräftigsten in die Fanfare der liberalen Weltrevolution bliesen, hatten selbst ein Interesse daran, die Kritiker der Verhältnisse im eigenen Land zu übertönen. Man wunderte sich regelrecht, wie innig und herzlich Demokratie und Rechtsstaatlichkeit gerade von solchen Landsleuten gepriesen wurden, die früher ihre Liebe gar nicht so hatten erkennen lassen.

Zunächst ging alles gut. Die Staaten im Osten gaben sich Verfassungen, die denen im Westen bis ins Kleinste glichen. Es gab keine Einwände, jedenfalls keine vernünftigen. Man übernahm in einem Schwung den »Acquis«, das umfangreiche Gesetzeswerk, das im Westen entstanden war. So wurde man dem Westen kompatibel, wenn nicht gar ein Teil von ihm.

Vielen im Osten ging es fortan besser, vielen aber auch nicht. Auf die Frage, was man hätte anders machen sollen, wusste niemand eine Antwort. Das Unbehagen aber blieb. Es wuchs sich aus zum Ressentiment – zunächst nicht gegen die neuen Ideale, aber gegen die, die diese Ideale so vollmundig vertraten. Gut, gegen Demokratie und Rechtsstaat ließ sich schlecht etwas sagen. Aber hatte man nicht auch selbst in seiner nationalen Geschichte Schätze zu bieten, die denen aus dem Westen mindestens ebenbürtig waren? Man grub in der Vergangenheit, bis tief ins Mittelalter. Im Westen erntete man dafür bösen Spott. So wurde aus dem Ressentiment allmählich Hass. Erst war der Westen für die Unterdrückten der willkommene Helfer gewesen. Dann wandten sie sich gegen ihn und verbündeten sich dafür mit ihren früheren Unterdrückern.

***

Die Osterweiterung, von der hier die Rede ist, war die erste ihrer Art; sie fand ziemlich genau zweihundert Jahre vor der bisher letzten statt und ging gründlich schief.

Wir schreiben die Neunzigerjahre des 18. Jahrhunderts. Im damaligen Westen, in Frankreich, gab nicht mehr ein Monarch, sondern ein Parlament den Ton an. Es hatte eine »Erklärung der Menschen- und Bürgerrechte« beschlossen, wie sie heute so oder ähnlich fast jeder Verfassung der Welt voransteht. Östlich von Frankreich, in Deutschland, in Belgien, in Holland ging es mehr oder weniger diktatorisch zu. Die unterdrückten Völker dort, vor allem ihre geistigen Anführer, blickten nach Westen, in das Land von Volksherrschaft, Gedankenfreiheit und bürgerlicher Gleichstellung. Deutschlands Dichter und Denker waren allesamt begeistert. In Brabant und in Lüttich, im heutigen Belgien, erhob sich sogar das Volk gegen die Herrschenden.

Im Westen, in Frankreich, wurde eifrig debattiert. Sollte, musste man den Freiheitskämpfern im Osten zu Hilfe kommen? Skeptisch waren diejenigen, die der Freiheit und Demokratie im eigenen Land, im Westen, noch nicht recht trauen wollten. Sie hätten lieber zu Hause für Reformen gekämpft.

Vehemente Befürworter eines Eingreifens im Osten waren überraschenderweise die Gemäßigten. Ging es um Reformen im eigenen Land, hatten sie bis dahin eher auf der Bremse gestanden.

Der Anführer der Radikalen in Frankreich dagegen hielt es für keine gute Idee, die Freiheit ins Ausland zu tragen. Würden die Deutschen wirklich an Demokratie und Menschenrechte denken, wenn die Franzosen bei ihnen auftauchten? Konnte man sich vorstellen, dass sie die französischen Generäle als »Missionare der Verfassung« begrüßen würden? Oder würden die Deutschen sich eher daran erinnern, wie einst die Truppen Ludwigs XIV. die Pfalz plattgemacht hatten? Die Mehrheit in Frankreich wies die Parallele entrüstet von sich. Der König von damals, der Tyrann, hatte ja mit den Demokraten von heute nichts gemein! Der Skeptiker insistierte. Was, wenn die Deutschen anders dächten und in uns nicht »die Demokraten«, sondern einfach »die Franzosen« sehen würden?[93]

Die Warnung verhallte, die Export-Fraktion setzte sich durch. So marschierten Moral und Macht Hand in Hand über den Rhein, nach Osten, nach Belgien und nach Deutschland.

Erste Sendboten machten unter den Befreiten im Osten noch reine Begeisterung aus. »Das Volk hier ist ganz und gar für uns«, kabelte der französische Gouverneur des Rheinlands nach Paris. Das Parlament, Nationalkonvent genannt, beschloss einen Aufruf, den Frankreichs Generäle an die befreiten Völker richten sollten – und der in modernisierter Form auch zweihundert Jahre später noch hätte Verwendung finden können. Der Text des Aufrufs war für alle gleich, nur der Name des jeweiligen Volkes musste noch eingesetzt werden. Frankreich habe sich die Freiheit erkämpft, hieß es darin, und: »Wir bieten euch an, euch an diesem unschätzbaren Gut teilhaben zu lassen, das immer euch gehört hat und das eure Unterdrücker euch nur durch ein Verbrechen rauben konnten.« Man sei »gekommen, um eure Tyrannen zu verjagen: sie sind geflohen«. Gleichzeitig sollten die Generäle per Dekret Steuern,

Zölle und sämtliche Adelsprivilegien abschaffen. »Beeilt euch, eure vorläufigen Verwaltungen einzurichten«, schloss der Appell. »Die Bevollmächtigten der Französischen Republik werden gemeinsam mit ihnen daran arbeiten, euer Glück zu sichern und die Brüderlichkeit, die fortan zwischen uns herrschen soll, zu festigen.«[94]

Die Gesandten der neuen Zeit gingen beherzt ans Werk. Über mehr als zwanzig Jahre breitete sich die Macht Frankreichs und mit ihr die Kunde von Volkssouveränität und egalitärem Rechtsstaat immer weiter aus, vor allem nach Osten. Die am weitesten nach Westen gelegenen Gebiete, Belgien und das linksrheinische Deutschland, wurden annektiert. Napoleon, der Erbe der Revolution, setzte die Mission fort. Was östlich des Rheins lag, wurde neu geordnet, bekam moderne Verfassungen und übernahm den »Acquis« der damaligen Zeit, den »Code civil«. Viele Errungenschaften dieser ersten Osterweiterung gingen nie wieder verloren. Sie prägten Deutschland, Italien, Polen und das spätere Jugoslawien für lange Zeit.

Rasch verloren dagegen ging die Attraktivität der Befreier. Der Effekt trat vor allem in Deutschland ein, dem Land, das dem revolutionären Frankreich geografisch und ideologisch am nächsten stand. Es stellte sich heraus: Längst nicht alle in Deutschland, die gegen ihre Fürsten aufgetreten waren und das revolutionäre Frankreich als Verbündeten betrachtet hatten, waren liberale Demokraten. Viele waren bloß urkonservativ und wollten viel ältere Verhältnisse zurück haben. Aber auch die modernen, aufgeklärten Deutschen waren nicht einfach verkappte Franzosen, sondern hatten ihre ganz eigenen – meistens eher vagen – Ideen und Reflexe. Ihre Parteinahme für die Freiheit war nicht ungebrochen; für ihre bisherigen Unterdrücker hatten sie ein feineres Verständnis, als man sich das in Frankreich vorstellen konnte. Und selbst treue, demokratisch gesinnte Franzosenfreunde, wie der Mainzer Georg Forster, schimpften bald über den »militärischen Despotismus« der Besatzer.

Das gemeine Volk im befreiten Osten schließlich ächzte unter der Pflicht, dem übermächtigen Frankreich Truppen zu stellen; in der Allianz zum Westen hatte man auch dessen Feindschaften mit eingekauft. Die Gewerbefreiheit brachte viele Verlierer hervor. Und offensichtlich wollten die westlichen Demokraten im befreiten Gebiet auch Geld verdienen – wieder etwas, das man vor Tische ganz anders gelesen hatte. Auch im Westen war man mit dem undankbaren Osten nicht mehr so richtig glücklich. Ständig sei die Rede davon, dass »wir unseren Nachbarn die Freiheit bringen«, nörgelte jetzt derselbe französische Politiker, der vor kurzem noch den flammenden Appell an die befreiten Völker verlesen hatte. Aber wenn es darum gehe, die finanzielle Bürde der Freiheit zu tragen, »will man dort nichts wissen«.[95]

Die westlichen Nachbarn wurden für die Deutschen zum Reibebaum. »Hass« forderte ein beliebter Publizist, »festen und bleibenden Hass der Teutschen gegen die Welschen und gegen ihr Wesen«, »brennenden und blutigen Hass«, und zwar »für immer«.[96] Nicht dass die angeblichen Befreier aus dem Westen sich an ihre hohen Ideale in der Praxis nicht hielten, war für viele deutsche Intellektuelle das Hauptproblem. Es ging gegen die Ideale selbst. Am »Fremden«, am Französischen, sollte sich das Eigene, das Deutsche, entwickeln. »Wir liebten und erkannten das Eigene nicht mehr, sondern buhlten mit dem Fremden«, so der aus Mecklenburg stammende Professor Ernst Moritz Arndt, eigentlich ein Liberaler.

Was »das Eigene« war, war jetzt leicht herauszukriegen: einfach das Gegenteil des Französischen. Kultiviertheit und gute Manieren galten nun als »Ziererei«, Respekt und Rücksichtnahme wurden zur »Schmeichelei«, feines Argumentieren galt als »Albernheit«. Umgekehrt war, was man bis dahin für primitiv gehalten hatte, nun »ernst« und »männlich«. Plumpe Direktheit hieß fortan »hohe Wahrheit«, aus Schlichtheit im Denken wurde »gerader Verstand«.[97] Wenn die drüben im Westen liberal waren, mussten wir hier eben autoritär sein. Das

Pathos der Befreiung, mit dem die Nachbarn aus dem Westen eingerückt waren, ging jetzt auf den Osten über. Bald verbündeten sich die neuen Freiheitskämpfer mit ihren alten Unterdrückern und kämpften gemeinsam mit ihnen gegen den Westen. Die Osterweiterung war auf lange Zeit gescheitert.

***

Natürlich hat die Parallele ihre Grenzen: Die Mission der 1990er Jahre war kein Eroberungsfeldzug. Der Krieg, der ihr vorausging, war nur ein kalter. Aber die Allianz zwischen den Siegern im Westen und den befreiten Unterdrückten im Osten, der die KP-Regime unterlagen, war ähnlich asymmetrisch wie die zweihundert Jahre vorher. Der Westen war das Vorbild. Nachdem zwischen 1989 bis 1991 in den meisten Ländern der Region Bürgerbewegungen (und in den übrigen Parteirebellen) die Macht übernommen hatten, wurde der Westen auch zum Vormund – wie einst das Frankreich Napoleons es war.

Schon ein dauerhaft leuchtendes Vorbild ist für erwachsene Menschen nicht immer leicht zu ertragen, besonders dann nicht, wenn es auch ungefragt Ratschläge erteilt, sich in seiner Uneigennützigkeit sonnt und partout nicht hören will, wie sehr es selbst von dem Verhältnis zu seinem Gegenüber profitiert. Jetzt aber, nach dem großen Umbruch, wurde das Vorbild mit förmlicher Macht ausgestattet. »Demokratische und rechtsstaatliche Ordnung«, die »Wahrung der Menschenrechte«, »Schutz von Minderheiten« und eine »funktionsfähige Marktwirtschaft« waren eigentlich selbstgesetzte Ziele der »samtenen Revolutionen« gewesen. Jetzt wurden aus den Zielen Bedingungen, kontrolliert durch die Beamten der Europäischen Kommission – die Kopenhagener Kriterien, beschlossen vom Rat der europäischen Staats- und Regierungschefs im Mai 1993 in der dänischen Hauptstadt.

Ein volles Jahrzehnt lang waren die Parlamente der osteuropäischen Beitrittsstaaten fortan damit beschäftigt, vorgefertigte

Gesetze zu beschließen. Die Verwaltungen probten und übten deren Umsetzung. Der Lehrplan umfasste 35 Kapitel – etwa »Steuerwesen«, »Gesellschaftsrecht«, »Umwelt«, aber auch Fächer wie »Justiz und Grundrechte« oder »Bildung und Kultur«. Was irreführend Beitrittsverhandlungen genannt wurde,[98] war in Wirklichkeit ein System abgestufter Prüfungen. Einem »Screening«, dem Vortest, folgte das »Avis« der Kommission, die Zulassung. Seit 1998 wurde jedem Kandidatenland jährlich ein »Fortschrittsbericht« ausgehändigt, in dem sein Stand säuberlich verzeichnet war. Die Entwicklungsziele waren alle vorgegeben. Eines nach dem anderen wurde abgehakt.

Anders wäre es gar nicht gegangen, betonten Kommission und westeuropäische Politiker. Zu Recht: Schließlich konnte man schlecht mit jedem neuen Beitrittskandidaten 90 000 Seiten an unterschiedlichen Rechtsquellen durchackern – zumal nicht mit einem Kandidaten, der selbst gar nicht wusste, was er wollte, und am allerwenigsten bereit war, seine eigenen Unterschiede zum Westen, dem man eh seit jeher anzugehören meinte, zu reflektieren. Viel zu verhandeln gab es also nicht.

Aber zum Inhalt der ungünstigen Konstellation kam ein schulmeisterlicher Ton, der allen Osteuropäern grell in den Ohren klang und die Stimmung zwischen Ost und West über Jahrzehnte vergiftete. Noch als 1995 Österreich, Schweden und Finnland beitraten, war etwa von »Reife«, von »Hausaufgaben« und von Fortschrittsberichten nie die Rede gewesen. Die erzieherische Rhetorik begann mit der Osterweiterung, und sie steigerte sich Jahr um Jahr. Rumänien und Bulgarien waren beim »big bang«, der Erweiterung um zehn neue Mitglieder 2004, noch nicht dabei gewesen. Als sie drei Jahre später doch noch aufgenommen wurden, bekamen sie einen »Kooperations- und Verifizierungsmechanismus« verordnet. Brüsseler Beamte sollten sich um Justizreform, um Korruption und – im Falle Bulgariens – auch um das organisierte Verbrechen kümmern. Der »Mechanismus« schrieb folgenlose Berichte. Seine einzige Wirkung war, dass Rumänen und Bulgaren sich als

EU-Mitglieder zweiter Klasse fühlten und ihre Regierungen nun darum kämpften, den Kontrollmechanismus wieder abzuschaffen. Nachdem sich die Überzeugung breitgemacht hatte, die beiden Länder seien zu früh beigetreten, musste der nächste Kandidat, Kroatien, sich besonders streng prüfen lassen. Als schließlich das erste Neumitglied in autoritäre Verhältnisse abrutschte, prägte Brüssel die Formel, die Reformen in künftigen Beitrittsländern müssten »unumkehrbare Ergebnisse« erzielen.[99] So etwas wie in Ungarn sollte nicht wieder passieren. Erst als in den USA Donald Trump Präsident wurde, regten sich Zweifel, ob es irgendwo auf der Welt so etwas wie eine »unumkehrbare« Entwicklung zu Demokratie und Rechtsstaat geben könnte.

Wenn ein exklusiver Klub aus Reichen und Mächtigen die Beitrittsbedingungen für Neumitglieder hochschraubt, fühlt sich, wer die Hürde geschafft hat, geschmeichelt, wird zum »Gatekeeper« und passt auf, dass der nächste Kandidat es möglichst noch schwerer, jedenfalls nicht leichter hat als man selber. In der Europäischen Union blieb der Effekt aus. Die Öffentlichkeit in den Beitrittsländern der Jahre 2004, 2007 und 2013 machte sich den pädagogischen Ton aus dem Westen nicht zu eigen. Man spürte, dass das Misstrauen gegenüber weiteren Kandidaten dem Osten schlechthin galt und somit auch ihnen; schließlich hatte man ja vor kurzem noch dieselbe Schulbank gedrückt. Das »illiberale« Ungarn unter Viktor Orbán betätigte sich folgerichtig als Advokat für weitere, rasche und möglichst bedingungslose Beitritte, in der Hoffnung auf einen Machtzuwachs für das eigene Lager. So vertiefte gerade die Erweiterung die mentale Spaltung zwischen Ost und West.

Der Westen, vertreten durch die Regierungen der alten EU-Mitgliedsstaaten und die Kommission in Brüssel, war einer frommen Selbsttäuschung erlegen. Weil man die eigenen, demokratischen und rechtsstaatlichen Verhältnisse für ideal und unumstößlich hielt, würde auch der Osten, wenn er erst einmal den Anschluss an westliche Verhältnisse geschafft hätte, auf Dauer stabil sein. Es war das Missverständnis vom »Ende der Geschichte«, das der große Stichwortgeber der 1990er Jahre, der Amerikaner Francis Fukuyama, ausgerufen hatte. Was sollte, wenn die ganze Welt erst westliches Niveau erreicht hätte, schon noch groß passieren? Jeffrey Sachs, der Chefberater vieler osteuropäischer Wende-Regierungen nach 1990, hatte seine Reformarbeit in den vom historischen Irrweg versehrten Gesellschaften mit der Kunst eines Bildhauers verglichen: Nicht aufbauen ist dessen Metier; er schlägt nur aus einem Felsblock das Überflüssige weg, und heraus kommt die perfekte Skulptur. Nur die Schlacken des Kommunismus mussten entfernt werden. Dann würde alles gut.

***

Zwischen der ersten, so böse gescheiterten Osterweiterung und der letzten, der nach dem Ende des Kommunismus, fand eine zweite, gelungene statt. Wenige Jahre zuvor noch hatte Deutschland die Welt mit dem schlimmsten Krieg überzogen und den größten Massenmord der Geschichte organisiert. Jetzt schaffte es das liberale Staats- und Gesellschaftsmodell endlich über den Rhein und brachte es glücklich bis zur Elbe.

Mit seinen vier westlichen Nachbarn und mit Italien schloss die junge Bundesrepublik das erste Abkommen, aus dem sich später die Europäische Union entwickelte. Die Mitunterzeichner Frankreich, die Niederlande, Belgien, Luxemburg, schließlich auch Italien hatten unter Wehrmacht und SS gelitten. Der moralische Abstand zwischen ihnen auf der einen und den Deutschen auf der anderen Seite war allen Partnern bewusst. Er hinderte sie aber nicht, einander auf Augenhöhe zu begegnen.

Direktes Vorbild für das neue, westliche Deutschland – und für lange Zeit auch sein Vormund – waren die USA, nicht Frankreich. Das erleichterte es den europäischen Partnern, sich gleichberechtigt zusammenzufinden. Man schloss zunächst eine Wirtschaftsgemeinschaft. Das war nicht so problematisch, denn wirtschaftlich war man einander ebenbürtig. Der erste deutsche Bundeskanzler Konrad Adenauer und der französische Außenminister Robert Schuman wären am liebsten noch viel weitergegangen und hätten gleich eine gemeinsame Armee sowie eine politische Union geschaffen. Daraus wurde erst einmal nichts – zur großen Enttäuschung Adenauers, vielleicht aber zum Glück für die Union. Abseits der wirtschaftlichen Zusammenarbeit nahm man einander, wie man eben war. Niemand in der neuen Gemeinschaft verfasste über den je anderen »Fortschrittsberichte«, mit denen man geprüft hätte, wie ernst es etwa die gerade erst vom Nationalsozialismus bekehrten Deutschen mit der Demokratie meinten. Es untersuchte ja auch kein Brüsseler »Kooperations- und Verifizierungsmechanismus« die Verbindungen der italienischen Politik zur Mafia.

Als Blaupause für die Herausforderungen der 1990er Jahre eignete sich die »Osterweiterung« um Deutschland nach dem Zweiten Weltkrieg leider nicht. Als der Warschauer Pakt implodierte, war die EU längst eng zusammengerückt; es gab eine Fülle von gemeinsamen Behörden, eine eingeübte Zusammenarbeit, eine unüberschaubare Zahl von gemeinsamen Verträgen. Hätte die Europäische Union von 1990 sich gegen den ehemals kommunistischen Osten so geöffnet wie damals Frankreich, Italien und die Benelux-Staaten gegenüber Deutschland, so hätte sie sich neu gründen müssen. Aber auch wenn der Erfolg sich nicht wiederholen ließ, kann man doch Lehren für die Gegenwart daraus ziehen. Die wichtigste hat der Pole Mazowiecki in seine Aufforderung gefasst: »Verstehen sollt ihr uns, und anerkennen!«

Um den anderen anzuerkennen, muss man ihn erst einmal kennen. Die Europäer der ersten Stunde jedenfalls kannten einander. Charles de Gaulle, erst Anführer der französischen Widerstandsbewegung gegen die deutsche Besatzung und später als Präsident Motor der europäischen Einigung, sprach Deutsch. Robert Schuman wuchs mit einem moselfränkischen

Dialekt auf und lernte erst in der Schule Französisch. Der Belgier Paul-Henri Spaak hatte deutsche Kindermädchen gehabt. Die beiden Niederländer Joseph Luns und Wim Beijen waren mit der Sprache gut vertraut; Letzterer war mit einer Österreicherin verheiratet. Der Italiener Altiero Spinelli war der Ehemann von Ursula Hirschmann, einer Sozialdemokratin aus Berlin. Für keinen Vater der europäischen Einigung waren die neuen Alliierten von der anderen Rheinseite oder nördlich der Alpen ein leeres Blatt, das er nun meinte vollschreiben zu können. Keiner auch wäre auf die Idee gekommen, die Nachbarn bloß für Ausgeburten einer totalitären Ideologie zu halten. Deutschland mit seiner Literatur, seiner Geschichte und seiner Denkweise war im Bewusstsein der anderen schon lange eine feste Größe.

Dem europäischen Osten wurde solche Anerkennung weit weniger zuteil. Die Zahl der Menschen in Spanien oder Frankreich, Italien oder den Niederlanden, die eine der zahlreichen osteuropäischen Sprachen verstehen, entspricht ziemlich genau der der Zuwanderer aus den betreffenden Ländern. Eine gewisse Ausnahme bildet nur Deutschland, wo mehr als sieben Prozent immerhin Russisch verstehen, doppelt so viel im Vergleich zu allen anderen Sprachen der Region – zur Hälfte ein Erbe der DDR, das Jahr um Jahr weiter abschmilzt. Als Fremdsprache sprechen mehr Europäer Arabisch als Polnisch.[100] Von den deutschen Erasmus-Studenten, die von der EU für ein Auslandssemester gefördert werden, geht zwar rund jeder Elfte in ein osteuropäisches Teilnehmerland. Allein nach Spanien allerdings gehen doppelt so viele. Die relativ beliebten Universitäten in Polen nehmen vier Mal so viele türkische und drei Mal so viele spanische Gaststudenten auf wie deutsche. Ins aufregende und pittoreske Rumänien schließlich verirrt sich so gut wie niemand.[101]

In die Europäische Gemeinschaft, wie sie über Jahrzehnte in die Breite und in die Tiefe wuchs, gingen Merkmale aller beteiligten Nationen ein. Das Gründungsmitglied Deutschland durfte seine Liebe zu Institutionen und seinen Hang zum Föderalismus mitbringen. Auch noch Großbritannien, Beitrittsland des Jahres 1973, steuerte seine Eigenheiten bei: die Passion für Freihandel und Wettbewerb. Man kannte einander und gönnte dem je anderen seine Prioritäten und Marotten. Jedes Mal, wenn in Brüssel Deutsche oder Österreicher sich wieder einmal um das psychische Wohl von Legehennen sorgen, fassen Franzosen und Spanier sich an den Kopf. Als Italien bis ins neue Jahrtausend jährlich die Regierung wechselte und im Parlament nichts voranging, verzichtete die Europäische Gemeinschaft großzügig auf die obligatorische Umsetzung ihrer Richtlinien in nationales Recht und ließ die Bestimmungen einfach unmittelbar gelten. Es war halt Italien; so funktionierte eben das pragmatische Europa. Wo aber die Altmitglieder der Maßstab sind, muss alles, was bei den Neuen anders ist, per Definition falsch sein.

Auf der Ebene der großen Politik kam das westliche Desinteresse am Osten als freudige Verbrüderung daher. Die neuen Mitgliedsländer, dachte man, würden keine Schwierigkeiten machen. Ihre Politiker fanden ohne weiteres Aufnahme in den Parteienfamilien der Christdemokraten und Konservativen, der Sozialdemokraten und der Liberalen. Schon was Begriffe wie bürgerlich oder sozialdemokratisch, rechts und links, progressiv und konservativ im Postkommunismus bedeuteten, mochte niemand diskutieren. Keine der neuen Mitgliedsparteien wurde auf ihre Positionen befragt. Die Europäische Volkspartei hielt so lange treu an Fidesz fest, dem zunehmend autoritären und demagogischen »Bürgerbund« in Ungarn, bis dessen Vorsitzender Viktor Orbán mit der Parole von der »illiberalen Demokratie« seinerseits die westlichen Schwesterparteien ideologisch herausforderte. Fast niemand im bürgerlichen Lager Europas kritisierte den Nationalismus bei den bulgarischen und die extreme Rechtsentwicklung bei den slowenischen Parteifreunden. Unter den westlichen Sozialdemokraten schließlich fragte keiner die neuen Genossen im Osten,

wie sie es mit ihrer Vergangenheit als diktatorische Einheits-
partei hielten. Während die deutsche SPD sich im eigenen
Land gegen die längst geläuterte SED-Nachfolgepartei ein
strenges Berührungs- und Koalitionsverbot auferlegte, fand sie
auf europäischer Ebene nichts dabei, mit bloß umbenannten
KPen sogar eine gemeinsame Fraktion zu bilden. Sie taugten
zum Stimmvieh im Europaparlament. Einige von ihnen, etwa
die kroatische, reformierten sich aus eigenem Antrieb. Andere,
wie die bulgarische und die rumänische, blieben politisch indifferente, korrupte Nomenklatura-Netzwerke. Wieder andere,
wie die nominell sozialdemokratische Smer in der Slowakei,
rutschten nach weit rechts.

***

Was aus Europa geworden ist, seit um 1990 der Eiserne Vorhang hochgezogen wurde, schreit nach mehr Einigung. Wenn
manche Regionen boomen und andere verelenden, muss eine
Zentrale gegensteuern, ehe die Folgen der Ungleichheit auf
alle zurückfallen. In einer Volkswirtschaft haben die Gewinner die Verlierer zu kompensieren, gleich ob sie sich für einen
Staat, eine Nation oder eine Staatengemeinschaft hält. Geht
eine ganze Generation zur Stellensuche auf Wanderschaft,
kann niemand mehr in Ruhe nationale Wirtschaftsstatistiken
vergleichen und so tun, als fände da ein fairer Wettbewerb
statt, und die »Fremden« würden alle irgendwann wieder nach
Hause gehen. Wenn Ärzte und Krankenschwestern in Scharen
von Osten nach Westen ziehen, muss es die Sorge aller sein,
was aus den Daheimgebliebenen wird. In der Europäischen
Union müssen mehr Entscheidungen fallen können, ohne dass
in einer Gemeinschaft von 27, demnächst vielleicht dreißig
und noch mehr Staaten einer alle anderen blockiert oder er-
presst. Und bevor sie sich entscheiden, müssen alle Europäer
viel mehr miteinander reden, als sie es heute tun. Treten die
Staaten gegeneinander in Konkurrenz oder »wetteifern sie

miteinander«, wie es gern euphemistisch heißt, und sei es »um die besten Lösungen«, so ist immer schon klar, wer Meister wird und wer absteigt. Europa funktioniert nur als Mannschaft, nicht als Liga.

Dass heute ausgerechnet einige – nicht alle – osteuropäische Staaten der solidarischen Vertiefung Europas im Wege stehen und auf nationale Eigenständigkeit pochen, scheint paradox. Würden nicht gerade sie am meisten profitieren? Aber wer näher hinsieht, kann einen starken Gegenstrom entdecken. Es ist kaum ein politischer, aber ein mächtiger gesellschaftlicher. Millionen Polen, Rumänen, Ungarn und Bulgaren wohnen und arbeiten in Westeuropa, haben einen Teil ihres Lebens dort verbracht oder haben das noch vor. Für die Träume und Ansprüche der bildungshungrigen, ehrgeizigen und sprachgewandten Generation, die in der Region heranwächst und dann durch den Kontinent zieht, ist der meist kleine Heimatstaat schon heute nicht mehr der richtige Rahmen. Jeder zweite Kroate hat Verwandte im Ausland, der höchste Wert in der Union. Die wirtschaftliche Elite Osteuropas ist so gut wie ausschließlich in internationalen Konzernen groß geworden. Keinem rumänischen Bauarbeiter ist es zu fremd oder zu kompliziert, in einem anderen Land Arbeit zu suchen. Über ein Jahrzehnt waren es die Osteuropäer, die dem Projekt Europa die größte Emphase entgegenbrachten. Dann kippte die Stimmung. Aber was gekippt ist, kann auch wieder zurückkippen.

Schwerer zu überwinden als der östliche Trotz ist die westliche Bräsigkeit. Als 1990 die beiden deutschen Staaten zusammenkamen, würde es »nördlicher, östlicher, protestantischer« werden, sagte ein prominenter Politiker[102] – eine vorsichtige Andeutung, dass jetzt nicht nur dem Ostteil, sondern auch dem siegreichen Westen Verschiebungen bevorstanden. Wie aber Europa sich ändern könnte, als 2004 die ersten ex-kommunistischen Staaten der EU beitraten, sagte niemand. Wie anders auch sollte Europa werden? Etwa kommunistischer?

Oder, nach dem Beitritt Rumäniens und Bulgariens drei Jahre später: orthodoxer? Und wenn ja, was heißt das überhaupt? Nein, der Osten wurde Westen; weitere Fragen erübrigten sich. Auch als Europa sich später, in der nunmehr »multipolaren« Welt, mit den USA und China verglich, blieb sein eigener Osten im toten Winkel. Dass beim Projekt einer Gaspipeline zwischen Deutschland und Russland ein Land namens Polen im Wege lag, wurde in Deutschland erst bemerkt, als der politische Schaden schon eingetreten war.

Wird der Osten ernst genommen, kann er für den ganzen Kontinent Lösungen bieten – da, wo es darum geht, die Staatengemeinschaft zu organisieren. Seit ihren Anfängen begleitet die Union das Schwanken zwischen zwei Konzepten: Wollen wir das »Vaterland Europa« oder das »Europa der Vaterländer«? So wie die Menschen in Osteuropa ihre Nation verstehen, muss das kein Widerspruch sein. Die Millionen, die in einem westlichen EU-Land leben, werden weit leichter zu »Bindestrich-Europäern« mit familiärer und nachbarschaftlicher Zugehörigkeit als etwa Deutsche oder Franzosen. Sie machen täglich vor, dass man nationale Identität und Staatsangehörigkeit ohne Schaden auseinanderhalten kann.

***

Verpasste Hochzeitsreisen, wie die west-östliche von 2004, lassen sich aber bekanntlich nachholen. Vielleicht zieht ein interessierter Manager aus einem langen, offenen Gespräch mit einem serbischen Mönch oder einem albanischen Hodscha mehr Nutzen als aus seinem wöchentlichen Qi-Gong-Kurs – schon weil er so spüren kann, was Menschen in aller Welt an gestressten Westlern, die immer gleich auf den Punkt kommen wollen, so stört. Möglicherweise zeigen auch Lettland oder die Ukraine, dass der Weg zu gleichen Anteilen beider Geschlechter an der politischen Macht nicht unbedingt über Sprache, Symbole und Bekenntnisse führen muss.

Ein Rezept für den Umgang mit autoritären Regimen in einer fehlkonstruierten EU wird sich aus solchen Entdeckungsreisen nicht ergeben. Besseres Verständnis der Verschiedenheiten beseitigt die Widersprüche nicht. Unverständnis verhindert aber, dass sie produktiv werden. Ein Westen, der einfach den Fehdehandschuh aufnimmt und sich seinerseits auf die Pflege seiner Identität zurückzieht, verliert seinen Anspruch. Er wird seinem östlichen Widerpart immer ähnlicher. Das Vorbild schließlich, das er einmal war, kann er nicht wieder werden, wenn er autoritären und korrupten Regenten einfach entgegenkommt. Wer sich aber auseinandersetzen will, darf vor sich selbst nicht Halt machen. Nur eine Gesellschaft, die Lösungen findet, strahlt auch aus – eine, die vormacht, wie man Klimawandel und Pandemien bewältigt, die mit Einwanderung umgehen kann, die Macht von Internet-Konzernen begrenzt, ein neues Verhältnis zwischen Männern und Frauen sucht, Ideen für einen fairen Welthandel findet, Fairness in die Arbeitswelt zurückbringt und sich über all das in zivilisierter Form auseinandersetzt. Der Schlüssel zum Problem mit dem Osten liegt im Westen; Zeit, dass wir ihn dort suchen.

Anhang

Herzlichen Dank!

Für Gespräche und Ideen, Anregungen und Korrekturen danke ich Remus Anghel, Klaus Bachmann, Cornel Ban, Joachim Becker, Jana Belišová, Dimitar Betschew, Florian Bieber, Mathias Boelinger, Bogdan Bogdanović, Reinhold Böhmer, Biljana Borzan, Carla Bosto, Alida Bremer, Karsten Brüggemann, Klaus Buchenau, Udo Bullmann, Sergiu Celac, Dinka Ćorkalo-Biruški, Ewgeni Dainow, György Dálos, Martin Dannecker, Branislav Dimitrijević, Franko Dota, Vedran Džihić, Florina Duli, Nava Ebrahimi, Donika Emini, Béla Galgóczi, Vladimir Gligorov, Slavko Goldstein, Basilius Groen, Aurelian Grugal, Frank Hantke, Ingo Hasewend, Ovidiu Hațegan, Harald Heppner, Eduard Hulicius, Stephan Israel, Tvrtko Jakovina, Goran Janev, Vlasta Jalušič, Sava Janjić, Dejan Jović, Michael Karnitschnig, Heinz-Peter Keuten, Katerina Kolozova, Constanze Krehl, Šarūnas Liekis, Ivan Lovrenović, Aija Lulle, Niels Kadritzke, Karl Kaser, Klaus Kraemer, Reinhard Krumm, Börries Kuzmany, Diljana Lambreva, Michael Landesmann, Christoph Links, Carol Lupu, Joseph Marko, Gregor Mayer, Jože Mencinger, Tobias Moerschel, Ursula Niediek, Filip Novokmet, Stephan Ozsváth, Ianca Pasăre, Robert Pichler, Susanne Plietzsch, Lura Pollozhani, Nenad Popović, Tomasz Pszczółkowski, Anja Quiring, Dušan Reljić, Evelyn Reuter, Hans-Jörg Schmidt, Mária Schmidt, Stephan Schulmeister, Gesine Schwan, Karl Schwarzenberg, Gresa Sefaj, Sławomir Sierakowski, Peter Șragher, Adrian Stadnitzki, Adéla Tallisová Dražanová, Barbara Thériault, Cornel Ungureanu, Mihai

Răzvan Ungureanu, Rüdiger Wischenbart, Adelheid Wölfl, Michał Żakowski und Wolfgang Zellner.

»Europas geteilter Himmel« wurde durch das Grenzgänger-Programm der Robert Bosch Stiftung und des Literarischen Colloquiums Berlin gefördert – eine fantastische Einrichtung, die es leider schon nicht mehr gibt.

Anmerkungen

1 Angeblich von 1549 bis 1625, als ein Blitzeinschlag den Turm kürzte. Wie hoch die Olaikirche wirklich war, weiß man nicht so genau, weil die damaligen Längenmaße nicht zuverlässig zu bestimmen sind.

2 Schnörkel- und rücksichtslos analysiert hat das Rolf Steininger: Die USA und Europa nach 1945 in 38 Kapiteln. Reinbek bei Hamburg 2017.

3 Daniel Chirot: Causes and Consequences of Backwardness. In: ders. (Hg.): The Origins of Backwardness in Eastern Europe. Economics and Politics from the Middle Ages until the Early Twentieth Century. Berkeley 1991, S. 1–14, hier S. 10f.

4 György Konrád: Vor den Toren des Reichs (Aus dem Ungarischen von Hans-Henning Paetzke). Frankfurt am Main 1997, S. 56.

5 Der Amerikaner Larry Wolff hat ein ganzes Buch darüber geschrieben: Inventing Eastern Europe. The Map of Civilization on the Mind of the Enlightenment. Palo Alto 1994.

6 Noch ein aufschlussreiches Buch, diesmal von Maria Todorova: Imagining the Balkans. New York und Oxford 1997.

7 Johann Gottfried Herder: Ideen zur Philosophie der Geschichte der Menschheit. Band 2. Berlin und Weimar 1965 [Original 1786], S. 280–283.

8 Zitate aus Hans F. K. Günther: Rassenkunde des deutschen Volkes. München 1933, S. 232 ff.

9 Einen Nachnamen im heutigen Sinne hatte er nicht. Um ihn von anderen Humberts zu unterscheiden, benennt man ihn meistens nach der Abtei von Moyenmoutier, wo er aufwuchs, oder nach der Diözese Silva Candida bei Rom, von der er später seinen Titel bekam.

10 Theodor Nikolaou (Hg.) in Zusammenarbeit mit Peter Neuner und Günther Wenz: Das Schisma zwischen Ost- und Westkirche. 950 bzw. 800 Jahre danach. Münster i. W. 2004; Axel Bayer: Spaltung der Christenheit. Das sogenannte Morgenländische Schisma von 1954. Köln, Weimar und Wien ²2004; Milka Levy-Rubin: »The Errors of the Franks« by Nikon of the Black Mountains. Between religions and ethno-cultural conflicts. In: Byzantion 71 (2001); Jahrbuch der österreichischen Byzantinistik 39 (1989), S. 95–127; Anton Michel: Humbert und Kerullarios. Studien. Erster Teil. Paderborn 1924; ders.: Humbert und Kerullarios. Quellen und Studien zum Schisma des XI. Jahrhunderts. Zweiter Teil. Paderborn 1930; ders.: Die Anfänge des Kardinals Humbert. In: StudGreg 3 (1948), S. 299–319; Tia M. Kolbaba: On the Closing of Churches and the Rebaptism of Latins. Greek Perfidy or Latin Slander? In: Byzantine and Modern Greek Studies 29 (2005), S. 39–51; dies.: The Byzantine Lists. Errors of the Latins. Urbana and Chicago 2000; Augustin Fliche: Le Cardinal Humbert de Moyenmoutier. Études sur les origines de la réforme grégorienne. In: Revue historique 119 (1915), S. 41–76; Margit Dischner: Humbert von Silva Candida.

Werk und Wirkung des lothringischen Reformmönchs. Neuwied 1996; Franz Tinnefeld: Michael I. Kerullarios, Patriarch von Konstantinopel (1043–1058). Kritische Überlegungen zu einer Biographie. In: Jahrbuch der österreichischen Byzantinistik 39 (1989), S. 95–127; Uta-Renate Blumenthal: Humbert von Silva Candida. In: Theologische Realenzyklopädie Bd. XV, hg. v. Gerhard Müller. Berlin und New York 1986, S. 682–685; Steven Runciman: The Eastern Schism. A Study of the Papacy and the Eastern Churches during the XIth and XIIth centuries. Oxford 1955; Michel Parisse: L'entourage de Léon IX. In: Léon IX et son temps. Actes du colloque international organisé par l'institut d'Histoire Médiévale de l'Université Marc-Bloch, Strasbourg-Eguisheim 20–22 juin 2002, édités par Georges Bischoff et Benoît-Michel Tock. S. 435–456.

11 εἰς τὴν πόλιν

12 Friedrich Naumann: Mitteleuropa. Berlin 1915.

13 J. W. Stalins Ansprache an das sowjetische Volk am 9. Mai 1945. In: Josif Wissarionowitsch Stalin: Werke. Band 15. Mai 1945 bis Dezember 1952. Dortmund 1974, S. 11.

14 Milan Kundera: Un Occident kidnappé ou la tragédie de l'Europe centrale. In: Le Débat 5/1983, No. 27, S. 3–23.

15 Jacques Brel : Mijn vlakke land, bzw. Mon plat pays.

16 Oswald Spengler: Der Untergang des Abendlandes. Umrisse einer Morphologie der Weltgeschichte. Düsseldorf 2007 [Originalausgabe München 1923], S. 22.

17 Rémi Brague: Europe, la voie romaine. Paris 1992, S. 25–32.

18 Am Rande gesagt: Wenn heute vom »Fall des Eisernen Vorhangs« die Rede ist, meint man zwar meistens das Jahr 1989. »Gefallen« ist der Vorhang aber nicht 1989, sondern 1946. Wirkliche eiserne Vorhänge gab es zum Brandschutz im Theater. Sie fielen von oben herunter, und wenn sie gefallen waren, waren sie zu. Nimmt man die Metapher ernst, wurde der Eiserne Vorhang zwischen Ost und West 1989 wieder hochgezogen.

19 Zum Weiterlesen empfiehlt sich ein interessantes Buch von Karl Kaser: Macht und Erbe. Männerherrschaft, Besitz und Familie im östlichen Europa (1500–1900). Wien, Köln und Weimar 2000.

20 Vgl. Béatrice von Hirschhausen: Phantomgrenzen zwischen Erfahrungsräumen und Erwartungshorizonten. Konzeptionelle Reflexionen an einem historischen Beispiel. In: Béatrice von Hirschhausen, et al. (Hg.): Phantomgrenzen. Räume und Akteure neu denken. Göttingen 2015. S. 84–106.

21 Plessner, Helmuth: Die verspätete Nation. Über die politische Verführbarkeit bürgerlichen Geistes. Berlin 1974 [1959 bzw. 1935], S. 47.

22 Dass es ein solches Versprechen gegeben hat, wird immer wieder bestritten. Bezeugt wird das von einem, der es wissen muss und jedes prorussischen Bias unverdächtig ist: Clintons Russlandbeauftragter Strobe Talbott: The Russia

Hand. A Memoir of Presidential Diplomacy. New York 2002. S. 441. Talbott nennt auch das Datum: den 9. Februar 1990. Es stimmt aber auch, dass Jelzin selbst seine Bedenken gegen die NATO-Osterweiterung wenig später aufgegeben hat. Talbott, a.a.O., S. 95.

23 Mit einem höchst empfehlenswerten Buch überzeugend nachgezeichnet haben den Weg zu Trump Ivan Krastev und Stephen Holmes: Das Licht, das erlosch. Eine Abrechnung (Aus dem Englischen von Karin Schuler). Berlin 2019.

24 Plessner (s. Anm. 21), S. 74.

25 Sehr erhellend dazu ist Wolfgang Eismann: Elemente und Konstanten eines russischen Kulturmodells. In: Karl Kaseret et al. (Hg.): Europa und die Grenzen im Kopf. Klagenfurt 2004, S. 65–88.

26 Fjodor Dostojewski: Письмо великому князю Александру Александровичу vom 10. Februar 1873. https://russianuniverse.org/2015/01/04/dostoyevsky letter-alexander-iii/. Dostojewski nennt es »высокомерны«.

27 Katharina Bluhm: Russia's conservative counter-movement. Genesis, actors and cor concepts. In: Katharina Bluhm und Mihai Varga (Hg.): New Conservatives in Russia and East Central Europe. London 2019, S. 25–53.

28 Alexander Dugin: Die Vierte Politische Theorie. London 2013.

29 As it is, we have the wolf by the ear, and we can neither hold him, nor safely let him go – justice is in one scale, and self-preservation in the other.

30 So hatte es der amerikanische Verteidigungsminister Donald Rumsfeld genannt: »You 're thinking of Europe as Germany and France. I don't. I think that's old Europe.« (Sie denken bei Europa an Deutschland und Frankreich. Ich nicht. Ich denke, das ist das alte Europa.)

31 Friedrich Engels: Revolution und Konterrevolution in Deutschland. In: Karl Marx und Friedrich Engels. Werke, Band 8, S. 52.

32 Zum ersten Mal gebraucht hat die treffende Formulierung wahrscheinlich der deutsche Historiker Heinrich Schneider: Zur politischen Theorie der Gemeinschaft. In: Integration 1 (1969), S. 23–44.

33 Wirklich geschrieben hat Palacký anno 1848: »Wahrlich, existierte der österreichische Kaiserstaat nicht schon längst, man müsste im Interesse Europas, im Interesse der Humanität selbst sich beeilen, ihn zu schaffen.« Auf Deutsch übrigens – in einem Brief an den sogenannten Fünfzigerausschuss der Frankfurter Paulskirche. Die Abgeordneten wollten in ihrem erhofften deutschen Nationalstaat auch die Tschechen dabei haben. Die aber wollten nicht.

34 So steht es bei Allen Lynch: Woodrow Wilson and the Principle of ›National Self-Determination‹: A Reconsideration. In: Review of International Studies 28, (2002) 2, S. 419–436.

35 Etliche solche Zitate lassen sich finden bei Ernst Fraenkel: Das deutsche Wilsonbild. In: Jahrbuch für Amerikastudien 5 (1960), S. 66–120.

36 Benedict Anderson: Imagined communities: reflections on the origin and spread of nationalism. Revised and extended edition. London 1991.

37 Eindrücklich beschrieben und resümiert hat den Horror der amerikanische Historiker Timothy Snyder in seinem Buch Bloodlands. Europa zwischen Hitler und Stalin (Aus dem Amerikanischen von Martin Richter). München 2013.

38 Olga Tokarczuk: Stalins Finger. In: Kafka. Zeitschrift für Mitteleuropa 3/2001, S. 46–51.

39 So der frühere polnische Landwirtschaftsminister und Vizeregierungschef Andrzej Lepper über Präsident Aleksander Kwaśniewski, Włodzimierz Cimoszewicz und Ex-Präsident Lech Wałęsa, der Tscheche Miloš Zeman über Bildungsministerin Petra Buzková und der slowakische Ex-Regierungschef Robert Fico über einen Korrespondenten des öffentlich-rechtlichen Fernsehens.

40 Just for the record: Der serbische Regierungschef aus den USA war Milan Panić; er hielt sich 1992 nur fünf Monate lang. Der slowenische Argentinier hieß Andrej Bajuk und schaffte es 2000 noch eine Woche länger als sein serbischer Kollege. Der bulgarische Ex-König Simeon aus dem Hause Sachsen-Coburg-Gotha (bulgarisch: Sakskoburggotski) blieb eine ganze Legislaturperiode, von 2000 bis 2004. Die drei landesfremden Balten waren Valdas Adamkus (Litauen), Präsident von 1998 bis 2003 und dann wieder von 2004 bis 2009, der mit 17 Jahren nach Deutschland und später in die USA floh und dann ein halbes Jahrhundert im Exil verbrachte, Vaira Vīķe-Freiberga (Lettland), die siebenjährig erst nach Deutschland gebracht wurde, dann in Marokko und schließlich in Kanada lebte und erst nach 54 Jahren wieder ins Land zurückkehrte, Präsidentin von 1999 bis 2007, und schließlich Toomas Hendrik Ilves (Estland), der in Stockholm geboren wurde, in den USA aufwuchs und dann in Deutschland arbeitete. In seinem Land nahm er 43-jährig das erste Mal Wohnsitz, nur um als Außenminister gleich weiter durch die Welt zu reisen. Die Österreicherin auf einem slowenischen Ministersessel schließlich hieß Angelika Mlinar und hielt sich drei Monate lang in ihrem Amt.

41 Früh beschrieben hat das die deutsche Russland-Expertin Margarete Wiest: Beschränkter Pluralismus. Postkommunistische autoritäre Systeme. In: Osteuropa 56 (2006) 7, S. 65–77.

42 Snyder: Bloodlands (s. Anm. 37), S. 236.

43 Gemeint sind Rzeszów, Rawa-Ruska, Brody, Solotschiw (damals Złoczów), Rohatyn, Iwano-Frankiwsk (damals Stanislau) und Kolomea. Rzeszów gehört heute zu Polen, alle anderen Städte gehören zur Ukraine. Was die Deutschen in seiner Heimat angerichtet haben, lässt sich bei dem populären ukrainischen Schriftsteller Juri Andruchowytsch nachlesen: Die Lieblinge der Justiz. Parahistorischer Roman in achteinhalb Kapiteln (Aus dem Ukrainischen von Sabine Stöhr), Berlin 2020, S. 187–261. Auch im ukrainischen Mukatschewo (da-

mals Munkács, zu Ungarn gehörig) war mehr als die Hälfte der Bevölkerung jüdisch.

44 Michael Walzer: The New Tribalism. In: Dissent Magazine. Frühjahr 1992, S. 164–171.

45 Alle wichtigen Details findet man bei Walter Rauscher: Das Scheitern Mitteleuropas 1918–1939. Wien 2016.

46 Czesław Miłosz: The Captive Mind (Translated from the Polish by Jan Zielonka). New York 1981 [1. Aufl. 1955].

47 »Hitler czyni przynajmniej jedną dobrą rzecz dla Polski – uwalnia ją od Żydów.« So zitiert Maria Janion in der katholischen Wochenzeitung Tygodnik powszechny den Spruch, der allen polnischen Gegnern des Antisemitismus heute geläufig ist.

48 Ein (verhältnismäßig) leicht verständlicher Überblick über die verschiedenen Ideen findet sich bei Daniel Speich: Die politische Philosophie der Nation bei Kant, Herder, Fichte und Hegel. Zürich 1997.

49 Johann Gottlieb Fichte: Reden an die deutsche Nation. Hamburg o. J. [erstmals 1808], S. 115.

50 James Hawes: Die kürzeste Geschichte Deutschlands. Berlin 2018.

51 Zwischen 2010 und 2016 flossen 7,6 Prozent des tschechischen, 7,2 Prozent des ungarischen, 4,7 Prozent des polnischen und 4,2 Prozent des slowakischen Sozialprodukts als Gewinne ins westliche Ausland, rechnete Piketty vor, das meiste davon nach Deutschland. http://piketty.blog.lemonde.fr/2018/01/16/2018 -the-year-of-europe/ Der prompte Widerspruch ist hier nachzulesen: https:// www.bloomberg.com/view/articles/2018-02-09/piketty-thinks-the-eu-is-bad- for-eastern-europe-he-s-half-right.

52 Ausführliches Zahlenmaterial bieten die jährlichen Berichte der Europäischen Kommission über den wirtschaftlichen, sozialen und territorialen Zusammenhalt der EU.

53 Genaue und vor allem aktuelle Zahlen bietet das Wiener Institut für internationale Wirtschaftsvergleiche auf seiner Website: https://wiiw.ac.at/

54 Zu den sechs Gründerstaaten Belgien, Deutschland (W), Frankreich, Italien, Luxemburg und den Niederlanden waren bis dahin Dänemark, Irland und Großbritannien hinzugekommen.

55 https://www.socialeurope.eu/where-are-the-limits-of-europe

56 Fernand Braudel: Europa erobert den Erdkreis. In: ders. (Hg.): Europa: Bausteine seiner Geschichte. Beiträge von Maurice Aymard, Fernand Braudel, Jacques Dupâquier und Pierre Gourou (Aus dem Französischen von Markus Jacob). Frankfurt am Main 1989, S. 7–37, hier S. 37.

57 Sieben von 27: Schweden, Dänemark, Polen, Tschechien, Ungarn, Kroatien und Rumänien.

58 Beispielhaft dargestellt haben das Jan Drahokoupil und Béla Galgóczi: Foreign

investment in eastern and southern Europe after 2008: Still a lever of growth? Brüssel 2015.

59 Ivan Krastev, der selbst aus Bulgarien stammt, ist einer der wichtigsten und einflussreichsten politischen Philosophen der Zeit. Im deutschen Sprachraum besonders viel beachtet worden ist sein Buch: Europadämmerung. Ein Essay (Aus dem Englischen von Michael Bischoff). Frankfurt am Main 2017, hier S. 63.

60 Zahlen von 2018.

61 Die historischen Zahlen zum Bruttoinlandsprodukt hat der belgisch-israelische Wirtschaftshistoriker Paul Bairoch errechnet und zusammengetragen in: Europe's Gross National Product 1800–1975. In: Journal of European Economic History 5 (1976), S. 273–340.

62 Einen Überblick über die Debatten dazu findet man bei Francis Fukuyama (Hg.): Falling Behind. Explaining the Development Gap Between Latin America and the United States. Oxford 2010.

63 Wolfgang Büscher: Berlin – Moskau. Eine Reise zu Fuß. Hamburg 2004.

64 Fernand Braudel: La Méditerranée et le monde méditerranéen à l'époque de Philippe II, Tome 1. Paris 1966.

65 Dieter Segert: Die Grenzen Osteuropas. 1918, 1945, 1989 – Drei Versuche im Westen anzukommen. Frankfurt am Main und New York 2002, S. 48.

66 Tadeusz Syryjczyk hieß der Mann, im Amt von 1989 bis 1991.

67 Es war Mateusz Morawiecki. Wichtige Einsichten zu den politischen Strategien der Rechten in Ungarn und Polen finden sich 2018 bei Joachim Becker: Die Visegrád-4 und die EU: Zwischen Abhängigkeit und partieller Dissidenz. In: Prokla. Zeitschrift für kritische Sozialwissenschaft Bd. 48 Nr. 192 (2018), S. 417–436.

68 So nennt es Klaus Bachmann: Repression, Protest, Toleranz. Wertewandel und Vergangenheitsbewältigung in Polen nach 1956. Wrocław 2010.

69 Alles das steht minutiös in dem lesenswerten und viel zu wenig beachteten Buch von Klaus Bachmann.

70 György Konrád: Erweiterung der Mitte. Europa und Osteuropa am Ende des 20. Jahrhunderts. Frankfurt am Main 1999, S. 51.

71 Witold Kieżun: Patologia transformacji. Wydanie uzupełnione. Warschau 2012.

72 Als Sachs bei seinem zweiten Polen-Besuch im Mai 1989 zum ersten Mal den Solidarność-Leuten seine Ideen vortrug, blickte er in ratlose Gesichter. Der Dissident und Solidarność-Aktivist Jacek Kuroń hat später davon erzählt. »Verstehst du das?«, flüsterte ihm sein Sitznachbar bei Sachs' Vortrag ins Ohr. Kuroń hatte, wie er bekannte, zwar nicht die wirtschaftlichen, sehr wohl aber die politischen Chancen verstanden, die der Vortrag bot: Der Amerikaner konnte der Opposition für die bevorstehende Wahl ein in sich kohärentes Wirtschaftsprogramm servieren. Er lud den Professor tags drauf in seine verqualmte Warschauer Kleinwohnung. Die Verständigung gestaltete sich nicht ganz leicht,

denn laut Sachs konnte Kuroń »nicht wirklich Englisch«. In jedem Fall bat der Dissident den Gast, das Programm aufzuschreiben. »Gern«, antwortete Sachs. »In zwei, drei Wochen bin ich wieder in den USA, dann schreibe ich es.« »Nein«, entgegnete Kuroń. »Ich brauche es morgen früh.«

73 Die Nachteile der ostdeutschen Privatisierung sind u. a. nachzulesen bei Dirk Laabs: Der deutsche Goldrausch. Die wahre Geschichte der Treuhand. München 2012.

74 Nahezu in Echtzeit aufgezeichnet haben die damalige Debatte John McMillan und Barry Naughton: How to Reform a Planned Economy: Lessons from China. In: Oxford Review of Economic Policy 8 (1992) 1, S. 130–158.

75 Dubravka Ugrešić: Die Kultur der Lüge (Aus dem Kroatischen von Barbara Antkowiak). Frankfurt am Main 1995.

76 Francis Fukuyama: Das Ende der Geschichte. Wo stehen wir? (Aus dem Amerikanischen von Helmut Dierlamm, Ute Mihr und Karlheinz Dürr). München 1992, S. 303.

77 Ebenda, S. 72.

78 Präsidentinnen gab oder gibt es in Estland, Lettland, Litauen, Kosovo, Kroatien, Moldau, Georgien und formal, d. h. kurz und kommissarisch, auch in Serbien. Regierungschefinnen hatten zwischen 1990 und 2020 Litauen (3), Polen (4), Bulgarien, Rumänien, Nordmazedonien (nur kurz), Slowenien, Lettland, Serbien und Moldau.

79 Zahlen aus der Studie »Women in politics« des Council of European Municipalities and Regions: https://ccre.org/img/uploads/piecesjointe/filename/CEMR_Study_Women_in_politics_EN.pdf

80 Zahlen aus der European Values Study von 2017: https://europeanvaluesstudy. eu/. Umfangreiche Daten zur EU liefert das Spezial-Eurobarometer 465 von 2018: Gleichstellung der Geschlechter, Stereotypen und Frauen in der Politik.

81 Kristen R. Ghodsee: Why Women Have Better Sex Under Socialism. And Other Arguments for Economic Independence. New York 2018.

82 Ralitsa Muharska: Silences and Parodies in the East-West Feminist Dialogue. In: L'Homme. Zeitschrift für Feministische Geschichtswissenschaft 1/2005, S. 36–47.

83 Gerade in den slawischen Sprachen gibt es viele tückische »false friends«. Zahod heißt auf Russisch Sonnenuntergang und auf Serbisch Klo. Iskustvo ist russisch Kunst, serbisch Erfahrung. Wenn »czerstwy«, ist das Brot in der Slowakei »frisch« und in Polen »alt«. Szukać heißt im Polnischen suchen und im Tschechischen ficken. Ein »stol« ist im Russischen, Polnischen, Bosnischen, Serbischen und Kroatischen ein Tisch, im Slowenischen und Mazedonischen dagegen ein Stuhl.

84 Max Weber: Die Wirtschaftsethik der Weltreligionen I. In: ders.: Religion und Gesellschaft. Frankfurt am Main o. J. [1911–1914].

295

85 Wer sich dafür interessiert, findet Näheres über Cantemir und viele andere klischeefreie Figuren bei Marie-Janine Calic: Südosteuropa. Weltgeschichte einer Region. München 2016.

86 Samuel P. Huntington: Kampf der Kulturen. Die Neugestaltung der Weltpolitik im 21. Jahrhundert (Aus dem Amerikanischen von Holger Fliessbach). München und Wien 1996, S. 251 f.

87 György Konrád: Antipolitik. Mitteleuropäische Meditationen (Aus dem Ungarischen von Hans-Henning Paetzke). Frankfurt am Main 1985, S. 43.

88 Zitate von Patriarch Bartholomäus sind aus der Monatszeitschrift Trenta giorni nella chiesa e nel mondo 1/2004.

89 Konrád: Vor den Toren (s. Anm. 4), S. 21.

90 Wer es nicht glaubt, lese mein einschlägiges Buch: Arme Roma, böse Zigeuner. Was an den Vorurteilen über die Zuwanderer stimmt. Berlin 2012.

91 Die Einzelheiten stehen bei Florian Bieber und Jenni Winterhagen: Erst der Staat – dann die Nation. Staats- und Nationsbildung in Montenegro. In: Südosteuropa 57 (2009), S. 2–24.

92 Abkürzung für »Lesbian Gay Bisexual Trans Intersex Queer«.

93 Der Warner war – ausgerechnet – der Jakobiner Maximilien de Robespierre. Er charakterisierte die Befürworter der brüderlichen Hilfe mit treffender Ironie: »Unsere Generäle, von Ihnen geleitet, sind nur Missionare der Verfassung, unsere Lage nur eine Schule des Staatsrechtes.« Aber als so idealistisch, wie sie sich selbst sahen, würden sie bei den Deutschen wohl nicht ankommen, ahnte Robespierre ganz richtig. »Niemand liebt die bewaffneten Missionare; der erste Rat, den die Natur und die Klugheit geben, ist der, sie als Feinde zurückzuschlagen.« Man werde sich in Deutschland eher an frühere Invasionen aus Frankreich erinnert fühlen, Invasionen, die ganz und gar nicht demokratisch gemeint waren: »Ich habe gesagt, daß eine solche Invasion die Idee einer Eroberung der Pfalz und die Erinnerung an die letzten Kriege leichter erwecken, als sie konstitutionelle Ideen hervorsprießen lassen würde, weil die Masse des Volkes in diesen Gegenden besser diese Tatsachen kennt als unsere Verfassung.« Rede von Maximilien de Robespierre gegen den Krieg vor dem Nationalkonvent am 2. Januar 1792. In: Peter Fischer (Hg.): Reden der Französischen Revolution. München 1974, S. 145–152, hier S. 147 f.

94 Décret sur l'administration révolutionnaire française des pays conquis. In: Philippe-Joseph Benjamin Buchez und P-C Roux Lavergne: Histoire parlementaire de la révolution française. Bd. 21, Paris 1834–1838. Übersetzung von Walter Grab.

95 Das Zitat stammt vom Finanzpolitiker Pierre-Joseph Cambon.

96 Ernst Moritz Arndt: Über Volkshaß und über den Gebrauch fremder Sprachen. In: ders.: Schriften für und an seine lieben Deutschen. Zum ersten Mal gesammelt und durch Neues vermehrt. Erster Theil. Leipzig 1845. [Original 1813], S. 368.

97 Ebenda.

98 Um zu verhindern, dass die unpopulären Erweiterungen in den alten Mitgliedsstaaten auf Widerstand stießen, betonte die EU-Kommission in ihrer Öffentlichkeitsarbeit stets, dass sich durch die »Verhandlungen« am bestehenden Zustand nichts ändern würde. So hieß es in einer Info-Broschüre aus dem Jahr 2007: »First, it is important to underline that the term ›negotiation‹ can be misleading. Accession negotiations focus on the conditions and timing of the candidate's adoption, implementation and application of EU rules – some 90,000 pages of them. And these rules (also known as ›acquis‹, French for ›that which has been agreed‹) are not negotiable. For candidates, it is essentially a matter of agreeing on how and when to adopt and implement EU rules and procedures. For the EU, it is important to obtain guarantees on the date and effectiveness of each candidate's implementation of the rule.« EU Commission: Understandung Enlargement. The European Union's Enlargement Policy. Brüssel 2007. http://www.eeas.europa.eu/archives/delegations/kosovo/documents/publications/understanding_enlargement_en.pdf

99 »A credible enlargement perspective requires sustained efforts and irreversible reforms«, formulierte die EU-Kommission 2018. https://ec.europa.eu/commission/presscorner/detail/en/IP_18_3342

100 Detaillierte Zahlen auf https://languageknowledge.eu/

101 https://op.europa.eu/en/publication-detail/-/publication/ae35558f-41b8-11ea-9099-01aa75ed71a1/language-en

102 Der damalige CDU-Generalsekretär Volker Rühe bezog die Formel, verwendet in einem Spiegel-Interview im Juni 1990, eigentlich nur auf seine Partei. Die Qualifizierung wurde aber vielfach aufgegriffen und auf die ganze vergrößerte Bundesrepublik übertragen.

Angaben zum Autor

Norbert Mappes-Niediek

Jahrgang 1953, lebt seit 1992 als freier Korrespondent für Österreich und Südosteuropa in der Steiermark. Er war 1994/95 Berater des UNO-Sonderbeauftragten für das ehemalige Jugoslawien, 2004/05 Sprecher des Deutschen Bundestages.

Zahlreiche Publikationen, im Ch. Links Verlag erschienen: »Balkan-Mafia. Staaten in der Hand des Verbrechens – Eine Gefahr für Europa« (2. Aufl. 2003), »Die Ethno-Falle. Der Balkan-Konflikt und was Europa daraus lernen kann« (2005), »Österreich für Deutsche« (5. Aufl. 2012), »Kroatien. Ein Länderporträt« (2. Aufl. 2011), »Arme Roma, böse Zigeuner. Was an den Vorurteilen über die Zuwanderer stimmt« (3. Aufl. 2013).

Raphael Geiger
DER ANFANG NACH
DEM ENDE
Wie sich Griechenland
neu erschaffen hat

224 Seiten, 1 Karte, Klappenbroschur
ISBN 978-3-96289-099-5
18,00 € (D); 18,50 € (A)

Die griechische Schuldenkrise war die schwerste, die je ein europäisches Land in Friedenszeiten erlebt hat. Ganze Wirtschaftsbereiche wurden vernichtet, das politische System ist implodiert, die gesamte Gesellschaft hat sich in kürzester Zeit verändert. Das hat grundsätzliche Fragen aufgeworfen: zur Rolle des Staates, zum Miteinander, zu den Prioritäten der Menschen. Gleichzeitig blieben alte Fragen, wie die, was überhaupt griechisch ist – jenseits des antiken Erbes.

Raphael Geiger hat überall im Land nach Antworten gesucht. Er erzählt davon, wie eine Krise das Leben von Menschen über den Haufen wirft. Aber auch von ihrem Selbstbehauptungswillen; davon, was Griechenland auszeichnet und liebenswert macht. Ein mühsamer und langwieriger Neuanfang findet hier statt, der durch die Corona-Pandemie seine erste Belastungsprobe erlebt.

Ch.Links

www.christoph-links-verlag.de

Malene Gürgen, Patricia Hecht,
Nina Horaczek, Christian Jakob,
Sabine am Orde
ANGRIFF AUF EUROPA
Die Internationale
des Rechtspopulismus

288 Seiten, Broschur
ISBN 978-3-96289-053-7
18,00 € (D); 18,50 € (A)

In fast allen europäischen Ländern sind rechtspopulistische Parteien auf dem Vormarsch, in manchen regieren sie bereits. Ihr gemeinsamer Feind: die Europäische Union. Nicht nur verstehen sie sich als Gegenspieler des Brüsseler Establishments, sie lehnen auch zentrale Werte des europäischen Projekts ab: Offenheit, Pluralismus, Minderheitenschutz. Es geht ihnen um nicht weniger als eine Ablösung unseres Gesellschaftsmodells. Wie gefährlich ist die Rechtsfront?

Dieses Buch untersucht die rechten Parteien in Deutschland, Österreich, Ungarn, Polen, Frankreich, Italien und der Schweiz. Was verbindet diese, was trennt sie, wo lernen sie voneinander? Es zeigt, wie die RechtspopulistInnen zunehmend kooperieren, um ihre Agenda durchzusetzen, und wie sie die anderen politischen Kräfte vor sich hertreiben.

Ch.Links

www.christoph-links-verlag.de

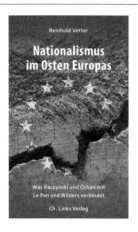

Katharina Strobel
FAMILIE AUF EUROPÄISCH
Liebe und Alltag zwischen den Kulturen

216 Seiten, 18 Abb., 1 Karte, Broschur
ISBN 978-3-86153-964-3
8,00 € (D); 8,50 € (A)

Die Europäische Union steckt in einer tiefen Krise. Gleichzeitig gründen immer mehr Europäer grenzübergreifend Familien. Laut EU-Kommission leben 16 Millionen internationale Paare in unserem Staatenbund. Sie machen im Kleinen vor, wie es im Großen funktionieren könnte. Sie leben Offenheit, Toleranz und Kompromissbereitschaft. Katharina Strobel ist von Brüssel über Cambridge nach Dänemark, von Reinbek über Berlin nach Warschau, nach Verona und ins Ruhrgebiet gereist, um mit Deutschen und deren EU-ausländischen Partnern sowie mit inzwischen erwachsenen »binationalen« Kindern zu sprechen: Wie meistern Europafamilien ihren Alltag? Wie integriert sind sie in ihrem Umfeld? Welche Hürden müssen sie nehmen, um in einem fremden Land anzukommen? Im Anhang des Buches finden sich eine Übersicht zu rechtlichen Regelungen und ein Wunschkatalog der Europafamilien an die Politik.

www.christoph-links-verlag.de

Ch.Links

Manfred Quiring
RUSSLAND – AUFERSTEHUNG
EINER WELTMACHT?

280 Seiten, Broschur
ISBN 978-3-96289-078-0
20,00 € (D); 20,60 € (A)

Russland will wieder Global Player werden. Was zunächst im nahen Umfeld stattfand – von Georgien über die Krim bis zur Ostukraine –, geschieht inzwischen auch in Afrika und Lateinamerika. Russland rüstet seine Verbündeten auf, exportiert Waffen und schickt (angeblich nichtstaatliche) Militärverbände in den Einsatz. Präsident Putin will sein Land zu alter Weltmachtstärke zurückführen.
Manfred Quiring, der mehr als zwei Jahrzehnte als Korrespondent in Moskau gearbeitet hat und die Machtverhältnisse im Land so gut wie kaum ein anderer kennt, zeichnet diese Entwicklung minutiös nach, benennt die Verantwortlichen, schildert ihre Methoden, zeigt die Gefährdungen der internationalen Politik und die Grenzen des Moskauer Einflusses auf.

www.christoph-links-verlag.de